Originalausgabe 1999, 2004

Alle Rechte vorbehalten. Copyright: Mark und Rüdiger Bloemeke

Umschlaggestaltung: Wera Hundsdörfer-Eck
Umschlagfotos: Oliver Soulas (John Fogerty im Grünspan),
Heiner Klaffs (John Fogerty in der Ernst-Merck-Halle)

Layout: Liane Dirschus und Doug Swannie, Jörg Baumöel

„John Fogerty und das Drama Creedence Clearwater Revival" ist ein Buch der Voodoo Productions

Hergestellt von Books On Demand
Printed in Germany

ISBN 3-00-003885-X

Mark und Rüdiger Bloemeke

John Fogerty

und das Drama
Creedence Clearwater Revival

"THE SILENCE OF A FALLING STAR
LIGHTS UP A PURPLE SKY"

Hank Williams
"I'm So Lonesome I Could Cry"

FÜR JUTTA

INHALT

Vorwort 11
Die Personen 15

I. Das Duell

Ins Heilige Land

Den Staub wegpusten 19
Die Legende vom Bayou-Country 22
Der Sound des Südens 26
Fogertys Fünfte 31

Die Mogelpackung

Creedence Clearwater Revisited 37
„It's in the toilet!" 41
„Recollection" 45
„Ich wünschte, wir wären Freunde!" 50

Zeit der Abrechnung

„Before you accuse me, take a look at yourself!" 55

II Der Traum vom großen Glück

50er-Jahre-Jugend

„When daddy went away…" 61

Schöne Tage am Green River 64

Die Vorbilder 66

Plattenverträge

„Beverly Angel" 72

„Negerpuppen" 76

„Oh, Suzie Q." 83

Gegen den Strom 90

Good Morning, Vietnam

Uncle Sam macht sich unbeliebt 95

Vier gegen das Pentagon 97

No fortunate son 100

„From the Delta to the DMZ" 103

Der Soundtrack des Krieges 104

Big Business

„Fantasy" ist überfordert 107

Hits, Hits, Hits! 109

Das Wunder von Woodstock

Max Yasgurs Farm, Bethel, N.Y. 126

„Das Blut, das durch deine Adern fließt" 127

„Könnt ihr mich hören?" 129

Für die Nachwelt 131

Europa-Tournee '70

„Travelin' Band" 133

Begeisterung trotz Durbridge 135

Royal Albert Hall 138

Lenins Geburtstag 141

III Das Auseinanderbrechen

Europa-Tournee '71

Besser als die „Beatles" 145

„Durch und durch Presley oder Cochran" 147

Ottos im Plastikkoffer 149

Am Ende

Regnerischer Montag 157

Das große Fressen 161

Der Aufstand 162

„Have You Ever Seen The Rain?" 166

„Fogertys Rache" 168

Produced by John Fogerty

Der Blue Ridge Mountain Boy	171
Das Experiment scheitert	174
Ein Meilenstein	176
Traveling Rangers	178
„Wir kaufen Fantasy"	181

Toms Tod

„Joyful Resurrection"	185
„I wish I could hide away!"	187

IV Phönix aus der Asche

Das Comeback

Zurück ins Studio	197
Der Zusammenbruch	204
Jenseits von Oregon	207
Star-Anwälte und Baseball-Stars	211
„Der Triumph über das Böse"	217

Vor Gericht

Das Plagiat	226
„Zanz Kant Danz"	233
Der Ohrring	234
Der Supreme Court	236

Fogerty Live

Chaplin Stage 239

Der Absturz 243

„Rockin' All Over The World" 246

Rock & Roll Hall of Fame

Der Gipfel des Ruhms 250

Friede seiner Asche 251

Die Einweihung 255

Der Künstler, den man „C.C.R." nannte

Zurück zum Geldverdienen 258

„You are my light!" 261

Ein Stern in Hollywood 268

Epilog

Der Songwriter 272

„Ein sturer Individualist" 281

„I'm a happy man!" 293

Diskographie 298

Bibliographie 301

Danksagung 307

Die Autoren 307

Pressestimmen 307

VORWORT

Als John Fogerty 1997 seine CD „Blue Moon Swamp" veröffentlichte, klebte die Plattenfirma einen Sticker auf die Hülle: „The voice and songwriter of Creedence Clearwater Revival". Das ist so, als würde man auf Paul McCartneys neue Platte schreiben: „Der Sänger und Songschreiber der Beatles". Als hätte man John Fogerty je vergessen können. Aber es ist heute eben schwer vorstellbar, daß es einmal eine Band gab, die die Beatles von der Spitze der Hitparaden verdrängte und deren Konzerte so viele Fans anlockten wie die der Rolling Stones. Sie hieß „Creedence Clearwater Revival" („C.C.R.") und war zwischen 1968 und 1971 die erfolgreichste Rock-Gruppe der Welt („the greatest American rock group ever", „The Los Angeles Times").

Sie hat alles erreicht, was es zu erreichen gab, und sie hat alles verspielt. Die Gruppe aus „zwei Brüdern und zwei besten Freunden" litt von Anfang an darunter, daß es eigentlich nur einen gab, der „Creedence Clearwater Revival" war: John Fogerty. Er schrieb die genialen Lieder, arrangierte und produzierte sie, sang sie mit seiner unvergleichlichen Stimme und spielte die Lead-Gitarre — das Erkennungszeichen der Band. In Deutschland konnte man die Band zweimal erleben: 1970 als Quartett und 1971, nachdem Tom Fogerty gegangen war, als Trio. Die Schreiber der deutschen Feuilletons rümpften die Nase über die altmodische Rock'n'Roll-Band, aber das Publikum liebte sie. Ausgerechnet, als „Creedence Clearwater Revival" menschlich und künstlerisch am Ende waren, hatten sie mit dem schwachen „Hey Tonight" bei uns einen Nummer-eins-Hit und damit ihren größten Erfolg in Deutschland. Schon 1969 war „C.C.R." in Deutschland so beliebt, daß das „Liberty"-Label von der damals populären deutschen Beat-Gruppe

„The Petards" die größten „Creedence"-Hits nachspielen ließ. Da die Copyrights so schnell nicht zu bekommen waren, erschien die Platte unter dem irreführenden Namen „By a band called Zonk".

Der Burlington Musikverlag in Rimsting am Chiemsee brachte damals sogar Songbooks mit deutschen „Übersetzungen" der „C.C.R."-Hits heraus. Darin finden sich Stilblüten wie „Gleich um die Ecke" („Down On The Corner"), „Mit dem Kopf durch die Wand" („Run Through The Jungle") und „Liebe ist ein Zauberwort" („Lodi"). Die „Lodi"-Übertragung ist der Gipfel deutscher Schlagerlyrik: „Du hast mich verrückt gemacht, ich schlafe keine Nacht. Immer muß ich an dich denken; was hast du mit mir gemacht? Das läßt sich nur erklären mit einem einzigen Wort; Liebe, Liebe, das ist ein Zauberwort." Zum Glück hat es der Song „Lodi" auch einem deutschsprachigen Schriftsteller angetan, der mehr Verständnis für den Text aufbrachte. Peter Handke gab in seinem „Versuch über die Jukebox" Einblick in seine musikalische Vorliebe: „… man konnte etwa darauf zählen, sämtliche Singles der Creedence Clearwater Revival vorzufinden und sogleich durch die Schwaden John Fogertys inständiges finsteres Klagen schneiden zu hören, darüber, daß er auf seiner Sängerirrfahrt 'irgendwo den Zusammenhang' verlor und 'Hätte ich wenigstens einen Dollar, für jedes Lied, das ich sang!…'"

John Fogertys Charisma erreichte damals jede Gesellschaftsschicht. Als „C.C.R." auseinanderbrach, wurde der Verlust dem Rest der Band, seinem Bruder Tom Fogerty, dem Schlagzeuger Doug Clifford und dem Bassisten Stu Cook, schmerzlich bewußt. Toms Solokarriere litt darunter, daß er nie ein echter Rock'n'Roll-Star war. Die beiden anderen führten nur noch vor, wie unsäglich mittelmäßig sie waren. Aber auch John Fogerty schien zunächst ausgebrannt und nur noch ein Schatten seiner selbst. Er machte mehr durch Prozesse mit Saul Zaentz, dem Chef seiner ehemaligen Plattenfirma „Fantasy", von sich reden als durch gelungene Produktionen. Zeitweise sah es so aus, als wolle er der Michael Kohlhaas der Popmusik werden. Um so erstaunlicher, daß er jetzt wieder im Licht der Scheinwerfer steht. Nicht nur, daß er es als einziger amerikanischer Rockstar schaffte, in drei Jahrzehnten jeweils mit einer LP an die erste Stelle der Hitparade zu gelangen. Allein die Tatsache, daß er nach über zehn Jahren Pause auch in den neunziger Jahren mit einer Produktion aus seinem privaten Studio auftauchte, wurde schon als Sensation gefeiert. Seine Kompositionen sind wieder auf der Höhe seines künstlerischen Schaffens wie zu „Creedence Clearwater Revival"-Zeiten. Für „Blue Moon Swamp" wurde er auch mit dem längst überfälligen Grammy ausgezeichnet. Bei uns erhielt er 1997 den „Preis der deutschen Schallplattenkritik". Seither ist er nach Jahren der selbstauferlegten Zurückgezogenheit erneut präsent und tourt durch die Welt. In Deutschland war er nur kurz für eine Promotion-Show im Hamburger „Grünspan" und zu einem Fernsehauftritt bei Thomas Gottschalk (ihm zur Information: Der Name wird „Fougäti" ausgesprochen und nicht „Foggerti"!).

Im Sommer 2000 kehrte er noch einmal im Vorprogramm von Tina Turners „Farewell Tour" zurück. Wer das Glück hatte, ihn in jüngster Zeit live zu erleben, wurde Zeuge einer kaum noch zu erwartenden Wandlung. Der verbissene Kämpfer gegen die Haie des Musik-Busineß wirkt heute gelöst und geläutert. Vergessen sind die Zeiten, als er seine genial einfachen Kompositionen wie „Proud Mary" oder „Green River" nicht mehr öffentlich singen wollte, weil er die Rechte an den Liedern nicht besaß. Heute präsentiert er sich als Gewinner. Die Stimmung trüben könnte allein die Tatsache, daß auch die ehemaligen Bandmitglieder Doug Clifford und Stu Cook – unter dem Namen „Creedence Clearwater Revisited" – mit den alten Fogerty-Songs auf Tournee sind. Für das Publikum stellt sich die Frage: Wer war eigentlich „Creedence Clearwater Revival"? Der Drummer? Der Bassist? Oder der ehemalige Bandleader? Nicht nur deshalb ist es an der Zeit, die Geschichte John Fogertys zu erzählen – die Geschichte des größten unterschätzten Musikers des Rock'n'Roll: ein Drama in vier Akten.

Mark und Rüdiger Bloemeke

DIE PERSONEN

Der Held des Dramas: John C. Fogerty, Sänger, Gitarrist, Komponist, Texter, Arrangeur, Manager und Bandleader von „Creedence Clearwater Revival". Solostar

Der tragische Verlierer: Tom Fogerty, Rhythmusgitarrist von „Creedence Clearwater Revival", Solostar. Bruder von John Fogerty

Die Komplizen: Doug Clifford, Schlagzeuger, und Stu Cook, Bassist von „Creedence Clearwater Revival"

Der Schurke: Saul Zaentz, Besitzer der Plattenfirma „Fantasy" und des Musikverlags „Jondora", die die Hits von „Creedence Clearwater Revival" herausbrachten

I.
DAS DUELL

INS HEILIGE LAND

DEN STAUB WEGPUSTEN

Zikaden zirpen in der feuchtwarmen Nachtluft. Ein blasser Mond beleuchtet die Szene mit spärlichem Licht. John Fogerty steht — ganz in Schwarz — mit dem Rücken zum Publikum und spielt den ersten Akkord von „Born On The Bayou". Für Sekunden gehen die Klänge seiner Gibson-Gitarre im Jubel der Fans unter, die von den Sitzen aufgesprungen sind. Im ausverkauften „Saenger Theatre" von New Orleans wird der Auftritt des 52jährigen Kaliforniers wie die langerwartete Heimkehr des verlorenen Sohnes gefeiert. „Er kam zu seinen Wurzeln zurück", schreibt am nächsten Tag die Lokalzeitung „The Times-Picayune". Hier im French Quarter an der Canal Street, die direkt zum Mississippi führt, wird jedes seiner Lieder als Hommage an den „Bayou-Staat" aufgenommen. „… chooglin' on down to New Orleans. Born on the bayou…", singt er und provoziert damit die nächste Standing ovation. Über dem wie eine römische Arena gestalteten Auditorium wölbt sich ein blau angestrahltes Stoffzelt zum Himmel. Mond, Zikadenzirpen und das mit Mangroven und Alligatoren an die Sümpfe Louisianas erinnernde Bühnenbild gehören fest zu John Fogertys Show.

Am selben Tag hat ihn Bürgermeister Marc Morial zum Ehrenbürger der „Crescent City" erklärt. Etwas nachgeholfen, damit es zu der Zeremonie kam, wurde von „my oldest fan", einer 31jährigen, die in der ersten Reihe des „Saenger" sitzt. Seit 1968, als ihre Eltern für sie an den Star aus El Cerrito in Kalifornien schrieben, verfolgt sie die Geschicke des charismatischen Bandleaders, der einst „Creedence Clearwater Revival" („C.C.R.") großmachte. Fogertys Fans haben ihm die Treue gehalten. All die Jahre, die er sich zurückgezogen hatte und mit seinem Schicksal haderte. Die „Blue Moon Swamp"-Tournee, die ihn 1997 außer nach New Orleans unter anderem auch nach New York, Nashville, Memphis und Austin führte, war seine zweite nach dem Schicksalsjahr 1972. Damals war seine Band auseinandergebrochen. Zwar weinte den anderen Band-Mitgliedern (seinem Bruder Tom Fogerty, Doug Clifford und Stu Cook) kaum jemand eine Träne nach, aber „der Verlust von John Fogerty", stellte die „Sunday Times" in ihrer Hitliste „1000 Makers of Music" lapidar fest, „war eine Pop-Tragödie". Im Lauf der nächsten 25 Jahre wurde dem „Autor eines der beständigsten Kapitel des amerikanischen Rock'n'Roll zutiefst unrecht getan, indem er in bittere Prozesse mit dem Besitzer von 'C.C.R.'s Plattenlabel verwickelt wurde" („The Times-Picayune").

Nur ein Mensch mit der Besessenheit Fogertys („Ich ziehe mir noch immer die Messer aus dem Rücken, sogar heute noch!") konnte die Anfeindungen über Jahrzehnte ertragen. Jahrzehnte, in denen er nicht nur erleben mußte, wie seine ehemaligen Band-Mitglieder sich mit seinen Gegnern verbündeten, in denen er sich auch mit Selbstmitleid und Aggressionen zermarterte. Jahrzehnte, in denen er aber trotz allem zweimal (!) ein Comeback schaffte. Als einzigem amerikanischen Rockstar gelang es ihm, in drei Jahrzehnten die Spitze der „Billboard"-LP-Charts zu erreichen. Das war selbst Elvis Presley nicht vergönnt.

Es sind nicht nur die „Baby boomers", die sich auf dieser Tournee um ihren zur Legende verklärten Helden der 60er Jahre scharen. John Fogerty lockt heute zusätzlich zu den Nostalgikern auch all die Fans an, die er mit jeder seiner neuen Platten in den 70ern, 80ern und den 90ern dazugewann. Ob in New York oder in New Orleans — bei seinen Auftritten gibt es keine Altersbarrieren, wie man sie bei den Rock-Revivals der 50er-Jahre-Bands beobachten kann. Seine Musik spricht die Generation der 20jährigen an wie die der 40jährigen. Auf der „Blue Moon Swamp"-Tournee wird „Centerfield" von

1985 genauso freudig bejubelt wie „Lodi" von 1969 oder „Working On A Building", das er 1973 unter dem Pseudonym „Blue Ridge Rangers" herausbrachte. „John Fogerty ist angetreten, sein Vermächtnis einzufordern", beschreibt die „Times-Picayune" die einmalige Situation, daß da einer nach Jahren der selbstauferlegten Entsagung zum erstenmal wieder all seine größten Hits in der Öffentlichkeit singt. Songs, die er selbst geschrieben hat, die schon zum amerikanischen Kulturgut geworden sind, an denen er aber keine Rechte besitzt. „Seine Herausforderung ist es, den Staub von den Seiten des 'C.C.R.'-Songbooks zu pusten und diese Juwelen mit den besten Stücken seiner Solo-LPs zu verbinden, so daß er aktuell und vital wirkt."

Er wäre nicht John Fogerty, wenn er diese Herausforderung nicht angenommen hätte. Wenn er die elf Jahre seit seiner letzten Tournee nicht genutzt hätte, die Fehler von damals zu vermeiden. Die „Creedence Clearwater Revival"-Stücke klingen auf der Bühne so frisch, als wären sie gerade erst in einem Louisiana-Bayou aus der Taufe gehoben worden. Hätte es noch eines Beweises bedurft, daß allein John Fogerty „Creedence Clearwater Revival" war, 25 Jahre nach dem Ende der Gruppe erbringt er ihn auf der Bühne. Nie war sein Gitarrenspiel besser, nie war seine Präsenz größer, nie war seine Stimme live kraftvoller als jetzt mit 52 Jahren. Aber er vergißt auch nicht, auf die Historie Bezug zu nehmen: Für die Cover-Versionen von „Suzie Q." und „I Put A Spell On You", die den Welterfolg von „Creedence Clearwater Revival" einleiteten, läßt er den alten Kustom-Transistorverstärker auf die Bühne rollen, „mit dem ich schon in Woodstock und der Londoner Royal Albert Hall gespielt habe". Der Original-Rickenbacker-Gitarre entlockt er wieder den verzerrten Sound, der zum Ausgang der sechziger Jahre so beliebt war. Aber das ist auch die einzige Konzession an die Vergangenheit. Mit der Gibson Les Paul Classic und der Fender Telecaster geht er heute so versiert um, daß er die Klassiker „Looking Out My Backdoor" und „Long As I Can See The Light" — sich selbst zitierend — zu einem neuen Sounderlebnis macht.

Nach zweieinhalb Stunden hat John Fogerty den Bogen vom Bayou zum Mississippi gespannt: „Proud Mary", die Ode an New Orleans, auf die hier alle gewartet haben, reißt ihn zu einem persönlichen Bekenntnis seiner Inspiration durch die „The Big Easy" genannte Stadt hin: „Danke, für diesen großartigen Song, danke, meine Kinder!"

Die Legende vom Bayou-Country

Die an Klischees gewöhnte Pop-Branche hatte schnell einen Namen für die Songs, die John Fogerty schrieb und mit seiner Gruppe „Creedence Clearwater Revival" in die Top ten brachte: „Bayou Rock" — eine Kategorie, die es zuvor nie gegeben hatte und deren Bedeutung im unklaren blieb. „Ich kann mit dem Begriff nicht viel anfangen", erklärte Fogerty 1969 dem „New Musical Express". Er selbst prägte für seinen vom Vibrato bestimmten Gitarrenstil das etwas präzisere Etikett „Swamp Rock" — aber was schließlich hängen blieb, war 'Bayou Rock'. („The bayou boy is back", textete der „New Yorker" die Ankündigung für die Tournee 1997.) Auslöser für die Namensgebung war die Single „Born On The Bayou" / „Proud Mary" von 1968, deren „Southern feel" Fogerty auf die Einflüsse von Howlin' Wolf und Muddy Waters zurückführt. Hier, für seinen größten Erfolg, entwarf er zum erstenmal die Szenerie, die sein musikalisches Schaffen in der Zukunft prägen sollte: Bilder des Mississippi-Deltas mit seinen mangrovenbestandenen Sümpfen und toten Flußarmen („Bayous", ein Begriff aus der Sprache der Choctaw-Indianer), mit seinen immergrünen Eichen, von deren riesigen Ästen die feinen Gespinste des Spanish moss herabhängen. Fogerty hat „die ganze Südstaaten Folklore schon immer gefallen — Mark Twain, Tom Sawyer, Huck Finn, der Fluß und alles, was damit zusammenhängt. Der Fluß und der Süden — das ist offenbar der Ursprung der Musik, die alles in Bewegung brachte".

Der Schaufelrad-Dampfer „Proud Mary", der den Mississippi herunterfährt, wird so auch gern als ein Hinweis auf die Herkunft der Bilderwelt aus Mark Twains Erzählungen angeführt, doch Tom Sawyer und Huckleberry Finn erlebten ihre Abenteuer am Nordlauf des Flusses, in Missouri. John Fogertys arkadische Landschaft liegt dagegen südlich von Memphis (Tennessee) und ist von den musikalischen Vorbildern inspiriert, die ihn seit den fünfziger Jahren nicht mehr loslassen. In einem Song tauchte der Begriff „Bayou" zum erstenmal in Hank Williams' „Jambalaya (On The Bayou)" auf, das 1952 sieben Monate lang in den amerikanischen Country-Charts notiert wurde. Das louisianische Reisgericht „Jambalaya" ist heute durch Williams' Stück so weltberühmt wie auch die Zeilen „Good-bye Joe, me gotta go, me oh my oh, me gotta go pole the pirogue down the bayou". Vor allem aber der Refrain „Sun of a gun, we'll have big fun on the bayou" gilt als treffende Beschreibung des Lebensgefühls in den Mississippi-Staaten: „Pick guitar, fill fruit jar and be gay-o".

Nach Wiliams' Tod am 1. Januar 1953 dämmerte es in den USA vielen auch außerhalb der Kreise, die Country-Musik hörten, welch musikalisches Genie da verlorengegangen war. Im selben Jahr beschloß der kleine John, Musiker zu werden. Beeindruckt von dem Sportwagen, der damals in Bowling Green (Kentucky) neu vom Band lief, hatte er auch schon den Bandnamen beschlossen: „Johnny And The Corvettes". Viele der musikalischen Einflüsse auf John Fogertys Entwicklung — zum Beispiel der Elvis Presleys — stammen aus den frühen 50er Jahren. Daß Hank Williams, der Cowboy aus Alabama, dabei nicht unbedeutend war, zeigt nicht zuletzt Fogertys Solo-Platte, die er 1973 vornehmlich mit Country-Songs aufnahm. Selbstverständlich wählte er dafür auch „Jambalaya (On The Bayou)" aus, das ihm zwanzig Jahre nach Williams' Tod einen Platz in den Top twenty einbrachte. Wie sehr ihn der Superstar aus Alabama beeindruckt hatte, wurde ihm damals klar: „Von Songs wie 'Jambalaya' bekam ich all diese Einfälle, was man auch bei 'Proud Mary' hört. Wenn es nicht Hank Williams so geschrieben hätte, könnte man leicht annehmen, daß es von mir stammt." Bayous sind urtypische amerikanische Landschaften, Biotope, die sich über Jahrhunderte im Mississippi-Delta entwickelt haben, Sumpfgebiete, in denen Alligatoren und Weißkopf-Seeadler — Amerikas Wappenvogel — zu Hause sind. In John Fogertys Assoziationen sind sie Metaphern für unverfälschtes Leben, für Ursprünglichkeit und paradiesische Zustände jenseits der großen Städte des Nordens: „Auf gewisse Weise habe ich diesen mythischen Sumpf, die ländliche Atmosphäre Louisianas erfunden. Natürlich war schon alles vorhanden, aber ich habe es neu arrangiert. Das ist es, was Künstler im wesentlichen machen: 80 bis 90 Prozent sind neu arrangiert, der Rest ist Inspiration." In „Born On The Bayou" träumt er von einer „Cajun-Queen", einer Nachfahrin der „Acadians", der aus Kanada zugewanderten Franzosen, deren Sprache schon Hank Williams in „Jambalaya (On The Bayou)" imitierte. Ihr Siedlungsgebiet zwischen New Orleans und Lafayette ist „Bayou-Country" — ein ideales Revier für Fischer und Jäger, Berufe, die sich für die ersten Cajun-Siedler wie selbstverständlich ergaben.

Das Cover von „Bayou Country", der zweiten „Creedence Clearwater Revival"-LP von 1969, zeigt die Band in einer Landschaft, die in Louisiana oder Mississippi aufgenommen sein könnte. Die vier waren allerdings zu diesem Zeitpunkt nicht über die Westküste hinausgekommen, John Fogerty hatte noch nie die Bayous Mississippis gesehen: „Ich war mein Leben lang vom Süden fasziniert. Auch wenn ich nie im Staat Mississippi gewesen war." Er besang vielmehr die Idylle seiner Phantasie, das Mississippi-Delta mit seinem flirrenden Sonnenschein, dem riesig erscheinenden Mond über den lautlos daliegenden Sümpfen. Der belgische Künstler Guy Peellaert setzte diese Traumvorstellung in seiner Bildersammlung „Rock Dreams" zu einem Gemälde um, das das Image des Rockstars endgültig formte: John Fogerty rudert einen Kahn zwischen Seerosen durch sumpfiges Wasser, das träge an absterbenden Bäumen entlang schwappt — „… pole the pirogue down the bayou". Eine deutliche Anspielung auf Hank Williams' „Jambalaya".

Nur einer Band gelang es in den sechziger Jahren noch, so wie „Creedence Clearwater Revival", eine bleibende Bilderwelt der amerikanischen Gesellschaft zu kreieren: Die Surf-Szenen, die Brian Wilsons „Beach Boys" besangen, gaben eine Momentaufnahme der kalifornischen Jeunesse dorée wieder, die damals mit dem „Thunderbird" der Eltern zum Strand fuhr und dort „Fun, Fun, Fun" hatte. Das Leben als Spielplatz. Doch je mehr sich die USA im Vietnamkrieg engagierten, um so fragwürdiger wurden die „Good vibrations" der Beach-Partys. John Fogertys „Bayou Country" dagegen erwies sich als ähnlich zeitlos wie William Faulkners „Yoknapatawpha County", eine fiktive Landschaft im Süden der USA, die er als Hintergrund für seine Romane wählte. Viele der Drei-Minuten-Songs von „Creedence Clearwater Revival" zeichnen einen Comic strip der Südstaaten, in dem sich die „Comédie humaine" abspielt.

So sehr Fogerty der „Dixie"-Folklore verpflichtet war, stärker noch wurde er durch die musikalische Tradition des Südens beeinflußt: „Ich habe immer davon geträumt, dort zu leben — alle wirklich bedeutenden Platten oder Leute, die sie aufgenommen haben, kamen aus Memphis oder Louisiana oder irgendwo vom Mississippi dazwischen." Der Rock-Experte Charlie Gillett spricht in seinem Buch „The Sound Of The City" von den „Creedence Clearwater Revival"-Hits als „Tribut an den Sound des Südens": „Dieselben Elemente von Blues, Country und Gospel-Musik bildeten noch immer den Kern vieler Bestseller dieser Ära, so wie sie es in der Blütezeit des Rock'n'Roll getan hatten; und sie waren offensichtlich — und absichtlich — die Rezeptur von Creedence Clearwater Revival. Die Serie ihrer Hits schaffte es, all das zu verkörpern, was Südstaaten-Platten immer so einmalig gemacht hatte." Und dann zählt Gillett auf, was John Fogerty jeweils mit seinen Kompositionen heraufbeschwor: bei „Proud Mary" die „Stax rhythm section", bei „Bad Moon Rising" den „Sun-Sound von Scotty Moore und Carl Perkins" und bei „Green River" den „bluesy Funk von Dale Hawkins". John Fogerty selbst bekannte kürzlich dem in New Orleans erscheinenden Szeneblatt „off Beat": „Meine ganze Jugend hindurch übte die

Bilderwelt des Südens eine literarische Faszination auf mich aus. Und dann die musikalische Faszination, die von Leuten wie Archibald und Professor Longhair oder Clifton Chenier ausging. Oder sogar Jerry Lee Lewis." Bis in die 90er Jahre hinein hat der Sound des Südens John Fogerty inspiriert – das zeigen seine Aufnahmen von Jimmie Rodgers' „Blue Yodel # 4" über Frankie Fords „Sea Cruise" bis hin zu den selbstgeschriebenen „Big Train (From Memphis)" und „Southern Streamline".

DER SOUND DES SÜDENS

Von der Dachterrasse des „Peabody Hotels" in Memphis hat man den schönsten Blick, wenn abends die Sonne rotgolden hinter dem Horizont jenseits des Mississippis in Arkansas verschwindet. Südlich davon breitet sich die riesige Region aus, die von Musikern als die Wiege des Blues verehrt wird: das Mississippi-Delta, das östlich vom Mississippi River liegt. Das im 19. Jahrhundert gebaute Hotel entstand zur Blüte des Baumwoll-Handels, als Memphis der Umschlagplatz für die Plantagenbesitzer war. Die aus gelbem Backstein gemauerte klassizistische Fassade des „Peabody" dominiert die Silhouette der Innenstadt. Im Hotel-Inneren demonstriert die prunkvolle Patiohalle den ehemaligen Reichtum des Südens. Hier gilt die Tradition noch: Seit den dreißiger Jahren, als ein Hotel-Direktor auf die spleenige Idee kam, im Springbrunnen der Lobby eine Entenschar anzusiedeln, findet hier zweimal täglich der „Peabody Duck March" statt: Von einem livrierten Hotelangestellten geführt, verlassen die Enten morgens um 11 Uhr den Fahrstuhl, der sie von ihrem Pool im Penthouse nach unten befördert hat. Dann watscheln sie – von einem begeisterten Publikum beklatscht – über einen roten Teppich zum Lobby-Springbrunnen. Dort bleiben sie, bis es abends im Entenmarsch wieder zurück geht.

Dieses Hotel — laut Eigenwerbung ein historisches Monument des Charmes des Südens — wählte John Fogerty Anfang der 90er Jahre als Ausgangspunkt „für ein halbes Dutzend Trips" zur Erkundung des Mississippi-Deltas. „Schon allein das Peabody ist Teil des musikalischen Zaubers, der von Memphis ausgeht", begründete er gegenüber dem Lokalblatt „The Commercial Appeal" seine Wahl. Hier machte Sam Phillips seine ersten Plattenaufnahmen, bevor er das berühmte „Sun Studio" eröffnete. Das „Peabody" liegt an der Union Avenue — nur einen Kilometer vom „Sun Studio" entfernt, in dem Elvis Presley 1954 mit „That's All Right" seine erste Platte aufnahm. Zur Beale Street, dem Broadway des Blues, ist es nur ein Fußweg von fünf Minuten. Hier haben Blues-Gitarrist B. B. King und Trompeter Willie Mitchell ihre Clubs. Einige der Fassaden alter Kneipen und Musikclubs werden als historische Monumente mit Stahlträgern abgestützt, sie wären sonst längst eingestürzt. Memphis hat in den letzten Jahren die historische Bedeutung seiner musikalischen Vergangenheit erkannt. In die Gehwegplatten sind — wie in Hollywood — Metallsterne eingesetzt, die an Musiker erinnern, deren Namen mit der Stadt verbunden sind: W. C. Handy, Albert King, Jerry Lee Lewis, Otis Redding.

Im Stadtgebiet von Memphis ist der Highway 61 eine Strecke lang in die Interstate 55 integriert, bis er sich kurz vor der Grenze zu Mississippi in südliche Richtung wieder von der Autobahn trennt. Nach einer halben Stunde Autofahrt hat man den „Magnolia State" erreicht. Die Straße, die schon Bob Dylan in den 60er Jahren besang („Highway 61 Revisited"), führt parallel zum Mississippi durch Baumwollfelder und Kiefernwälder über Natchez nach New Orleans. Eintönig breitet sich das flache Land, das bei Hochwasser Überschwemmungsgebiet ist, bis zum Horizont aus. Den Wegesrand säumen verwahrloste Friedhöfe und verfallende Holzhütten aus den Zeiten, als hier noch Baumwollpflücker gebraucht wurden. Heute haben riesige Erntemaschinen diese Aufgabe übernommen. Einmotorige Flugzeuge besprayen im gewagten Sturzflug die Baumwollpflanzen mit Pestiziden. Sollten die „Cottonfields" je eine Romantik vermittelt haben, ist sie inzwischen dem Fortschritt zum Opfer gefallen. Die monumentalen Herrenhäuser, die sich Plantagenbesitzer vor dem Sezessionskrieg gebaut haben, gehören mittlerweile dem Staat und sind als Museen zur Besichtigung freigegeben. Diese historische Straße wählte John Fogerty für seine erste Begegnung mit dem Süden, eine „Pilgerreise" in seine Phantasielandschaft, „... kind of like the Holy Land". Der Highway durch das Heilige Land seiner Träume war vor Jahrzehnten für die Musiker aus dem Mississippi Delta der verheißungsvolle Weg in die Städte des Nordens, die ihnen Auftrittsmöglichkeiten und Plattenverträge versprachen. „Das Mississippi Delta ist so eine reiche Quelle", erklärte John Fogerty „USA Today", der größten Tageszeitung Nordamerikas, „ich habe es wie wahnsinnig aufgesaugt, mit Büchern, Platten, Ausflügen, Fahrten auf Landstraßen, Friedhofsbesuchen."

Seine Expedition erinnert an die Mississippi-Fahrt, die Amerikas berühmtester Liedkomponist des 19. Jahrhunderts unternahm: Stephen C. Foster (1826 — 1864), dessen „My Old Kentucky Home" weltbekannt ist, hatte zuvor — ohne den Mississippi je gesehen zu haben — den alten Süden verherrlichende Songs wie „Old Folks Home" (berühmt als „Swanee River") und „Oh! Susanna" für die „Christy Minstrel Shows" geschrieben (die Rechte, die er E. P. Christy überlassen hatte, bekam er von dem Show-Unternehmer nie zurück! Als er ihn darum bat, wenigstens wieder als Autor von „Old Folks Home" eingesetzt zu werden, lachte Christy ihn aus.). Erst 1853 bereiste er den „Old Man River" auf einem Schaufelrad-Dampfer bis nach New Orleans.

John Fogerty führte sein Trip nach Clarksdale zum Riverside Hotel, in dem Bessie Smith 1937 starb und in dem Ike Turner mit seiner Band das Stück einübte, das 1951 den Anstoß für den Rock'n'Roll gab: „Rocket 88". Die Platte entstand in Sam Phillips' „Sun Studio" und wurde — auf dem Chicagoer „Chess Label" unter dem Bandnamen „Jackie Brenston and his Delta Cats" veröffentlicht — der größte Rhythm & Blues Hit des Jahres.

Wo er sie noch antraf, befragte Fogerty Zeitzeugen, fotografierte, was er sah, schrieb Notizen. „Ich habe den Begriff 'das Delta' mein Leben lang gehört, aber wußte eigentlich nie, wo es lag. Und dann erfuhr ich plötzlich, daß Muddy Waters aus Stovall kam, ganz dicht bei Clarksdale. Und Howlin' Wolf und Charley Patton. Und Pops Staples stammt aus Dockery. So habe ich verstanden, wie die Dinge zusammenhingen und sich entwickelten." Er kaufte sich Aufnahmen der legendären Delta-Blues-Sänger, spielte Charley Patton („A Spoonful Blues") auf der HiFi-Anlage des Mietwagens, während er an Baumwollfeldern entlang fuhr. „Charley Patton war für mich eine historische Figur wie Moses, mir lief ein Schauer den Rücken runter, ihn so zu hören." Mit 50 Jahren entwickelte John Fogerty eine kindliche Neugier für die Geschichte seines Landes, die zugleich die Geschichte seiner künstlerischen Entwicklung war. Als Hobby-Historiker machte er Entdeckungen, die in keiner Chronik zu finden waren. Auf einem Friedhof stand er plötzlich vor einem unscheinbaren Grab, das niemandem etwas gesagt hätte: „Ich war total aufgeregt, als ich den Namen las: Es war Viola Cannon, die Schwester von Charley Patton. Um solch einen Fund zu machen, muß man sich schon im Blues auskennen!" Ein Abstecher auf dem Highway 82, der nach Indianola führt, brachte ihn nicht nur an die Stätten von B. B. Kings Anfängen. Hier zwischen Indianola und Itta Bena liegen auf dem Friedhof von Moorhead die Gebeine Robert Johnsons. „Es war für mich, als hätte ich die Wurzel all dessen entdeckt, das ich liebe. Dort zu sein, wo all die legendären Musiker gelebt hatten, den Boden zu betreten, auf dem sie gegangen waren, das gab mir eine Menge an Inspirationen."

So wie er das Traditional „Workin' On A Building" im „Saenger Theatre" von New Orleans intoniert, bleibt kein Zweifel, daß er im Land des Blues und der Gospels seine Lektion gelernt hat. Er spielt hier zum erstenmal wieder Dobro, die er früher nur einmal für die Studio-Aufnahme von „Looking Out My Back Door" benutzt hatte. Die Gitarre mit dem Metallkörper gehört zum Sound des Südens wie der Bourbon in die Honky Tonks im Delta. In der spärlich erleuchteten Musikhalle herrscht Andacht wie in einer Kirche.

Nahtlos schließt sich seine Komposition „A Hundred And Ten In The Shade" aus den neunziger Jahren an. „Dieses Stück ist eine Inspiration direkt vom Mississippi. Es war mit einem Mal da, ohne den quälenden Prozeß, durch den andere Songs entstehen. Es ist eine Erinnerung an den Süden, an die Hitze, die Luftfeuchtigkeit, die damit verbundenen Gefühle."

Auf der CD „Blue Moon Swamp" singt bei dem Stück das schwarze Gospel-Quintett „The Fairfield Four" den Refrain. Zum Auftakt seiner Tournee, die ihn — von San Francisco bis New York — durch den Norden der USA führte, hatte John Fogerty die fünf älteren Herren noch mit auf die Bühne gebracht, um dort die Authentizität seiner Lieder zu demonstrieren. Der Kritiker der „New York Times" bescheinigte ihm denn auch: „Er ist fasziniert von der Folklore des Südens; in dem bluesigen 'A Hundred And Ten In The Shade' gelang es ihm, die Quälerei des Baumwollpflückens heraufzubeschwören, während die ehrwürdige Gospel-Gruppe The Fairfield Four mit tiefen, lehmigen Stimmen Harmonie sang." Sie begleiteten ihn auch bei „Workin' On A Building" und Leadbellys „Midnight Special". Der Männer-Chor wurde zur Begeisterung Fogertys vom New Yorker Publikum mit Ovationen überschüttet. Dem Rockstar ist nach mehr als einem Jahrzehnt Abwesenheit von der Bühne die Freude an dem gelungenen Auftritt im „Hammerstein Ballroom" in Manhattan deutlich anzumerken. „John Fogerty muß einen Pakt mit dem Teufel geschlossen haben", orakelt der Reporter der New Yorker „Daily News" nach dem Konzert, „anders ist die übernatürliche Perfektion seiner Show nicht zu erklären." Nur noch eine weitere Möglichkeit kommt als Erklärung in Frage: Nach der langen Phase der Depression und Selbstzerfleischung hat der Star der legendären Rockband „Creedence Clearwater Revival" endlich zu sich gefunden. „Es ist heute abend jemand hier, über dessen Anwesenheit freue ich mich ganz besonders", bricht es spontan aus ihm heraus, „und das bin ich — it's me, me, me!" — John Fogerty ist wieder da.

Fogertys Fünfte

Schon im Februar 1993 hatte er in einem Interview mit dem „Rolling Stone" ein neues Album angekündigt: „Diese Platte wird viel stärker als 'Centerfield'. Wenn ich je mein Leben für etwas verwettet hätte, dann wäre es in den alten Zeiten 'Born On The Bayou' und 'Proud Mary' gewesen. Und in diesem Moment ist es diese neue Platte." Die leidgewohnten Fans mußten auf sein Opus warten, wie sie es schon 1973 getan hatten, als er eine Fortsetzung des „Blue Ridge Rangers"-Projektes angekündigt hatte, — die nie verwirklicht wurde. Und 1976 kam es sogar noch schlimmer: John Fogerty hatte eine fertige LP bei „Asylum Records" in Los Angeles abgeliefert, der Titel („Hoodoo") und die Bestellnummer (7 E 1081) waren schon im Katalog veröffentlicht, da strich Asylums damaliger Chef Joe Smith die Platte wieder. Eine Single aus dem „Hoodoo"-Material, die vorab herauskam („You Got The Magic"/"Evil Thing"), war ohne jede Resonanz geblieben.

Bei dieser Vorgeschichte grenzt es an ein Wunder, daß „Warner Music" im Mai 1997 — vier Jahre nach dem „Rolling Stone"-Interview — weltweit die CD „Blue Moon Swamp" auslieferte: John Fogertys fünfte Solo-Platte. Der Pressetext der deutschen WEA, der dem Künstler „die Entdeckung der Langsamkeit" andichtete, traf jedoch noch nicht einmal annähernd den Grund, warum nach „Eye Of The Zombie" (1986) so viel Zeit verstrichen war, bis die neue CD fertig war. Denn wenn Fogerty das Material für Studio-Aufnahmen zusammen hat, geht der Rest gewöhnlich schnell. Aber hier war es anders: Nach dem „Hoodoo"-Debakel (Fogerty: „Kein Meisterstück!") und dem künstlerischen Mißerfolg von „Eye Of The Zombie" (Fogerty: „Ein Fehler! Als ich sie aufnahm, befand ich mich in einer depressiven Stimmung.") wollte er kein Risiko mehr eingehen. In dieser Situation mußte sich sein ihm stets eigener Perfektionismus ins Unermeßliche steigern.

Zweifel, das Album könne nicht reichen, kamen ihm ausgerechnet bei dem Stück „A Hundred And Ten In The Shade". Auf einem seiner Trips in den Süden dämmerte es ihm, daß der Gitarren-Sound auf der Studioaufnahme nicht ideal war. „Das Stück ist so gut, daß du es nicht versauen solltest", sagte er sich. „Man kann einen großartigen Song haben — und eine lausige Interpretation. Ich konnte im Kopf hören, wie der Song wirklich klingen mußte. Und ich fragte mich, was ist das für ein Sound, den ich höre? Und da ich es für Bottleneck-Gitarre hielt, fing ich an, Bottleneck zu üben." Jeder andere hätte sich für den Studiotermin einen Bottleneck-Spezialisten unter den Session-Musikern gesucht. Nicht aber John Fogerty, der auf drei seiner Soloplatten sämtliche (!) Instrumente selbst gespielt hatte. Nicht erst seit dieser Zeit ist er ein absoluter Control-Freak. Schon bei den Aufnahmen für „Creedence Clearwater Revival" hatte er im Studio die Regie übernommen. Und im Studio, das haben auch schon andere Musiker erfahren, gibt es die totale Kontrolle — physisch und psychisch.

Die Technik erlaubt es, alles so lange einzuspielen, bis die vermeintliche Perfektion erreicht ist. Der Künstler schwebt im luftleeren Raum der unendlichen Möglichkeiten: Es gibt keine menschlichen Unzulänglichkeiten, keine Meinungsverschiedenheiten, keine Unterschiede in der professionellen Auffassung, auf die man sich einstellen müßte. Sein Beharren darauf, seine Musik selbst zu produzieren, erklärte er einmal so: „Mit einem anderen Produzenten würde ich nur aneinander geraten. Ich bin sehr neugierig. Ich möchte immer genau wissen, was passiert. Ich möchte wissen, warum es passiert. Und ich muß wissen, welche Möglichkeiten es gibt."

Den Sound von „A Hundred And Ten In The Shade" hörte nur er allein in seinem Kopf, und deshalb glaubte er, daß nur er allein ihn spielen könne. Ein Jahr verging. Ein Jahr, in dem er auch die anderen bisherigen Aufnahmen für „Blue Moon Swamp" in

Zweifel zog — und sie wieder verwarf. „Ich hatte von Anfang an sechs der zwölf Songs auf dem Album fertig: 'Rambunctious Boy', 'Walking In A Hurricane', 'Southern Streamline', 'Swamp River Days', 'Blueboy'. Den sechsten schrieb ich zwei Monate, nachdem wir mit den Aufnahmen anfingen: 'A Hundred And Ten In The Shade'. Ich hatte also diese Songs, um zu beginnen. Aber ich bekam von den Leuten nicht, was ich wollte. Ich bekam nicht das Rock'n'Roll-Gefühl. Ich wollte eine richtig rockige Platte. Mein größtes Problem war es, die Musiker dahin zu bringen, daß sie das Gefühl erreichten, das ich erwartete." Er trennte sich wieder von der anfänglichen Besetzung. Die nächste Ernüchterung stellte sich ein, als er sich die neu aufgenommene Fassung von „A Hundred And Ten In The Shade" anhörte: „Ich war ein Jahr lang früh aufgestanden, um neben der Arbeit mit der Band noch Bottleneck zu lernen, manchmal schon um vier Uhr morgens oder noch früher. Und als ich dann das Band hörte, merkte ich: 'Wow, das ist gar nicht der Sound, den ich im Kopf hörte!'"

Der Weg war nicht weit bis zur Dobro: Fogertys Bottleneck-Gitarre („eine National!") ist historisch mit der Dobro eng verwandt. Beide gehen auf die Hawaii-Gitarre zurück, die in den 20er Jahren auch in den Südstaaten Anklang fand. Während die Hawaiianer die Saiten mit einem Kamm bearbeiteten, nahmen die schwarzen Musiker im Mississippi-Delta einen abgeschlagenen Flaschenhals („Bottleneck") dafür. Um den Effekt zu verstärken, wurde ein Metallteil in den Korpus eingearbeitet: Die Steel-Gitarre war geboren. Die ersten serienmäßig gebauten Steelguitars bot die Firma „National" 1924 in Chicago an. Zeitgleich erfanden die Brüder John, Rudy und Ed Dopera, tschechische Immigranten, die „Dobro" (aus Dopera und Brothers). Während in den Südstaaten die Schwarzen zunächst der „National" Bottleneck treu blieben, die auch mit einem Ganzmetall-Korpus gebaut wurde, setzten die weißen Countrymusiker auf den Sound der Dobro, der heute zum großen Teil von der elektrischen Steelguitar verdrängt worden ist.

„Ich brachte mir also eine Dobro mit nach Hause", erzählt John Fogerty, wie er die ganze Prozedur wieder von vorn begann. „Ich wurde noch besessener, ich hörte diesen Klang in mir. Ich aß, schlief, atmete Dobro. Das dauerte drei Jahre. Nach etwa zwei Jahren probierte ich mein Können schon mal an dem Take von 'A Hundred And Ten In The Shade' aus und merkte: das ist es." Seine „Dobro-Odyssee" ging langsam zu Ende. Auch wenn es sich nur um Nuancen im Arrangement und im Sound handelte, war er überzeugt, das einzig Richtige getan zu haben. Auch wenn es die Veröffentlichung von „Blue Moon Swamp" um drei Jahre verzögerte. Wer in drei Jahrzehnten nur vier Solo-LPs herausgebracht hat, entwickelt ein anderes Verhältnis zum Faktor Zeit. Dennoch quälte ihn die Frage, die ihm schon bei den Aufnahmen zu „Centerfield" zum Alptraum geworden war: Bin ich noch zeitgemäß? Und was ist, wenn die Leute bei „Warner Music" sagen, du hinkst ja hinter der Gegenwart her? Diesmal hatte er die Sicherheit erreicht, auf dem richtigen Weg zu sein. „Was ich schon immer gesagt habe, ist: Ich will Platten aufnehmen, die auch noch in zehn Jahren gespielt werden. So wird 'A Hundred And Ten In The Shade' zeitlos werden!"

Die Musiker, die er schließlich auswählte, weil sie seinen hohen Ansprüchen genügten, bieten einen Querschnitt durch die amerikanische Popszene der neunziger Jahre — von der Bluegrass-Formation „The Lonesome River Band" bis zu der Gospel-Gruppe „The Fairfield Four" („ein nationaler Schatz. Von 1992 bis 1996 habe ich gebraucht, um die richtige Gruppe mit dem richtigen Sound zu finden"), von Drummer Kenny Aronoff, der bei John Mellencamp spielte, bis zu Bassist Bob Glaub aus Linda Ronstadts Band. Sogar Donald „Duck" Dunn, der Fogerty schon in den siebziger Jahren auf Tournee begleitete, hat für das Stück „Blueboy" zum Bass gegriffen — eine Reminiszenz an die alten Rock'n'Roll-Tage und eine Reverenz an „Booker T And The MGs", laut Fogerty „die beste Rock'n'Roll-Band aller Zeiten". Und Rock'n'Roll ist nach wie vor das, was ihm vorschwebt, wenn er ins Studio geht. Nicht die museumsreife Musik der fünfziger Jahre, sondern die Art zu spielen, die jeder sofort als Rock'n'Roll erkennt. Über 20 Drummer sprachen bei ihm vor, bis er den Sound hatte, den er wollte: „Es darf nicht nur die Vorstellung von einer Rock'n'Roll-Platte sein. Es muß eine Rock'n'Roll-Platte sein. Man legt sie auf, und in fünf Sekunden entscheidet es sich, ob es echt ist oder nicht. Angefangen mit den Drums, sie sind das Fundament…"

Die Kritiken von „Blue Moon Swamp" bestätigten, daß er das richtige Gefühl gehabt hatte: Beim „Rolling Stone", der ihm vier der fünf erreichbaren Sterne verlieh, lautete das Urteil „worth the wait". Und nicht nur das: Das Sprachrohr der Rock-Apologeten zählte Fogertys Fünfte im „1997 Rock & Roll Yearbook" zu den besten Veröffentlichungen des Jahres. Die Plattenfirma koppelte zwei Singles aus: „Walking In A Hurricane" und „Blueboy". „Blueboy" ist eins der persönlichsten Stück des Albums. Er hat dafür seine Kinder und seine Frau Julie ins Studio geholt. Ihr hat er auch die Platte gewidmet, und für sie hat er das erste Liebeslied seiner Laufbahn aufgenommen: „The Joy Of My Life". Ihr verdankt er, daß er die lange Durststrecke bis zur Veröffentlichung von „Blue Moon Swamp" durchgehalten hat („Das muß oft sehr hart für sie gewesen sein!").

Die künstlerische Inspiration aber kam vom Mississippi. Er war dort zu einer Zeit, als hier noch Relikte des alten Südens aufspürbar waren, kurz bevor auch im Delta mit den allgegenwärtigen Spielcasinos die neue Zeit anbrach; als hier im ländlichen Mississippi Rap und Hip Hop noch nicht den Rhythm&Blues der Vergangenheit verdrängt hatten. Vor allem aber fuhr er in einer Zeit an den Mississippi, als er die historischen Einflüsse für seine eigene Neuorientierung brauchte: „Ich glaube, als ich nach Mississippi kam, begann mein Erwachen. Es war ein Prozeß, der sich während des Entstehens dieses Albums entwickelte, und das Ergebnis ist, daß ich das Gefühl habe, endlich dort gelandet zu sein, wo ich hingehöre. Ich kann nicht anders sein, als ich bin, und ich fühle mich sehr stark und sehr wohl als der Musiker und Songschreiber, der ich geworden bin." 30 Jahre sind vergangen, seit er die Band „Creedence Clearwater Revival" auf den Weg zum Erfolg führte. Heute ist John Fogerty nicht mehr nur der Ex- „Creedence Clearwater Revival"-Chef, heute ist er ein Solo-Star, der den Anschluß an die Zeit gefunden hat.

Die Mogelpackung

„Ich weiß nicht, warum ich noch mehr Zeit und sicher auch noch mehr Geld investieren sollte, um sie (Doug Clifford und Stu Cook) vor sich selbst zu schützen. Creedence in der Gegenwart ist eine Las Vegas Show. Creedence ist wie Elvis vor langer Zeit in der Vergangenheit gestorben. Creedence in der Gegenwart ist vermutlich wie einer dieser wirklich total kranken Elvis-Imitatoren."

John Fogerty, 1997

Creedence Clearwater Revisited

Noch ein Jahr zuvor hatte es so ausgesehen, als sei er für immer Geschichte: John Fogerty, der geniale Songschreiber und Bandleader, der vom Musikbusineß um die Früchte seiner Ideen gebracht wurde und der ausgebrannt in die innere Emigration ging. 1995 machten sich andere daran, sein Erbe anzutreten. Eine Formation mit dem Namen „Creedence Clearwater Rev." begann eine Welttournee, die sie durch die USA, Süd-Ost-Asien und Japan führte. Mit von der Partie: Schlagzeuger Doug Clifford und Bassist Stu Cook. Daß die Tour stattfand, hatte, wenn man den Worten von Doug Clifford glauben schenkt, einen einfachen Grund: „Wo immer wir im Laufe der Jahre hingekommen sind, wollten Fans die Musik live hören. Fogerty lehnte es ab, die Musik live zu spielen, und er lehnte es ab, mit uns aufzutreten. Also nahmen wir es auf uns, die Musik zu den Fans zu bringen." Für 1996 war dann auch die Europatournee geplant, die die fünf Musiker nach Deutschland bringen sollte. Acht Städte standen auf dem Programm:

Die Tour begann am 27. Mai in München, führte über Offenbach und Hannover nach Hamburg, wo die Gruppe am 2. Juni auf der Freiluftbühne im Hamburger Stadtpark auftrat. Auf Plakaten wurde die Europa-Tournee von „C.C.R." angekündigt – der Band, die, als sie sich 1972 auflöste, nur noch aus John Fogerty, Doug Clifford und Stu Cook bestanden hatte. Wer genau hinsah, konnte allerdings feststellen, daß „C.C.R." die Abkürzung für eine neue Gruppierung war: „Creedence Clearwater Revisited". Die Agentur von Doug Clifford und Stu Cook glaubte, ihnen eine gute Tarnung zugelegt zu haben, indem sie auf den Plakaten „Creedence Clearwater Rev." (Revisited) abkürzen ließ. Auf anderen Plakaten lief der Name optisch nach hinten zusammen, so daß man Revisited nicht mehr lesen konnte. Die beiden Ex-"C.C.R."-Mitglieder wollten noch einmal Kasse machen mit den Songs, die John Fogerty geschrieben und gesungen hatte und die er wegen seines Rechtsstreits mit der Plattenfirma „Fantasy" geschworen hatte, nie mehr öffentlich zum besten zu geben. Die Mogelpackung: eine perfide Idee gieriger und verletzter Menschen.

Der Pressetext der deutschen CBH Touring GmbH (Schwanstetten) war an Dreistigkeit nicht zu überbieten: „Im Jahre 1972 löste sich die Band nach internen Querelen und Problemen mit ihrer Plattenfirma auf – 24 Jahre später, im Jahre 1996, feiern sie ein sensationelles Comeback." Auf Anfrage, ob John Fogerty bei dieser „Comeback"-Tournee dabei sei, blieb die veranstaltende Agentur vage: „Das ist noch offen. Es finden Verhandlungen statt." Diese Aussage war nicht ganz falsch, wenn auch nur der Umstand stimmte, daß John Fogerty versuchte, eine einstweilige Verfügung gegen die Benutzung des Namens „Creedence Clearwater Revisited" vor Gericht zu erwirken. Die Veranstalter wollten mit ihrer Vernebelungs-Taktik verhindern, daß Fogerty-Fans vor dem

Konzert verprellt würden. Anders als bei den „Beatles", wo fanatische Anhänger noch heute auf eine Wiedervereinigung der drei verbliebenen Mitglieder hoffen, war nach dem Ende von „Creedence Clearwater Revival" die große Erwartung geblieben, den Kopf der Gruppe endlich wieder live erleben zu können. Notfalls auch ohne Reunion der Revival-Band. Aber „C.C.R." ohne John Fogerty — das hatten die katastrophalen Aufnahmen der anderen auf der letzten „C.C.R."-Platte „Mardi Gras" deutlich gemacht — ließ nichts Gutes erahnen. Musikkritiker Bernd Matheja sah denn auch im deutschen „Rolling Stone" einen bösen Mond aufgehen. „Man stelle sich vor, die Rolling Stones würden Mick Jagger ersetzen", empörte sich prompt die „Frankfurter Rundschau".

Die Erwartungen des Publikums waren sehr hoch wie auch der Eintrittspreis von 50 Mark. Die Attraktion von „Creedence Clearwater Revival" fehlte — John Fogerty. Die Stimme, die Gitarre, der Erfinder der Band und ihrer Musik war nicht dabei. Das hatte man zwar eine Woche vor der Veranstaltung auf den wenigen Plakaten, die Fotos der Band zeigten, sehen können, doch da war es zu spät. Die Karten waren gekauft, und neugierig war man ja ohnehin. Der Band-Name allein war es, der die Massen zu den Auftritten gebracht hatte. Hier hätten sonst auch „The Brandos" oder irgendeine andere der unzähligen „Creedence"-Coverbands ihre Arbeit verrichten können. Zwar standen mit Doug Clifford und Stu Cook noch zwei der drei überlebenden „Creedence Clearwater Revival"-Originalband auf der Bühne, nur waren sie es eben nicht, die in irgendeiner Weise für die Lieder verantwortlich gewesen waren, die „C.C.R." zu einer der erfolgreichsten Bands aller Zeiten gemacht hatten.

Eine kraftlos wirkende Gruppe aus Berlin eröffnete den Abend. Eine halbe Stunde verging. Jeden echten Fan plagten Herzrasen und Wunschträume: Vielleicht würde ja das Wunder wahr werden, und dann stünde er gleich auf der Bühne — John Fogerty. Völlig unspektakulär kam jedoch, was kommen mußte: Ein Quintett betrat die Bühne, dessen

Gitarristen Elliot Easton man noch von der Achtziger-Jahre-Popgruppe „The Cars" kannte. Er hatte schon einmal seine Liebe zu der Musik John Fogertys öffentlich kundgetan. In dem Magazin „BAM", das ein Foto von John Fogerty anläßlich seines „Centerfield"-Albums auf dem Cover trug, bekannte sich Elliot Easton 1985 zu seinem großen Vorbild. Damals wußte er ja nicht, daß er elf Jahre später mit Stu Cook und Doug Clifford durch die Welt reisen würde und die Noten seines Idols nachspielen dürfte. Sicherlich hätte er diese beiden sonst in dem Interview auch erwähnt, oder wenigstens von „Creedence Clearwater Revival" gesprochen statt nur von Fogerty.

Easton intonierte die Anfangsklänge von „Born On the Bayou", Doug Clifford saß im Muskelhemd hinter den Drums, und Stu Cook spielte einen modernen fünfsaitigen Baß. Die Herren waren gealtert, aber durchaus wiederzuerkennen. Besonders Doug Clifford, der wie eh und je seine durchtrainierten Arme zur Schau stellte. Der Unbekannte mit der Rhythmusgitarre war Steve Gunner. Und dann kam die absolute Ernüchterung in Gestalt von John Tristao, der seinem Namensvetter John weder in Statur noch Format nahekam. Ihm fehlte es vor allem an Stimmvolumen, aber auch sein Verständnis, die Fogerty-Kompositionen zu interpretieren, reichte nicht aus. Bei „Lodi" juchzte er fröhlich und nahm damit dem Lied die Melancholie. Sein undynamisches Timing machte aus Liedern wie „Bad Moon Rising" und „Looking Out My Backdoor" Schunkelliedchen. Als Stu Cook ihn ankündigte, sagte der dann auch entschuldigend: „Ich finde, er macht seine Sache sehr gut. Schließlich sind es riesige Schuhe, die er sich anziehen muß." Das war der Moment, in dem die Band ihrem Gründer am nahesten war.

Vereinzelte, verzweifelte „Fogerty"-Rufe verhallten bald, man mußte mit der Kopie vorlieb nehmen. Die Stimmung und der Alkoholpegel des überwiegend männlichen Publikums stieg, wozu auch die laue Sommerluft an diesem Sonntag beitrug. Die Magie von John Fogertys Liedern wirkte sogar bei dieser mittelmäßigen Coverband. Und die Frankfurter Rundschau vermutete: „Aber 'C.C.R.' sind schon so lange weg vom Fenster, daß viele wohl vergessen haben, wie Fogerty überhaupt aussieht." Er war den ganzen Abend von seinen Ex-Kollegen nicht namentlich erwähnt worden. Nicht einmal sein Bruder Tom wurde in Erinnerung gerufen, der immer auf Stus und Dougs Seite gewesen war, wenn sie sich für „Fantasy"-Chef Saul Zaentz und gegen John Fogerty stark gemacht hatten.

„It's in the toilet!"

Früher, hatte Doug Clifford einmal gesagt, hätten Stu und er sich wie in einem „Fogerty-Sandwich" gefühlt. Nach Tom Fogertys Tod war es für Doug Clifford und Stu Cook zwar endgültig vorbei mit dem „Fogerty-Sandwich", aber John Fogerty stellt nun für die beiden ein noch größeres Feindbild dar als zu der Zeit, als sie noch in seiner Band gespielt hatten. Diese Entwicklung läßt sich vor allem an einem Leserbrief ablesen, den Stu Cook im März 1993 an den „Rolling Stone" geschickt hat. Das einzige Ziel des Schreibens war es, John Fogertys Bedeutung zu schmälern und sich selbst in Szene zu setzen. Stu Cooks Brief war eine Reaktion auf einen „Rolling Stone"-Bericht über die Geschichte von „Creedence Clearwater Revival". Anlaß war die Aufnahme der Band in die Rock & Roll Hall of Fame. John Fogerty hatte es bei der Zeremonie in Los Angeles vorgezogen, mit Bruce Springsteen und Robbie Robertson aufzutreten statt mit den übriggebliebenen Bandmitgliedern. Aus jeder Zeile des Leserbriefs spricht Stu Cooks gekränkte Eitelkeit. Über 20 Jahre verletztes Selbstwertgefühl brachen in wenigen Sätzen aus ihm heraus: „Im Licht von Johns übelgesinntem und kleinlichem Verhalten gegenüber seinen ehemaligen Bandkollegen bei der Aufnahme-Zeremonie für die Rock & Roll Hall of Fame ist es jetzt für jeden sichtbar geworden, daß John vielleicht der Bandleader, Autor, Sänger, Arrangeur, Produzent der Platten der Band und so weiter war, aber er war ganz sicher nicht das Herz der Band. Hört Euch die Platten an und dann die Soloversuche von John. Wenn Ihr den Unterschied dann immer noch nicht erkennt, vergleicht die Verkaufszahlen des Quartetts mit denen des Solo-Künstlers. Die Fans irren nie."

Offensichtlich haben Stu Cook und Doug Clifford, die heute beide in Lake Tahoe (Nevada) leben, sich jede von Johns Solo-Platten genau angehört. Dabei haben sie immer nur einen Gedanken im Kopf: Rache! Sie suchen nach Fehlern ihres ehemaligen Bandleaders. Sie suchen nach Ähnlichkeiten mit den Hits von „Creedence Clearwater Revival". Besonders Stu Cook, der bei „Creedence Clearwater Revival" schon immer die untergeordnetste Rolle zu spielen schien, bringt seine negative Haltung gegenüber John Fogerty immer wieder zum Ausdruck. Er nutzt jedes Pressegespräch, um die Solowerke seines ehemaligen Bandkollegen abzuqualifizieren.

Bereits Johns 1985er „Centerfield"-Album hatte Begeisterung bei der Presse und bei den Fans ausgelöst. Auch die Verkaufszahlen waren gut, so gut, daß die Platte den ersten Platz der „Billboard"-Charts belegen konnte. Trotzdem ließ Stu Cook 1993 in seinem Leserbrief kein gutes Haar an dem Werk. Auch das 1996er „Blue Moon Swamp"-Album, das musikalisch noch viel ausgereifter war als „Centerfield" und für das John Fogerty seinen ersten Grammy bekommen hatte, konnte seine beiden größten Kritiker nicht überzeugen. Für Stu Cook gab es nur ein Urteil: „It's in the toilet!" Auf Nachfrage behauptete er, die Platte gar nicht gehört zu haben. Anschließend erklärte er, was er mit seinem vernichtenden Urteil gemeint hat: „Es ist ein Flop. Das ist ein Slang-Ausdruck dafür." Er, der selbst nie ein Album in den Pop-Charts hatte plazieren können, bezeichnete „Blue Moon Swamp" als gescheitert. Die CD hatte John Fogerty 1997 ein weiteres Mal in die amerikanischen Top 40 gebracht: auf Platz 37. „Ein, zwei Tage hat sich das Album gehalten. Es ist Geschichte," wischt Stu Cook diesen Erfolg beiseite.

Und Doug Clifford assistiert seinem sichtlich genervten Partner bei dem Versuch, den Erfolg von „Blue Moon Swamp" zu schmälern: „Die höchste Position, die es erreicht hat, war 38. Das war die höchste Notierung. Das war in der ersten Woche, als alle Fans, die etwas Großartiges erwarteten, einfach losgegangen sind und es gekauft haben. Sie hätten es vorher hören müssen. Ich habe ein paar Stücke davon gehört und ganz offen, für mich klingt es sehr steril."

Auch der Schlagzeuger ist deutlich angegriffen von dem Erfolg John Fogertys. So nimmt er es mit der höchsten Charts-Notierung nicht so genau. Hin- und hergerissen zwischen der Behauptung, er habe die Musik von „Blue Moon Swamp" nie richtig gehört, und totaler Ablehnung dem Album gegenüber, wird Doug Clifford richtiggehend zum Experten für die CD: „Sechs Jahre und Millionen über Millionen von Dollar investiert und 25 Schlagzeuger. Na, ja. Das muß einfach zuviel des Guten sein." Kein Wort verlieren die beiden über die hohe Präsenz ihres ehemaligen Mitstreiters in den Medien. John Fogerty war zu dieser Zeit immer wieder in den wichtigen Talkshows des amerikanischen Fernsehens: Letterman, Jay Leno. Und auch der deutsche Moderator Thomas Gottschalk lud John Fogerty in seine Sendung „Gottschalks Hausparty" und konnte seine Begeisterung für seinen „Lieblingssänger" gar nicht bremsen. Über einen Promotion-Auftritt im Hamburger „Grünspan" wurde bei VH-1 ausführlich berichtet. John gab bei diesem Anlaß Auskunft über seine neue Platte, Fans erzählten, welche Bedeutung „C.C.R." in ihrem Leben hatte. Der Sender ließ auch Stu Cook und Doug Clifford zu Wort kommen. Doch wie immer ging es nur darum, warum John Fogerty nicht mehr mit ihnen spielen wollte. Sie hatten darauf keine Antwort und taten so, als tappten sie seit 25 Jahren im dunkeln: „Wir haben versucht, mit ihm zu sprechen."

Es gibt einen großen Unterschied zwischen dem Schlagzeuger und seinem Freund, dem Bassisten, wie sie mit dem Feindbild John Fogerty umgehen. Auch wenn sich beide offensichtlich dessen bewußt sind, daß sie immer an John Fogertys Genialität gemessen werden, ist Stu Cook besonders unfähig, sich von diesem Druck zu befreien, ohne den kreativen Kopf von „Creedence Clearwater Revival" zur Zielscheibe seiner Agressionen zu machen. Anläßlich der ersten „Creedence Clearwater Revisited"-Europatournee hatte er verkündet: „Wir vermissen John nicht im geringsten. Er hat sich unserem Projekt gegenüber nicht gerade freundlich gezeigt." Das hinderte die Coverband jedoch nicht daran, bei ihrer weltweiten Tournee, fast alle Fogerty-Hits zu spielen, aber keine Kompositionen aus der Feder von Stu Cook und Doug Clifford. Weder „Door To Door" (Stu Cook) noch „Tearin' Up The Country" (Doug Clifford), mit denen sie ihren Beitrag zu der letzten katastrophalen Platte „Mardi Gras" geleistet hatten, sind auf der Tour zu hören. Auch keine Titel von anderen Projekten, wie Cliffords Solo-Platte, oder Aufnahmen, die sie mit der „Don Harrison Band", Doug Sahm oder mit „Southern Pacific" gemacht haben. Die könnten auch neben den kompositorischen Meisterleistungen John Fogertys nicht bestehen. Stu Cooks Erklärung, daß „die Aufnahmen in einer unglücklichen Zeit entstanden" seien, wird von Doug Clifford noch unterstrichen. „Das waren damals drei Soloprojekte." Keine dieser Erklärungen täuscht jedoch über den qualitativen Unterschied zwischen den Titeln von John Fogerty und denen seiner ehemaligen Mitstreiter hinweg.

Auf der anderen Seite hat auch John Fogerty seinen ehemaligen Kollegen Knüppel zwischen die Beine geworfen, wo er konnte. Er sah in der Band „Creedence Clearwater Revisited" nicht zu Unrecht einen billigen Abklatsch und fürchtete den endgültigen Ausverkauf seiner Kompositionen. „Creedence in der Gegenwart ist eine Las Vegas Show", warf er seinen früheren Kollegen 1997 in einem Gespräch mit dem „Rolling Stone" vor. Im Oktober 1996 hatte er eine einstweilige Verfügung gegen die Coverband erwirkt, die es den fünf verbot, die Tournee unter diesem Namen fortzusetzen. Seine Begründung war einleuchtend. In seinen Augen waren „Creedence

Clearwater" die Hauptbestandteile des Bandnamens. „Revisited" war ihm viel zu nah an „Revival", besonders weil auf den Plakaten die Abkürzungen „C.C.R." oder „Creedence Clearwater Rev." standen. Am klarsten wurde Fogertys Position in einem Vergleich, der sich nicht entkräften läßt: „Der Schlagzeuger und Bassist der E-Street Band würden doch auch nicht auf die Idee kommen, als Bruce Springsteen aufzutreten, nur weil sie früher mit ihm gespielt haben."

Aufgrund der einstweiligen Verfügung nannten sich Doug Clifford, Stu Cook und ihre drei neuen Freunde fortan „Cosmo's Factory", wie die erfolgreichste Platte, die die Band mit John Fogerty als Leader und geistigem Kopf 1970 eingespielt hatte. 1997 wurde die einstweilige Verfügung ausgesetzt. Das Gericht wollte sich John Fogertys Argumentation nicht anschließen, daß die „Revisited"-Band mit der historischen „Revival"-Band verwechselt werden könnte – auch wenn in Deutschland oder Thailand der eine oder andere Fan mit der mißverständlichen Plakatierung hinters Licht geführt worden sei.

„Recollection"

So konnte die Band wieder unter dem zugkräftigen Namen „Creedence Clearwater Revisited" im November 1997 in Alberta (Kanada) auftreten. Das Konzert wurde mitgeschnitten. Und 1998 erschien eine Doppel-Live-CD mit dem Titel „Recollection". Die Musik von „Creedence Clearwater Revival" hatte zu der Zeit ein Comeback erlebt, nicht zuletzt weil John Fogerty mit „Blue Moon Swamp" Erinnerungen bei alten Fans wachgerufen und auch neue Anhänger hinzugewonnen hatte. An diesem Erfolg wollten auch die alten Mitstreiter Doug und Stu wieder teilhaben. „Recollection" erschien auf dem amerikanischen „Fuel 2000"-Label, das von dem Unterhaltungskonzern MCA vertrieben wird. Auf die Frage, warum die Platte nicht auf „Fantasy" erschienen sei, war Stu Cooks einfache, aber vielsagende Antwort: „Eine andere Plattenfirma hat uns einen besseren Vertrag angeboten. Die machen auch richtige Publicity, und 'Fantasy' ist schließlich nur eine Katalogfirma. Die haben nie etwas für den Erfolg von 'Creedence Clearwater Revival' getan." Doug Clifford und Stu Cook behaupten, sich mit den alten Verträgen, die sie mit Saul Zaentz geschlossen hatten, abgefunden zu haben: „So ist nun mal das Geschäft." Im Gegensatz zu John Fogerty waren sie jedoch nicht auf Jahrzehnte an „Fantasy" gebunden und schuldeten der Plattenfirma auch keine weiteren Veröffentlichungen. Statt dessen haben die beiden in den achtziger Jahren bessere Tantiemen für sich aushandeln können. Dafür verkauften sie endgültig ihr künstlerisches Mitspracherecht an Saul Zaentz.

In Deutschland ist „Recollection" im Vertrieb des Hannoveraner Labels SPV erschienen, das der Konzertagentur CBH in Schwanstetten angegliedert ist. Um den Verkauf auch außerhalb der Konzerthallen anzukurbeln, ließ SPV einen Zehn-Sekunden-Werbespot auf bundesdeutschen Bildschirmen ausstrahlen. Zusätzlich wurde die CD – sicher ist sicher – von vornherein mit einem Aufkleber als Sonderangebot angepriesen. Wortlaut auf dem Sticker: „incl. all hits". Und tatsächlich findet man darauf getreu dem Titel („Recollection" = Erinnerung) 22 Titel, die alle an die sagenhafte Band erinnern, die 1968 bis 1972 die Hitparaden anführte und die Arenen füllte. Und wie zu den besten Zeiten von „Creedence Clearwater Revival" beginnt der Live-Mitschnitt mit „Born On The Bayou". Doch schon nach den ersten Tönen wird das ganze Dilemma überdeutlich: John Tristao ist kein adäquater Ersatz für John Fogerty. Ihm fehlt es an Dynamik und Präsenz. Die schneidende, aggressive Klarheit in der Stimme, mit der John Fogerty zum Sänger von Weltruhm wurde, imitiert John Tristao ziemlich angestrengt. Er hat große Mühe, die hohen Töne überhaupt zu erreichen.

Ein wirklicher Tiefschlag ist dann die Interpretation von „Lodi" auf der CD. Stu Cook sagt den Titel über die Tiefen des Showbusineß an: „Jetzt kommt ein Lied über einen Ort, von dem Doug und ich dachten, daß wir ihn niemals wieder verlassen würden." Das künstlerische Niveau, das dort oder in irgendeinem beliebigen Nest in Kalifornien gefragt wäre, haben sie tatsächlich nicht verlassen. Es ist die Qualität ihrer Musik, die dem Zuhörer den Vergleich mit den „Golliwogs" aufdrängt, den Stu Cook auf der Web-Seite der Band selber zieht. Die „Golliwogs" waren eine erfolglose Vorläufer-Band von „Creedence Clearwater Revival", die versuchte, den damals aktuellen Britpop der Beatles zu kopieren. Auch wenn Stu Cook die aktuelle Besetzung sogar noch „ein bißchen besser, als das Original" findet, zeigt das Album deutlich: Hier wird wieder eine bessere Band kopiert.

Womit Doug und Stu sicherlich nicht gerechnet hatten, war, daß auch John Fogerty eine Live-CD veröffentlichen würde. Im Juni 1998, als „Creedence Clearwater Revisited" zum zweiten Mal durch Deutschland tourte, erschien „Premonition" auf dem Reprise Label, das zum „Warner"-Konzern gehört. John Fogerty selbst kehrte damit in den Ring zurück, und die Aufmerksamkeit der „Creedence"-Fans galt vor allem wieder ihm. Plattenkritiken wie die des „Oldie-Markts", in denen beide CDs gegenüber gestellt wurden, fällten ein vernichtendes Urteil über die Cover-Band. Der Vergleich mit „Premonition" ist den beiden Ex-„Creedence Clearwater Revival"-Mitgliedern sichtlich unangenehm. Stu Cook behauptet, die CD nie gehört zu haben. Sein Freund Doug Clifford findet jedoch „Premonition" klinge nach einer „schwachen Tribute-Band" und Stu Cook ergänzt – wieder ganz der Experte: „besonders stimmlich schwach".

John Fogerty hat nicht wie seine früheren Mitstreiter noch einmal „alle Hits" auf Platte gebannt, er hat viel mehr getan: Für das Album hat er mit „Premonition" ein neues Stück geschrieben, und er hat auch Stücke seiner Solokarriere hinzugefügt. Sein Live-

Album ist nicht nur klanglich sehr gut produziert. Es vermittelt, anders als „Recollection", keine Sekunde lang den Eindruck eines Oldie-Acts. Fogertys Gitarrenspiel ist mühelos wie sein Gesang. Von den Klassikern, die er zuerst mit „Creedence Clearwater Revival" aufgenommen hat, hat er nicht nur den Staub gepustet. Er hat den Stücken neues Leben eingehaucht. Auch er beginnt sein erstes offizielles Live-Album mit „Born On The Bayou" und „Green River", wie er es schon bei Konzerten zu Woodstock-Zeiten mit seinem Bruder Tom und den Freunden Doug und Stu getan hatte.

Während Stu Cook und Doug Clifford versuchen, den Klang der alten Platten zu reproduzieren, und John Tristao gerne so klänge wie der wahre John, spielt John Fogerty versiert mit dem Material, das künstlerischer Ausdruck seines Ichs ist. Die ausgezeichnete Begleitband hat keine Mühe, sich seinem Höhenflug anzuschließen. Allen voran transportiert der Schlagzeuger Kenny Aronoff mit seinen präzisen Schlägen die alten Hits in die 90er Jahre und versieht sie so mit der Dynamik, die sie brauchen, um gleichberechtigt neben den neuen Fogerty-Kompositionen stehen zu können. Auch der Bassist Bob Glaub spielt unangestrengt, was bei Stu Cook häufig bemüht und manchmal auch ein bißchen holprig klingt. Mit dieser Band — den Rhythmus-Gitarristen Johnny Lee Schell und Mike Canipe und den Backup-Sängern „The Waters" — hat John Fogerty seine musikalische Qualität gewahrt.

Am 8. Juni kehrten „Creedence Clearwater Revisited" auf der „Hey Tonight in 1998"-Tour in den Stadtpark nach Hamburg zurück. In den letzten Jahren war so viel passiert, daß der Veranstalter sich erst gar keine Mühe mehr gab, die Identität der Coverband mit „Creedence Clearwater Revival" vorzutäuschen. Daß John Fogerty auch in Deutschland wieder in die Spitze der Charts gelangt war, schlug sich auf die Besucherzahlen und die Stimmung bei den Auftritten seiner Widersacher nieder. In Hamburg war die Freilichtbühne an diesem Montagabend nur zur Hälfte gefüllt. Der Regen hatte den

Boden aufgeweicht, und vom Rasen war nichts mehr zu sehen. Die Zuschauer mußten durch Matsch waten, und es wurde ihnen auch musikalisch ein Einheitsbrei geboten. Die Stimmung bei Stu Cook und Doug Clifford hatte einiges von der Euphorie verloren, mit der sie zwei Jahre zuvor angetreten waren. Auf die Bemerkung, daß die Zeiten jetzt auch nicht glücklicher seien als zu Zeiten von „Mardi Gras", legte Cook nachdenklich seinen Kopf zur Seite und sagte: „Wer weiß…?"

Doug Clifford hatte schon vor dem Auftritt eine Erklärung für die Schwäche der bevorstehenden Darbietung: „Übrigens ein Wort zu diesem Veranstaltungsort: Es gibt eine Dezibel-Beschränkung, die wir nicht überschreiten dürfen. Uns sind nicht mehr als 90 Dezibel erlaubt. Es ist schwierig, hier wirklich in Fahrt zu kommen. Man spürt die Musik sonst ein bißchen mehr. Es ist sehr leise. Und auf der Bühne klingt alles sehr sauber, ein bißchen zu sauber für meinen Geschmack." Obwohl nie so recht Stimmung aufkam, spielte sich die Band gnadenlos durch das Programm der CD „Recollection".

Auch am folgenden Sonntag in München stand alles unter einem schlechten Stern. Bei lauter Musik vom Band mußten Doug und Stu auf ihren Einsatz warten. Ihre Instrumente hatten sie bereits in den Händen, doch das Band lief immer noch weiter. Als der Mischer dann endlich den Regler für den Kassettenrekorder gefunden hatte, begann „Creedence Clearwater Revisited" das Programm abzuspulen. Noch auf der Bühne streifte sich Stu Cook sein grünleuchtendes Seidenhemd über, das er auch auf dem Coverbild von „Recollection" trägt, – so als habe er Angst, sonst nicht erkannt zu werden. Unter dem Titel „Hör mal, wer da fehlt!" schrieb die Süddeutsche Zeitung, was nicht von der Hand zu weisen ist: „Auch im fast ausverkauften Colosseum fehlte einer ganz entschieden, und das seit mittlerweile 26 Jahren. John Fogerty, Sänger, Gitarrist und Kopf von Creedence Clearwater Revival, ist nicht dabei in jenem Projekt… Er ist nicht nur nicht dabei, sondern er polemisiert sogar aufs heftigste gegen die Wiedervereinigung seiner halben Combo. Das kann man nach dem zweistündigen Konzert gut verstehen."

Und weil der Rezensent wohl etwas völlig anderes erwartet hatte, wird er noch viel deutlicher in seiner Wortwahl: „Es drängt sich aber irgendwann der Eindruck auf, da vorne könnten auch die Schürzenjäger stehen, und man fragt sich, was jetzt noch kommt. 'Who The Fuck Is Alice', vielleicht?… CCR sind eine leidlich schmissige Bierzeltcombo. Solche hört man im Kunstpark gelegentlich auch nebenan in der Wiesn World, aber dort kostet der Eintritt keine 50 Mark." Und die Bildunterschrift sagt alles: „Bei Creedence Clearwater Revisited im Colosseum war nicht nur der 'Bad Moon' schlecht."

„Ich wünschte, wir wären Freunde!"

Wenn Doug Clifford und Stu Cook mit ihrer Band überhaupt noch auf Interesse bei den Medien stoßen, dann eigentlich nur wegen John Fogerty. Und die beiden sind sich dessen durchaus bewußt.

Der lange Weg hinter der Bühne vorbei zu den Backstage-Häuschen ist total aufgeweicht. Das Dach aus Bäumen hat den Juniregen nicht abhalten können. Stu Cook stürmt aus einem der beiden Bungalows im Hamburger Stadtpark. Bevor die Tür zufällt, kann man noch Elliot Easton erkennen. Kaum ist er im Freien, ist die Anspannung und Unwilligkeit in Stu Cooks Haltung nicht zu übersehen. „Fünf Minuten, höchstens zehn," sind seine ersten Worte, mit denen er das Interview begrenzen will. Dann geht er vor in den zweiten Bungalow.

Beim Betreten des Raumes stellt Stu Cook die blonde, etwa fünfundvierzigjährige Laurie, die Ehefrau von Doug Clifford, vor. Während er die erste Frage nach den Publikumsreaktionen beantwortet, kommt auch Doug Clifford in den Raum und setzt sich zu Stu Cook auf eine Bank. Der Raum ist weitgehend leer, bis auf ein paar weiße Gartenmöbel. Wenigstens schmutzig ist es nicht wie in den meisten anderen Backstage-Räumen. „Toll. Die Publikumsreaktionen waren immer toll," sagt Stu Cook knapp. Er sagt das, wie einen auswendig gelernten Satz, dessen Inhalt längst auf der Strecke geblieben ist.

Das Gespräch entwickelt sich nur sehr zögerlich. Während Doug Clifford sich leicht vornübergebeugt die Fragen anhört und sich sichtlich Mühe gibt, ausführliche Antworten zu geben, sitzt Stu Cook den größten Teil des Interviews etwas steif neben ihm und beobachtet die Situation mit skeptischen Blicken. Doug Clifford hat sich, anders als Stu Cook, in all den Jahren seit „Creedence Clearwater Revival" kaum verändert. Er ist immer noch drahtig und muskulös. Zwar trägt er jetzt kein Muscleshirt, wie bei den Auftritten, sondern ein normales blaugestreiftes Oberhemd, trotzdem zeichnen sich seine Bizepse deutlich ab. Er gestikuliert viel, um seinen Worten zusätzlich Nachdruck zu verleihen. Stu Cook hingegen sieht sehr verändert aus. Seine Haare sind am Hinterkopf licht geworden, und seine Stirn ist höher als Anfang der siebziger Jahre. Außerdem trägt er nicht mehr nur einen Oberlippenbart. Seinen Schnurrbart hat er um einen Kinnbart ergänzt. Man sieht seinem Bauch unter dem schwarzen Blazer an, wie gern er ißt. Insgesamt macht er einen gesetzten und gereiften Eindruck, während Doug Clifford sich sichtlich bemüht, sein jugendliches Image zu erhalten.

Beide können nicht verbergen, daß sie sich permanent einem Rechtfertigungszwang ausgesetzt sehen. Das wird ganz deutlich, als das Gespräch auf die Ähnlichkeit zwischen Fogertys Hit „The Old Man Down The Road" und „Run Through The Jungle" von „Creedence Clearwater Revival" kommt. Doug Clifford wehrt die Frage sofort ab: „Einen Moment!" Es geht darum, ob Doug Clifford 1985 zu „Fantasy"-Chef Saul Zaentz gegangen ist, um ihn wegen der Übereinstimmungen der beiden Melodien zu einer Klage gegen John Fogerty zu provozieren. Stu Cook versucht, das Thema in eine ganz andere Richtung zu drängen, natürlich nicht, ohne sich selbst in Szene zu setzen. Er behauptet, daß John Fogerty nicht einmal wisse, wer damals bei Saul Zaentz war: „Einmal hat er gesagt, Doug war's. Jetzt vor kurzem hat er gesagt, daß ich es war. Ich glaube nicht, daß er es weiß." Doch dann hat sich Doug Clifford wieder gefangen und will die Geschichte erzählen, so wie er sie erlebt hat. Es ist ihm sehr daran gelegen, seine Version der Geschehnisse wiederzugeben: „Hier ist die Geschichte. Du willst die Wahrheit? Stu und ich waren in Sauls Büro, um einen besseren Vertrag für uns auszuhandeln. Im Verlauf des Gespräches sagte Saul dann: 'Nun was haltet ihr von Johns neuer Platte?' In dem Moment sagte ich zu Saul, was ich damals auch zu dem Mann gesagt habe, der mir die Platte zum ersten Mal vorgespielt hat. Ich sagte: 'Es klingt wie 'Run Through The Jungle' mit einem anderen Text.' Das ist alles, was ich gesagt habe. Ich wollte nicht über Johns Platte sprechen. Ich wollte über unseren Vertrag sprechen. Aber ich bin da nicht mit den beiden Platten reingegangen – und John weiß das, denn ich habe sogar eine eidesstattliche Erklärung dazu abgegeben. Ich hatte nicht einmal eine Kopie der Platte, ich habe sie nur gehört und habe nicht gesagt: 'Hör dir an, was er tut. Du mußt ihn anzeigen.' Das war Saul Zaentz. Aber Moment mal, überleg mal. Wer hat damit angefangen – mit 'Zanz Kant Danz'? Er (John Fogerty) hat ihn (Saul Zaentz) in der Öffentlichkeit einen Dieb und ein Schwein genannt. Wäre ich Saul Zaentz, hätte ich auch versucht, mich zu rächen. Ich bin zwischen die beiden geraten. Das war richtiger Mist." Und noch einmal bringt sich Stu Cook ins Gespräch: „Jetzt sagt John, daß ich es war."

Obwohl auch sie nicht nur gute Erfahrungen mit Saul Zaentz gemacht haben, richten sich ihre Aggressionen nicht gegen den Plattenfirmenboß, sondern gegen

John Fogerty, der ihrer neuen Band auch heute noch das Leben schwermacht. Auf die Frage, ob es noch Kontakt zwischen ihnen und John Fogerty gäbe, antworten sie: „Nein. Wir kommunizieren über Anwälte." Und Stu Cook wird etwas konkreter: „Er verklagt uns." Es geht um den Namen der Band, und Doug Clifford erklärt die Vorgänge lakonisch: „Wir wollen unseren Namen zurück, weißt du. Es wäre gut für ihn, zu tun, was er tun will. Wir machen, was wir machen. Er sollte glücklich mit uns sein. Wir haben ihn dazu gebracht, wieder die alten Lieder zu singen. Er hatte sich geweigert, sie zu spielen, bis wir wieder damit angefangen haben."

Auch für die Zukunft sehen die beiden keine Chance, daß sie sich eines Tages wieder mit John Fogerty verstehen könnten. An dieser Stelle des Gesprächs bleibt Stu Cook eher diplomatisch zurückhaltend. Er kann sich ein freundliches Nebeneinander eben nicht vorstellen. Doug Clifford hingegen bringt einen martialischen Vergleich, der aber sicherlich in vielen Bereichen die Realität sehr gut beschreibt: „So wie die Dinge heute stehen, wird das wohl nichts. Glaubst du, daß die Bosnier und die Serben eines Tages wieder glücklich miteinander werden?"

Ein anderes Thema wehrt Stu Cook ebenfalls mit scheinbarer Souveränität ab. Wird es jemals neues Studiomaterial von „Creedence Clearwater Revisited" geben? „Darauf gibt es keine klare Antwort," beginnt er und wird dann doch deutlich: „Weißt du, die Voraussetzung für dieses Projekt war es, live zu spielen. Das ist etwas, woran wir Spaß haben und worauf wir jahrelang verzichten mußten. Meine Idee war es, eine Band zusammenzustellen, die den Sound der Originalband repräsentieren würde und so die Musik zu den Fans bringt. Und die Idee, Aufnahmen zu machen – nun ja, zurückzugehen und mit neuem Material anzufangen, bedeutet, auch wieder ganz unten anzufangen. Das ist eine Menge Arbeit. Ich persönlich glaube, daß das eher etwas für junge Leute ist. Das ist die Aufgabe junger Künstler. Im Moment hat der Tag eben nur eine begrenzte Anzahl von Stunden."

Die alte „Factory" in Berkeley, wo sie jeden Tag übten, was ihnen John Fogerty beigebracht hat, haben die beiden noch ungefähr fünf Jahre behalten, nachdem sich „Creedence Clearwater Revival" aufgelöst hatte. Die Proben von „Creedence Clearwater Revisited" finden jetzt in Lake Tahoe in Nevada statt, wo Doug Clifford und Stu Cook seit einigen Jahren wohnen. Dort hören sie sich auch gemeinsam die Produkte ihres Erzfeindes John Fogerty an und suchen nach Makeln, die sie dann wieder als Beweis für ihre eigenen Qualitäten anführen, als seien sie je „Creedence Clearwater Revival" gewesen.

Mitten im Gespräch verläßt Stu Cook den Raum. Mit einem Mal wird die Atmosphäre viel gelöster. Der kleine, mit Camouflagehosen bekleidete Sohn von Doug Clifford setzt sich neben seinen Vater. Laurie Clifford nimmt jetzt an dem Gespräch teil. Doug Clifford erklärt, warum Stu Cook und er bei Interviews so verkrampft erscheinen: „Wenn wir etwas angespannt wirken, wenn wir darüber sprechen: es ist einfach kein angenehmes Thema. Er (John Fogerty) hat uns angeklagt und hat schreckliche Sachen über uns gesagt, die einfach nicht wahr sind. Das ist alles sehr schmerzhaft. Im wesentlichen ist es alles sehr traurig. Es ist traurig. Es ist ein trauriges Szenario. Ich wünschte, alles wäre anders. Ich wünschte, wir wären Freunde, ob wir Musik zusammen spielten oder nicht. Wir sollten wenigstens die Erfolge genießen, die wir hatten. Wir sollten sie wirklich richtig genießen. Selbst wenn wir jetzt nicht mehr zusammenarbeiten können."

Zeit der Abrechnung

*"Before you accuse me,
take a look at yourself!"*

Nicht nur in ihrer schmucklosen Kabine hinter der Bühne wirken die beiden bärtigen Männer melancholisch und desolat. Auch auf der Bühne können sie nicht gegen den Eindruck anspielen, daß sie an einem Endpunkt angekommen sind. Die Illusionen, mit denen sie sich Ende der sechziger Jahre darangemacht hatten, gegen die „Beatles" und die „Rolling Stones" anzutreten, sind auf der Strecke geblieben. Sie tingeln über Land — außer Hamburg und München stehen auch Bayreuth und Kamenz auf dem Tournee-Plan. Insgesamt 14 Auftritte, mit denen sie auf ihre Kosten kommen müssen. Ein Gig in „Lodi", dem vielbesungenen Provinzkaff im Hinterland von San Francisco, erscheint vor diesem Hintergrund auch nicht viel auswegloser. Aber was wäre die Alternative? Doug Clifford und Stu Cook könnten genausogut weiter im Touristenort Lake Tahoe sitzen, die nach wie vor eingehenden Tantiemen für die „Creedence"-Platten („Es reicht fürs Hundefutter und fürs Bier") verjubeln, von alten Zeiten reden und sich gemeinsam über ihren Ex-Freund John erregen. Und immer mal einen Leserbrief schreiben, weil sie ja sonst von der Presse nicht beachtet werden. Das reichte ihnen aber nicht mehr.

Die Tournee als „Creedence Clearwater Revisited" ergab sich als logische Konsequenz aus den Demütigungen der letzten Jahre. Sie wußten, daß John Fogerty an einer neuen Platte arbeitete. Da lag es nahe, das wieder aufkeimende Interesse an dem ehemaligen „C.C.R."-Bandleader für eine Abrechnung zu nutzen. Eine Abrechnung, die sie vor der Welt letztendlich als Sieger dastehen lassen sollte. Das Kalkül war einfach:

John würde eine Promotion-Tour für seine neue Platte machen, und sie könnten zur gleichen Zeit mit seinen alten Liedern Kasse machen. Dafür hatten sie sich sicherheitshalber auch das Einverständnis von Tom Fogertys Witwe Trisha geholt — und damit, wie sie argumentierten, die Mehrheit der „Creedence Clearwater Revival"-Anteile. So entstand die in der Geschichte der Popmusik einmalige Situation, daß zwei Bands gleichzeitig mit der gleichen Musik durch die Welt zogen. Zu entscheiden galt die Frage: Wer war wirklich „Creedence Clearwater Revival"? Sollten doch die Fans entscheiden! Ein Duell in den Stadien und Konzertsälen zwischen Austin und Sydney. Und Stu Cook und Doug Clifford hofften, sie würden die, wie sie meinten, lang verdiente Anerkennung bekommen. Die Massen würden nur ihnen zujubeln, weil sie — immerhin zwei Ex-„Creedence Clearwater Revival"-Mitglieder — ja das populäre Band-Programm der siebziger Jahre spielten. Endlich hätten sie John Fogerty da, wo sie ihn schon lange haben wollten: Er müßte erkennen, daß es ein Fehler war, nicht mehr mit ihnen aufzutreten. Eine späte Genugtuung für die Geschmähten.

Es kam anders. Doug Clifford und Stu Cook hatten in 25 Jahren nicht den Abstand gewonnen, der nötig gewesen wäre, um John Fogerty gerecht zu werden. Vor allem haben sie keine Zeit darauf verschwendet, ihre eigene Rolle kritisch zu überprüfen. Solange Tom Fogerty am Leben war, fiel es ihnen besonders leicht, mit dem Finger auf John zu zeigen. Wenn schon der eigene Bruder in ihm den Sündenbock gesehen hatte, warum sollten sie sich dann um Objektivität bemühen? Danach rückten sie noch näher zusammen. Stu Cook verlegte seinen Wohnsitz von Los Angeles nach Lake Tahoe, wo Doug Clifford schon ein Haus besaß. Die beiden besten Freunde aus Highschool-Zeiten standen jetzt Rücken an Rücken, um den gemeinsamen Feind zu bekämpfen. Ihr Projekt, „Creedence Clearwater Revival" unter einem bewußt zum Verwechseln ähnlichen Namen wieder aufleben zu lassen, stand daher von Anfang an unter einem unglücklichen Stern. Das Publikum als Schiedsrichter in einem jahrzehntealten Streit zu benutzen ist nicht nur infam, es ist auch riskant. Als hätte die fatale Platte „Mardi Gras" nicht gereicht, als wären die Verrisse ihrer eigenen künstlerischen Versuche vergessen, glaubten sie, sich mit fremden Federn schmücken zu können. Wäre John Fogerty nicht selbst noch einmal angetreten, seine bedeutendsten Kompositionen in Erinnerung zu rufen, vielleicht wäre es ihnen gelungen. Und damit hätten sie es geschafft, „Creedence Clearwater Revival" im nachhinein als drittklassige Hauruck-Band erscheinen zu lassen. Sie hätten in einer Zeit, in der die totale Orientierungslosigkeit im Musikbusineß den Wunsch nach nicht vom Computer gespielter Musik wieder aufkommen läßt, den Ruf ihrer ehemaligen Band ruiniert.

Jetzt sitzen sie wieder zusammen und klagen vor Gericht gegen John Fogerty, weil er ihr Projekt und ihr Recht, damit Geld zu verdienen, behindert hat. Und sie klagen ihn an, weil ihre Rechnung nicht aufgegangen ist. „Recollection" ist gefloppt, John schaffte es mit „Premonition" auf Anhieb auf Platz 29 der „Billboard"-Charts, das Video des Konzerts kam unter die ersten zehn der Top Music Videos. Seine Entscheidung, die beiden links liegen zu lassen, ist nicht nur verständlich; sie ist die einzige Möglichkeit, einen Schlußstrich unter eine nicht endenwollende Auseinandersetzung zu ziehen. Die ersten Szenen dieser kontroversen Bandgeschichte gehen bis über 40 Jahre zurück. Zurück in die 50er Jahre, als John Fogerty beschloß, ein Superstar der Rockmusik zu werden.

II.

Der Traum vom grossen Glück

(HK)

50er-Jahre-Jugend

„When daddy went away..."

Es war wie eine Riesen-Silvesterparty, als der Weltkrieg am „V-Day" beendet wurde. Amerika atmete auf. Nach Jahren der Depression und der verlustreichen Schlachten in Europa und Asien lag endlich wieder eine Zukunft vor den Überlebenden, für die der „American Dream" in der Vergangenheit nur eine Illusion gewesen war. Die Familie Fogerty war in den 30er Jahren auf der Suche nach einem besseren Leben aus Montana nach San Francisco gekommen, wo der irischstämmige Gayland Robert Fogerty Verwandschaft hatte. Der Schriftsetzer der „Great Falls Tribune" hatte Lucille Lytle 1932 in Great Falls geheiratet. In Berkeley fand Bob Fogerty sen. wieder Arbeit in einer Setzerei. Zusammen hatten sie fünf Söhne: Jim, Tom, John, Daniel und Bob jr. 1945 begann in den Vereinigten Staaten ein regelrechter „Baby boom". Mit der Aussicht auf Frieden schöpften die Menschen Hoffnung. Als John Cameron Fogerty am 28. Mai 1945 in Kalifornien auf die Welt kam, befand sich Amerika allerdings noch im Krieg mit Japan, Deutschland hatte bereits kapituliert. Von US-Flugzeugträgern starteten Bomber mit den japanischen Inseln als Ziel, um den Gegner in die Knie zu zwingen. So wurde am 28. Mai die Stadt Jokohama bombardiert. Am 6. August fiel die Atombombe auf Hiroshima. Der erste Einsatz radioaktiver Waffen gegen Menschen kostete Hunderttausende das Leben. Am 2. September kapitulierte auch Japan.

Als späte Folge des Friedenschlusses wurden amerikanische Truppen von 1950 bis 1953 wieder in einen Krieg verwickelt — diesmal in Korea. Die Erinnerungen des kleinen John an die 50er Jahre haben aber mit einem anderen Krieg zu tun — mit dem Ehekrieg seiner Eltern. Er wuchs in einer Atmosphäre des ständigen Streits auf. John schämte sich seines Elternhauses, wie er später dem „Time Magazine" anvertraute. Er war neun Jahre alt, als sein Vater — ein Alkoholiker — die Familie verließ und die Ehe geschieden wurde. Aber Scheidung — besonders in einer katholischen Familie — bedeutete einen zusätzlichen Makel in der auf Sitte und Anstand pochenden bürgerlichen Welt. „In der Mitte der 50er Jahre durfte man das Wort Scheidung nicht einmal aussprechen", beschreibt John Fogerty die Situation, in der er sich damals befand. „Es war so, als hätte ich eine schreckliche Krankheit gehabt und gleichzeitig auch noch ein Verbrechen begangen." Jahre später verarbeitete er den Verlust des Vaters in dem Song „Someday Never Comes", in dem es heißt: „When daddy went away, he said: 'Try to be a man. And, someday you'll understand'." Dem empfindsamen, verletztlichen Jungen blieb nur die Flucht in eine Traumwelt — die Traumwelt der Musik. Wenn er in seinem Zimmer Radio hörte, wurden ihm keine Fragen gestellt, mußte er sich nicht rechtfertigen, weshalb sein Vater nicht da war. Er brachte auch keine Freunde mit nach Hause, weil sein Zimmer im Keller lag, wo Zementfußboden und -wände unverputzt die Armut der Familie durchblicken ließen. Bei starken Regenfällen tropfte das Wasser in den Raum.

Ausgerechnet hier konnte er die graue Realität der vom Arbeitermilieu geprägten Gegend vergessen. John Fogerty aus El Cerrito verwandelte sich in seinen Träumen in Johnny Corvette, den Bandleader der Rock'n'Roll-Band „The Corvettes", die es in seiner Phantasie mit „Bill Haley And The Comets" oder „Buddy Holly And The Crickets" aufnehmen konnte. Johnny Corvette spielte Gitarre (ein Besenstiel) im Stil von Elvis Presleys Rockabilly-Genie Scotty Moore, und er kreischte seine Songs so exaltiert, daß es seinem Vorbild Little Richard die Sprache verschlagen hätte. Die einzige Resonanz, die Johnny Corvette bei seinen frühen Auftritten bekam, war die seiner Mutter Lucille Fogerty, die den Kopf in sein Zimmer steckte, um sich zu erkundigen, ob es ihm noch gutgehe. Vor dem großen Spiegel ihres Schlafzimmers kam ihm denn auch die

Erkenntnis, daß er das Zeug zum Star hatte: Es gelang ihm, wie Elvis die Oberlippe rhythmisch hochzuziehen. Daß es der falsche Mundwinkel war, weil er Elvis' Marotte spiegelverkehrt einstudiert hatte, dämmerte ihm erst Jahre später.

Wenn der kleine John eine Schallplatte kaufen wollte, ging er in den Möbelladen der Kleinstadt. Richtige Plattenläden gab es nur in den Großstädten. Deshalb bot die Musikindustrie ihre Erzeugnisse überall da an, wo auch die Musiktruhen verkauft wurden — und das waren Einrichtungsgeschäfte. Natürlich fand er da nicht die Rhythm&Blues- und Rock'n'-Roll-Stücke, die er suchte. Wenn es hochkam, gab es dort gerade mal 50 Titel im Angebot, vornehmlich von Schlagerstars wie Patti Page oder Tony Bennett. Seine erste Platte erstand er 1956 in Santa Rosa, nördlich von San Francisco, wohin sein Vater nach der Trennung von der Familie gezogen war. Zu Besuch bei seinem Vater, trug John die vier Dollar, die er geschenkt bekommen hatte, gleich in ein Musikgeschäft. Eigentlich wollte er sich Elvis Presleys erste LP holen, die war dort aber ausverkauft. Drei, vier Meilen war er gelaufen, um sich diesen Wunsch zu erfüllen. Nun stand er da mit seinem Geld in der Hand und wollte den Laden nicht ohne eine Platte verlassen. Also kaufte er sich Bill Haleys „Rock Around The Clock". Noch 1990 erinnert er sich, wie „cool" er Bill Haleys Musik damals fand: „Ich habe mir die Platte tausende und abertausende Male angehört."

Schöne Tage am Green River

In den Ferien konnte sich die Familie selten weite Reisen erlauben. Einmal besuchten die Fogertys Bobs alte Heimat Montana, einmal waren sie in North Carolina, wo John sich im Alter von vier Jahren in ein gleichaltriges Mädchen namens Suzie verliebte (sie verewigte er in dem Lied „Swamp River Days"). Die meisten Sommer verbrachte die Familie auf dem Land bei dem Ort Winters in der Nähe von Sacramento (Kalifornien). Dort wohnte Johns Familie in einer Hütte, die ein Nachfahr von Buffalo Bill Cody gebaut hatte. Es gehörte für einen achtjährigen Jungen nicht viel dazu, sich in der idyllischen Umgebung des Putah Creek am Lagerfeuer die Welt des legendären Scouts und Büffeljägers aus der Bürgerkriegszeit vorzustellen. Über dem Flüßchen hing ein Seil von einem riesigen Baum, an dem John in der Sonne schaukeln konnte, um sich dann ins Wasser fallen zu lassen. Hier, wo Libellen flogen und Ochsenfrösche quakten, lernte er schwimmen.

Vom Ufer aus warf er flache Kieselsteine in das Wasser und zählte die Ringe, während der Stein über die Oberfläche tanzte. Hier vergaß er seine Sorgen und fühlte sich so geborgen, daß er noch Jahre später mit „Green River", einem der größten „C.C.R."-Hits, dem Kindheitserlebnis einen Song widmete: „Well, take me back down where cool water flows, let me remember things I love, stoppin' at the log, where catfish bite. Walkin' along the river road at night…"

Sein Lieblingsgetränk in dieser Zeit war eine Limonade mit dem Namen „Green River". Die grüne Flüssigkeit mit Zitronengeschmack, die über Eiswürfel gegossen und mit Mineralwasser aufgefüllt wurde, war bei Hitze das ideale Erfrischungsgetränk. Auf dem Etikett der Flasche hatte der Hersteller unter dem Namen „Green River" einen grünen Fluß abgebildet, der sich zum Horizont schlängelte.

Das Bild erinnerte John Fogerty an das Label der „Sun"-Records, auf denen die ersten Elvis-Singles verbreitet wurden. Schon als Kind nahm er sich vor, eines Tages ein Lied mit dem Titel „Green River" zu singen. Schallplatten und Rock'n'Roll galt sein ganzes Interesse. Als die Familie auf einer Autofahrt in einem Truck-Stop-Café einkehrte, stürzten sich John und Tom als erstes auf die Jukebox und spielten Elvis' „My Baby Left Me" und Hank Locklins „Please Help Me I'm Falling" — zwei Stücke, die John selber später aufnahm.

Der schmächtige Junge, der mit Zahnlücke und Brille wie eine schlechte Buddy-Holly-Kopie aussah, bewunderte seinen älteren Bruder Tom. Der verkörperte für ihn, was ihm selbst fehlte: gutes Aussehen, Ausstrahlung, Selbstvertrauen. John dagegen war introvertiert, unsicher, befangen und leicht zu kränken. Auch wenn er oft anderer Meinung war als Tom, fügte er sich dessen Ansichten. Neben dem Älteren kam er sich wie ein „dumb kid", ein dummer Junge, vor. Es wäre John damals nicht in den Sinn gekommen, in Frage zu stellen, was Autoritäten vorgaben. So ging er am 20. Januar 1953 brav von der Schule nach Hause und setzte sich vor den Fernseher, wie die Lehrer es gesagt hatten, um sich die Amtseinführung des Präsidenten Dwight D. Eisenhower anzusehen. „Eine ganze Reihe großer schwarzer Cadillacs", hat er in Erinnerung. Und während er „pflichtbewußt zusah, gingen die meisten anderen Kinder wahrscheinlich in den Park, um zu spielen". Mit sieben Jahren erlaubte er, der im Fernsehen am liebsten Baseball-Spiele verfolgte, sich kein eigenes Urteil. Bis er sechzehn, siebzehn war, blieb es schwer für ihn, seinen Standpunkt zu vertreten und sich gegen Widerspruch zu behaupten. Wenn es um Musik ging allerdings, gab es für ihn keinen Zweifel, was gut war und was nicht. Sein Gefühl sagte ihm, daß B. B. King und Muddy Waters, Fats Domino und Little Richard den richtigen Beat hatten — und nicht etwa Doris Day und Perry Como, die bei der Elterngeneration so gut ankamen.

Schon früh förderte seine Mutter, eine Lehrerin mit ausgeprägtem Musikinteresse, seine Fähigkeiten. Ihr ist er ewig dankbar: „Ich wuchs mit einer sehr musikalischen Mutter auf." Er durfte auf der einzigen Gitarre der Familie, einer „Stella" („Auch Leadbelly spielte eine 'Stella'!"), spielen und bekam das Geld, um ein Songbook des Folksängers und Schauspielers Burl Ives zu kaufen, mit dessen Hilfe er sich Gitarrengriffe beibrachte. Seine Mutter nahm ihn auch zu Folk-Festivals in Berkeley mit, wo er Lightnin' Hopkins und Ramblin' Jack Elliott hörte und sich ein Herz faßte und Pete Seeger ansprach. Seine Mutter ließ ihn gewähren, wenn er mit der Stella-Gitarre Jody Reynolds' „Endless Sleep" übte oder auf dem Klavier Ernie Freeman kopierte. Und als er sie immer wieder in den Laden der Handelskette Sears mitschleppte, wo er eine elektrische Silvertone-Gitarre samt Verstärker für 80 Dollar gesehen hatte, schoß sie ihm schließlich einen Teil des Geldes vor, so daß er sich seinen Wunsch erfüllen konnte. Mit dieser Gitarre begann er seine Musiker-Karriere bei den „Blue Velvets".

DIE VORBILDER

Für John blieben die Träume von Johnny Corvette keine Teenager-Schwärmerei. So unsicher er auch im Umgang mit den Dingen des täglichen Lebens war, so sicher steuerte er auf sein Ziel zu, Musiker zu werden. Wenn er sich Platten kaufte, ging es ihm nie allein darum, die Musik zu besitzen, sondern er wollte sie sich zu eigen machen. Die legendären Drei-Minuten-Stücke, die den Rock'n'Roll in der zweiten Hälfte der 50er Jahre in jeden Winkel der Welt trugen, gaben ihm all das, was er für eine Zukunftsvision brauchte. Was ihm gefiel, speicherte er in seinem Gedächtnis für die Ewigkeit ab, um es bei der richtigen Gelegenheit wieder herauszukramen. Jody Reynolds' Hit „Endless

Sleep" von 1958 beschäftigte ihn Jahrzehnte, bis er ihn 1997 auf einer CD-Single veröffentlichte. Und das Gitarren-Solo auf Roy Orbisons Rockabilly-Stück „Ooby Dooby" stellte für ihn eine bleibende Herausforderung dar. Bis zu dem Tag, an dem er „Ooby Dooby" selbst im Studio für die LP „Cosmo's Factory" (1970) aufnahm, hat er dieses Solo 13 Jahre lang geübt, um es Note für Note nachspielen zu können. Schon damals entwickelte er die verbissene Disziplin, die ihn später jede Krise durchstehen ließ: Jeden Tag machte er in seinem Keller Musik, so daß Verwandte ihn auf den Arm nahmen: „Du weißt wenigstens, was du mal werden willst!" Und genauso war es. Er wollte schon früh in einer echten Rock'n'Roll-Band mitspielen: „Wenn Eddie Cochran oder Buddy Holly noch am Leben gewesen wären, hätte ich versucht, in ihre Begleitband zu kommen!" So erlebte er die wildeste Zeit des Rock'n'Roll als stiller Teilhaber der Szene, dessen große Chance in naher Zukunft kommen würde. Die späten 50er Jahre waren „seine musikalische Erziehung", seine Prägungsphase, in der die künstlerischen Weichen für ihn gestellt wurden. Was später kam, vor allem aus England, ermutigte ihn nur noch, einen eigenen Weg zu gehen.

Die Virtuosität von Gitarristen wie Duane Eddy oder James Burton ließ ihn zeitlebens bescheiden bleiben. Ihr Vorbild führte dazu, daß er viel mehr nach handwerklicher Perfektion strebte als nach hohler Pose. Noch 1986 freute er sich wie ein Kind darüber, daß ihm der Saxophonspieler Steve Douglas ein Autogramm von Duane Eddy („Von Duane Eddy habe ich die Erkenntnis, daß Rock'n'Roll-Stücke großartige Titel haben müssen!") beschafft hatte. John Fogertys Bedeutung liegt nicht zuletzt darin, daß er in seinen Kompositionen und Interpretationen an diese Vorbilder angeknüpft hat, während die Musiker seiner Generation in den sechziger und siebziger Jahren bemüht waren, möglichst „Sgt Pepper's Lonely Hearts Club Band" zu übertreffen.

Seine Plattensammlung gestaltete sich zusehends zu einem musikalischem Archiv, in dem er die Highlights der amerikanischen Popmusik zusammentrug: „Ich bin auch heute noch von Gefühlen überwältigt, wenn ich ein großartiges Musikstück höre, etwas, das direkt ans Herz geht." Daß ihm diese Sammlung in den 70er Jahren gestohlen wurde, traf ihn schwer: ein Verlust der persönlichen Erinnerungen und obendrein der musikalischen Identität.

Die Mitarbeiterin des „New Musical Express", Kristine McKenna, die ihn 1985 interviewte, war beeindruckt von dem „missionarischen Eifer", mit dem er über die Musik sprach, die er liebt. „Und er spricht viel darüber. Die Jukebox in seinem Wohnzimmer ist vollgestopft mit Platten von Leuten wie Smiley Lewis, Ray Charles und Muddy Waters. Und das vermittelt eine Ahnung davon, wo seine Vorlieben liegen." Unermüdlich hat er betont, daß es diese „schwarze Musik" aus dem Mississippi-Delta war, die ihn schon als Jugendlichen anturnte.

Aber neben Howlin' Wolf steht für ihn gleichwertig Hank Williams. Die als schick geltende Verachtung der Country-Musik hat er nie geteilt: „Ich habe früher viel Country gehört." Jimmie Rodgers, Hank Williams, Buck Owens, Merle Haggard – das sind Einflüsse, die selbst noch auf „Blue Moon Swamp" herauszuhören sind. Doch im Zentrum seines Interesses standen von Anfang an die Stars des „Sun"-Labels, deren originelle Mischung aus Country und Rhythm&Blues den Rockabilly-Stil begründete: Elvis Presley („die Mono-Versionen von 'Trying To Get To You' und 'Money Honey' – sein Gesang ist unglaublich"), Carl Perkins („der erste, der mich auf den Gedanken brachte, selber Musiker und Sänger zu werden"), Jerry Lee Lewis und Roy Orbison. In den sechziger Jahren fuhr er nach Memphis – nur mit der Absicht, dort noch Original-„Sun"-Platten seiner Vorbilder aufzustöbern. Für den „Rolling Stone" machte er 1990 eine Aufstellung der Langspielplatten, die er für die tonangebenden in den 50er Jahren hält:

1. „Elvis Presley" und „Elvis!" (RCA): „Elvis erfand das, was aufgrund des Erfolges dieser Platten von da an die essentielle, grundlegende Rock'n'Roll-Band wurde: zwei Gitarren, Baß und Schlagzeug. Für mich ist solch ein Quartett vom Sound und von der Vielseitigkeit die vollkommene Rock'n'Roll-Band."

2. „Rock Around The Clock" von Bill Haley And The Comets (Decca, in Deutschland auf Brunswick): Johns erste Platte. „Ein Stück darauf – der 'ABC Boogie' – ist einer meiner Lieblingssongs."

3. „Have 'Twangy Guitar' Will Travel" von Duane Eddy (Jamie): „Dies ist eine der zehn besten Platten aller Zeiten. Sie hat mich in vielerlei Hinsicht beeinflußt."

4. „Bo Diddley" (Checker): „Ich werde manchmal mit gespenstischen Bildern – sogar Voodoo – in Verbindung gebracht. Wenn es einen Ursprung dafür gibt, dann ist es diese Platte von Bo Diddley."

5. „Here's Little Richard" und „Little Richard" (Specialty): „Little Richard hatte alles, was man für den Rock'n'Roll brauchte. Ich bin nach wie vor der Meinung, daß seine Stimme mehr Rock'n'Roll war als Elvis' Stimme."

6. „Ray Charles In Person" (Atlantic): „Dies ist die großartige Live-Platte mit 'What'd I Say', 'Tell The Truth' und insbesondere 'The Right Time' drauf. Ich habe die Platte immer für die größte Live-Platte aller Zeiten gehalten."

7. „The 'Chirping' Crickets" von Buddy Holly And The Crickets (Brunswick): „Dies ist eine der Säulen des Rock'n'Roll. Buddy Holly war am besten mit schönen Melodien und ans Herz gehenden Liedern, die er mit einem Rock'n'Roll-Beat gesungen hat."

8. „Rock And Rollin'" von Fats Domino (Imperial, in Deutschland unter dem Titel „Carry On Rockin'" auf London): „Das ist die Platte mit 'The Fat Man'. Ich weiß nicht, warum 'The Fat Man' nicht als Rock'n'Roll-Hymne gilt wie 'Jailhouse Rock' – es ist die Verbindung zwischen Rock'n'Roll und New Orleans. Ich halte Fats Domino für einen der Gründungsväter des Rock'n'Roll."

9. „After School Sessions" von Chuck Berry (Chess): „Diese Lieder reichten direkt in unsere Welt hinein. Der Grund waren Chucks Fähigkeiten, Lieder zu schreiben. Ihm gelang es, Bilder aus Dingen zu machen, die sonst alltäglich waren."

10. „Jerry Lee Lewis" (Sun, in Deutschland auf London): „Mir gelang es 1958, diese Platte im Sonderangebot für zwei Dollar zu kaufen. Das hing wahrscheinlich mit Jerry Lees skandalösem Verhalten zusammen, daß sie so billig angeboten wurde. Ich war damals zwölf Jahre alt, und ich habe das immer für das günstigste Geschäft angesehen, das ich bei einer Rock'n'Roll-Platte gemacht habe. Ich habe mehr Freude und mehr Gewinn aus dieser einzigen Platte gezogen als durch irgendeinen anderen Kauf."

Einen seiner liebsten Rockabilly-Sänger hat John Fogerty in dieser Aufstellung weggelassen und für sich behalten: Ricky Nelson. Für einen Jugendlichen, der in den 50er Jahren aufwuchs, mußte Ricky Nelson einen besonderen Rang einnehmen: 1940 geboren, war er selber noch ein Teenager, als er mit einer Cover-Version von Fats Dominos „I'm Walkin'" im Jahr 1957 seinen ersten Hit hatte. Bis 1962, in den fünf Jahren seiner größten Erfolge, schaffte er es, 17mal in die Top ten zu kommen. Den amerikanischen Familien aus der Fernsehserie „The Adventures Of Ozzie & Harriet" bekannt, war er die perfekte Identifikationsfigur. Hinzu kam, daß er sich nach einigen Orientierungsschwierigkeiten voll auf den Rockabilly-Stil einstimmte. Noch kurz vor Nelsons Tod 1985 ging John Fogerty zu einem Konzert, das sein Idol in Los Angeles gab: „Es haute mich um.

Er spielte eine Reihe seiner alten Sachen, und er machte das großartig. Er spielte sogar ein neues Rockabilly-Lied mit einem Shuffle-Beat." Für John Fogerty ist es daher unverständlich, daß Ricky Nelson nicht die Anerkennung bekam, die vielen weniger Bedeutenden zuteil wurde. „Neben Elvis und einigen schwarzen Stars der Anfangszeit ist er der größte!" Nelsons Platten waren, so Fogerty, „so gut wie die besten Sachen auf Sun Records". Dafür sorgte schon der Gitarrist James Burton aus Louisiana, der den Ricky-Nelson-Hits — von „Stood Up" bis „Hello Mary Lou" — den unverwechselbaren Klang gab. Burton hatte bereits in seinen Anfängen mit 16 als namenloser Studiomusiker ein Solo gespielt, das John Fogerty nie mehr loslassen sollte, und zwar auf Dale Hawkins' Platte „Susie-Q" (1957). Als John die Griffe dieses Songs einübte, wußte er noch gar nicht, wen er da imitierte. Das wurde ihm erst klar, als er dieses Stück für die erste Langspielplatte von „Creedence Clearwarter Revival" aufnahm. Es wurde sein erster großer Hit.

PLATTENVERTRÄGE

„BEVERLY ANGEL"

Es gab in diesem Sommer ein neues Gesicht an der Portola High School. Kurze Haare und ein starker Silberblick hinter dem Buddy-Holly-Brillengestell waren die auffälligsten Merkmale des Einzelgängers. Er war nicht freiwillig an diese Schule gewechselt. Eigentlich interessierte es ihn auch gar nicht, an welcher Schule er war, denn er hatte nicht vor, viel am Unterricht teilzunehmen. Schade war nur, daß seine älteren Brüder an der Schule geblieben waren, von der er geflogen war: St Mary's High School in Berkeley. John Fogerty war jetzt endgültig mit sich und seiner großen Liebe allein: Rock'n'Roll.

Aus dem Klassenraum, in dem normalerweise der Musikunterricht stattfand, drangen verbotene Klänge. Das hämmernde Klavier von Fats Domino hallte über die Flure der Schule. Es war Mittagspause. Die Schüler hatten ein paar Stunden Zeit, sich mit sich selbst und natürlich ihren Hausarbeiten zu beschäftigen, bevor der Nachmittagsunterricht begann. Der vierzehnjährige Doug Clifford traute seinen Ohren nicht, denn er kannte die Melodie, die aus dem Zimmer dröhnte: „Da saß dieser schmächtige Junge am Klavier und spielte authentischen Fats Domino. Ich mußte ihn einfach ansprechen." Die beiden verabredeten sich, eine Band zu gründen. Jeder hatte dabei natürlich im Kopf, daß die Formation „seine eigene Band" werden sollte. Das waren aber nur die Gedanken von pubertierenden Jungen, denn sie waren bislang nur zu zweit. Der kleine John Fogerty, der am Klavier gesessen hatte, wollte in „seiner" Band Gitarre spielen, und Doug Clifford sollte das Schlagzeug bedienen. Jetzt suchten die Achtkläßler gemeinsam nach einem Klavierspieler. Sie waren wählerisch. Die ersten Kandidaten lehnten sie ab. Dann brachte Doug Clifford im April 1959 seinen Freund und Klassenkameraden Stu Cook mit zu einem Treffen in Johns Kinderzimmer. Er war der richtige „Mann", obwohl er eigentlich gar keinen Rock'n'Roll spielen konnte. Stu Cooks Eltern waren Rechtsanwälte, und Stu hatte einen richtigen Hobbykeller, in dem die „Blue Velvets", wie sie sich von jetzt an nannten, probten.

Die drei steckten mitten im Stimmbruch, und keiner von ihnen konnte richtig singen. Sie begannen also, Instrumentalnummern einzuüben. Natürlich wollten sie bald zeigen, was sie gelernt hatten, und dann richtige Rock'n'Roll-Stars werden. Also überredete John Fogerty eine Lehrerin, Miss Stark, daß sie bei einem „sock-hop" — einer kleinen Tanzparty in der Schule — spielen durften, als sie acht Lieder im Repertoire hatten. Das war der erste große Auftritt der Band.

Die „Blue Velvets" probten an den Wochenenden häufig noch zusätzlich in dem kleinen „Sierra Sound Studio" von Bob DiSousa in Berkeley, dessen Besitzer die drei Jungs als Studiomusiker einsetzte. John Fogerty sah sich schon zu dieser Zeit als halbprofessionellen Musiker: „Ich hatte meine Garagen-Band die ganze Zeit in der Unterstufe und auch in der High School und eine halbprofessionelle Karriere als Studiomusiker. Damit meine ich, daß ich meine erste Platte in der neunten Klasse aufgenommen habe."

Auf dem kleinen „Christy Records"-Label erschien die erste Single der Band. „Beverly Angel" hieß die Doo-Wop-Nummer des schwarzen Sängers James Powell aus Richmond, den sie begleiteten. Sie basierte auf vier Akkorden und wurde sogar ein paar Wochen auf dem lokalen Blues-Sender KWBR gespielt. Stu Cook saß am Piano, Doug Clifford hinter dem Schlagzeug und John Fogerty stand mit seiner Gitarre in dem gläsernen Studio. James Powell konnte damals natürlich nicht ahnen, welche Talente ihn da begleiteten.

Johns fast vier Jahre älterer Bruder Tom war für den jungen John nicht nur äußerlich ein großes Vorbild: „Er war immer der gutaussehende Junge mit den blondgelockten Haaren und breiten Schultern." Tom sang bereits seit längerem bei verschiedenen Formationen. Schon 1958 hatte er bei den „Playboys" als Sänger angefangen und auf Schulfesten und Partys gespielt. Zu Beginn des Jahres 1959 wechselte er dann zu „Spider Webb and the Insects", die eine große Zukunft vor sich zu haben schienen. Natürlich war John total beeindruckt, als die Truppe um seinen Bruder sogar einen Plattenvertrag bekam.

Das Plattenlabel aus Los Angeles war immerhin bekannt: Der siebzehnjährige Ritchie Valens hatte bei „Del-Fi" kurz vor seinem tödlichen Flugzeugabsturz mit Buddy Holly seine beiden großen Hits auf einer Single veröffentlicht. „La Bamba" und „Donna" liefen noch ständig im Radio.

„Del-Fi Records" entschlossen sich dann doch, die Aufnahmen von Tom und seiner Band nicht zu veröffentlichen. So kam es, daß sich auch „Spider Webb and the Insects" wieder auflösten. Tom hatte jetzt keine Pläne mehr. Die Schule hatte er abgeschlossen, und vor ihm lag die Arbeitswelt. Kurz nach seinem achtzehnten Geburtstag im November 1959 begleitete er dann seinen kleinen Bruder John zu Proben der „Blue Velvets" im Elternhaus von Stu Cook. Tom erzählte von seinen großen Erfolgen mit „Spider Webb", und die drei von den „Blue Velvets" schauten auf zu dem Erwachsenen. Von jetzt an war er ihr Sänger. Er löste seinen Bruder an der Spitze der Band ab und nahm mit ihnen in einem Studio im benachbarten Oakland ein Demo mit zwei Titeln auf, die er geschrieben hatte. Weil die Band, die sich jetzt „Tommy Fogerty and the Blue Velvets" nannte, an den ganz großen Erfolg glaubte, verschickten sie ihr Band an Stars der Zeit wie den Softrocker Pat Boone („Tutti Frutti"). Das kostete Geld, brachte aber keine positive Resonanz.

Zwei Jahre verbrachten die vier Musiker auf dem Weg zum großen Erfolg, ohne den Horizont zu sehen. Sie spielten die paar Auftritte, die sich ihnen anboten und gingen brav weiter zur Schule. Tom Fogerty suchte sich einen festen Job bei den Gas- und Stromwerken und heiratete mit neunzehn. 1961 bekam die Band zum ersten Mal eine Chance. Sie hatten viele Plattenlabel in der Bay Area abgeklappert, erfolglos. Bei der Plattenfirma „Orchestra", die Wayne Farlow gehörte, fanden sie offene Ohren. Tom Fogerty unterschrieb den Vertrag im Namen der Band. Er war der einzige Mündige in der Truppe. Die Jungs konnten ihr Glück kaum fassen und waren doch skeptisch. Immerhin hatte Tom schon einmal einen Plattenvertrag gehabt, der nie zu Platten geführt hatte. Tom schrieb zwei Titel für die erste Single, die im Herbst des Jahres auf den Markt kam. Der Anfang war gemacht. Euphorisch plante die Band ihre zweite Single.

Zum ersten Mal hatte der sechzehnjährige John Fogerty Gelegenheit, sein Talent zu beweisen. Er schrieb die beiden Titel, doch Tom übernahm den Gesang auch auf der zweiten Single, die im November, nur einen Monat nach der ersten erschien. (Die „Orchestra Records"-Single mit den Stücken „Have You Ever Been Lonely"/„Bonita" aus Johns Feder erzielte 2001 bei einer Auktion die erstaunliche Summe von 636,30 Dollar.) Tom fühlte sich als Star der Band und hatte auch prompt die Idee, sich als Solokünstler zu profilieren. Sein erster Soloversuch scheiterte an den Qualitätskriterien des Labels. Im Sommer des folgenden Jahres erschien die letzte Single der „Blue Velvets". Während die beiden ersten wenigstens für kurze Zeit für einen lokalen Erfolg gesorgt hatten, floppte die dritte in jeder Hinsicht. Zum ersten Mal mußten die vier jungen Musiker einen anderen Namen auf dem Label lesen, als den, unter dem sie die Musik aufgenommen hatten: „Tommy Fogerty and the Blue Violets". Veilchen gehörten nicht zu dem Rock'n'Roll-Image, das die drei Schüler und der große Bruder sich vorstellten. Nach diesem totalen Fehlschlag hatte die Band ihre Vorschußlorbeeren aufgebraucht, und die Plattenfirma verlor das Interesse an ihnen.

Trotzdem machte auch John Fogerty im Herbst 1962 einen Versuch als Solokünstler. Der Siebzehnjährige scheiterte mit seinem Titel „In My Memories" („In meiner Erinnerung") an denselben Kriterien wie sein älterer Bruder. Was konnte man schon von den Erinnerungen eines so jungen Musikers erwarten?

Jetzt meldeten sich die Eltern von Stu Cook und Doug Clifford zu Wort. Viel später hat Doug Clifford die Situation in dieser Zeit in dem Lied „Tearin' Up The Country" verarbeitet. Das Stück, das auf „Mardi Gras" veröffentlicht wurde, zeichnet sich vor allem durch die gleiche Belanglosigkeit aus, die auch die Musik der „Blue Velvets" ausmachte. Er beschrieb darin, wie ihn seine Eltern dazu aufforderten, zur Schule zu gehen und die Musik zu lassen. Die drei jungen Bandmitglieder hatten ihr letztes Schuljahr vor sich. Stu Cooks Eltern wollten, daß ihr Sohn nach dem Schulabschluß zur Uni gehen sollte, um Jura zu studieren. John mußte sich sehr bemühen, um überhaupt noch seinen Abschluß zu schaffen. Also legte die Band ihre musikalischen Aktivitäten auf Eis.

„NEGERPUPPEN"

> „O.k. Hier ist die Geschichte, wie es war. Von 1959 bis 1964 waren wir 'The Blue Velvets'. Von 1965 bis 1967 waren wir 'The Golliwogs'. Am ersten Tag von 1968 haben wir den Namen geändert. Dann ist es passiert."
>
> Tom Fogerty, 1970

Im Jahr 1963 hatten alle drei die Schulzeit hinter sich. Doug Clifford und Stu Cook gingen, wie es ihre Eltern von ihnen erwarteten, aufs College von San José. John Fogerty hatte nur Musik im Kopf. Er wollte so nah wie möglich an seinem Traum von „Johnny and the

Corvettes" dranbleiben, auch wenn er zeitweise als Zapfer an einer Tankstelle arbeitete. Die „Corvettes" und „Cadillacs", die dort vorfuhren, verstärkten nur noch seinen Wunsch, es eines Tages als Musiker zu schaffen. Hier lernte er auch seine spätere Frau Martha Piaz kennen, die in Begleitung ihrer Schwester zur Tankstelle gefahren war. Er verabredete sich mit Martha für den Abend. Ansonsten aber trieb er sich in der Freizeit wie eh und je in Studios rum. Er wollte lernen, wie man Musik erfolgreich produziert, und wollte wissen, wie Aufnahmetechniken funktionieren. 1964 gab es im Kanal 9, einem Kultur-Fernsehsender, einen Beitrag von Ralph J. Gleason, der die Zukunft John Fogertys und seiner „kleinen Barband" für immer verändern sollte.

Der Musikjournalist Ralph J. Gleason schrieb unter anderem für den „Rolling Stone", den er mitbegründete, und den „San Francisco Chronicle", vornehmlich Jazzkritiken. Bei „Fantasy", einem reinen Jazz-Label, hatte er mit einem Fernsehteam die Produktion des Instrumental-Titels „Cast Your Fate To The Wind" begleitet. Vince Guaraldis Stück wurde ein Hit, der es 1963 bis auf Platz 22 der Charts brachte. Mit einer späteren Version, die 1965 auf den Markt kam, erreichten „Sounds Orchestral" sogar den 10. Platz der US-Pop-Charts.

Gleasons dreiteilige Dokumentation trug den Titel „Anatomie eines Hits". Gebannt saß die Band gemeinsam vor dem Fernseher, als die Sendung im Frühjahr 1964 über die Mattscheibe flimmerte. Vince Guaraldi war an den Tasten seines Klavieres zu sehen, außerdem im Bild: die „Fantasy"-Besitzer Max und Sol Weiss und natürlich Ralph J. Gleason. John Fogerty beschrieb den Moment, als der Band die zündende Idee kam: „Wir hatten vier Instrumentalnummern, von denen zwei hauptsächlich Klaviernummern waren. Und zu diesem Zeitpunkt sah es so aus, als hätte Vince die Spitze erreicht und jetzt kam nichts mehr. Also dachten wir: 'Wow! Vielleicht kann er unser Zeug gebrauchen.' Und dann sind wir da hingegangen mit der Idee, 'wir verkaufen die Instrumentals'. Und so ist es alles passiert. Ich habe mindestens zwei Tage gebraucht, um den Mut aufzubringen dort hinzugehen."

In der Hoffnung, den Bossen von „Fantasy" Instrumentalnummern der „Blue Velvets" zu verkaufen, klopften John und Tom Fogerty bei den den Brüdern Weiss an. Sie glaubten, daß Vince Guaraldi vielleicht aus einem ihrer Stücke einen weiteren Hit machen könnte. „Cast Your Fate To The Wind" war jedoch bereits eine der seltenen Ausnahmen, daß ein Instrumental es überhaupt geschafft hatte. Die beiden mußten wieder nach Hause gehen, ohne wirklich einen Fuß in die Tür gekriegt zu haben. Da man ihnen aber gesagt hatte, daß eigentlich Gesangsstücke viel mehr Chancen auf eine Chart-Notierung hätten, beschlossen sie, bei den Brüdern Weiss noch ein zweites Mal vorzusprechen — diesmal mit Demos von Gesangsstücken. Tom Fogerty sang wie immer, und die Band begleitete ihn. Die Qualität der Demos entsprach der Aufnahmetechnik: Die vier hatten sich einfach mit einem Kassettenrecorder in ihrem Proberaum zusammengesetzt und ihre Musik live aufgenommen.

Die Plattenfirma machte den Fogerty-Brüdern und ihren beiden Freunden ein Angebot: Sie müßten ihren Namen etwas zeitgemäßer gestalten, dann bekämen sie einen Vertrag. „Tommy Fogerty and the Blue Velvets" klang wie der Name einer 50er-Jahre-Doo-Wop-Kapelle, aber nicht wie der einer Beat-Band der 60er. Außerdem sollte es keinen Frontmann mehr geben. Gleichberechtigung wurde zum ersten Mal ein Thema in der Band. Trotzdem unterschrieb Tom Fogerty auch den zweiten Plattenvertrag, den die Band an Land ziehen konnte. Die anderen Bandmitglieder waren noch immer zu jung dafür. Damals galt, wie auch heute noch in manchen Staaten der USA, erst wer einundzwanzig war als mündiger Bürger.

„The Visions", das war der vielversprechende Name, unter dem die vier ihren ersten Neustart versuchen wollten. Sie nahmen ihre erste Single für „Fantasy" auf, doch dann passierte neun Monate lang gar nichts. Wieder begannen sie, durch die Bars zu tingeln. Hamilton Alexander der für das Magazin „Twen" über die Gruppe schrieb, erinnerte sich noch vage an diese Zeit, in der sie von den „Velvets" über die „Visions" zu den „Golliwogs" mutierten: „Als ich hier auf der Uni (Berkeley) war, haben wir die 'Velvets' oder die 'Golliwogs' auch ein paarmal für Partys engagiert. Einmal habe ich sogar die Plakate gemalt und die Kasse geführt, damit die Gage bezahlt werden konnte." Meistens spielte die Band jedoch für Trinkgelder, die die Zuschauer in ein Glas am Bühnenrand warfen, außerdem war das Bier für die Musiker frei. Im „Monkey Inn", einer heruntergekommenen Spelunke im Arbeiterviertel von Berkeley, standen sie bald regelmäßig auf der Bühne.

Der Laden war immer voll, und die Gäste gaben sich auch alle Mühe, diesen Zustand zu erreichen. Es verging kaum ein Abend, an dem es nicht mindestens zu lauten Auseinandersetzungen oder sogar zu Schlägereien kam. In dieser Kneipe, vor einem Publikum, das keiner in der Band kannte, traute sich der damals noch sehr scheue John, erstmalig öffentlich zu singen. Statt mit dem Publikum zu kommunizieren, starrte er dabei seitlich an die Wand, um sich nicht angucken zu müssen, was sich vor seinen Augen abspielte.

Da die Single nicht erschien, dachten die vier mehr und mehr übers Geldverdienen nach. Stu studierte wieder. Doug überlegte, ob er weiter studieren sollte. Tom hatte seinen Job und mußte seine Familie ernähren. Wann immer er den Mut dazu hatte, ging er zu „Fantasy", um zu erfahren, was aus ihrer Single geworden war. John Fogerty suchte sich schließlich ein paar andere Musiker, mit denen er in Oregon ein paar Auftritte absolvieren wollte. Portland hatte in dieser Zeit eine bessere Musikszene als San Francisco.

Fast das ganze Jahr verging, bis „Fantasy" die erste Single der „Visions" veröffentlichte. Max und Sol Weiss hatten offensichtlich auch an dem neuen Namen der Band keinen Gefallen gefunden. Das Ergebnis war ein Schock für die Band. Tom und John Fogerty hatten sich die Single zum ersten Mal bei „Fantasy" angehört. Erst nach einer Weile bemerkten sie den Namen auf dem Label. Ohne Rücksprache mit der Band, war aus den „Visions" die Band „The Golliwogs" geworden. Die Fogerty-Brüder mußten diese Veränderung erst einmal selbst verdauen und dann den beiden anderen Mitgliedern der Band erklären, was geschehen war.

Der Begriff „Golliwog" bedeutet Negerpuppe. Solche Figuren standen häufig in den Südstaaten als Aschenbecherhalter oder Schirmständer an der Tür. Sie waren ein Symbol der Unterdrückung der Schwarzen und ihrer Degradierung zum dümmlich grinsenden Personal der weißen Herrscherklasse. Während Dr. Martin Luther King durchs Land zog und, ständig durch Übergriffe des Ku Klux Klan bedroht, Märsche des NAACP organisierte, spielte John Fogerty mit seiner Band unter dem Namen „Negerpuppen" vor überwiegend weißem Publikum. Die Band mochte den Namen überhaupt nicht, doch wie Marionetten waren sie an die Weisungen der „Fantasy"-Chefs gebunden.

Im Januar 1964 hatten die „Beatles" ihren ersten großen Hit in den USA. Während sie im Februar durch Amerika tourten und sogar am 9. und 10. Februar zwei Auftritte hintereinander in der „Ed Sullivan Show" bekamen, belegte „I Want To Hold Your Hand" den ersten Platz der Pop-Charts. Hysterische Szenen weiblicher Fans, wie sie bei den Auftritten der Beatles jetzt dazugehörten, hatte zuletzt Elvis mit seinem Hüftschwung bewirkt. Die Musiklandschaft begann sich mit dem Erfolg der Beatles zu wandeln. Was aus England kam, galt als „in". Überall wurde von der „Beatlemania" oder der „britischen Invasion" gesprochen. Auch die „Golliwogs" fanden in der Liverpooler Band ein musikalisches Vorbild.

Die Gebrüder Weiss sahen in ihrer neuen und einzigen Pop-Band eine Chance, sich einen Teil des neuentstehenden Marktes zu sichern. Der Name sollte diesen Versuch unterstützen. Wenigstens war „The Golliwogs" skurriler und auffälliger als „The Visions". Auffällig auch die Aufmachung der ansonsten eher bieder wirkenden Band: Sie trugen alle grüne Perücken und kleinkarierte bunte Hemden mit Westen darüber. Die alberne Verkleidung half jedoch nicht, aus der ersten Single „Don't Tell Me No Lies"/ „Little Girl (Does Your Mama Know?)", die bei „Fantasy" erschien, einen Erfolg zu machen. Die Platte und auch die Studiojobs brachten nicht genug, um John Fogerty und seine Bandkollegen zu ernähren. Auch die Tingelei durch die Bars reichte nur für den Bierbedarf der Band und dafür, vielleicht noch ein Taschengeld mit nach Hause zu bringen. John ging jetzt tagtäglich zu „Fantasy". In der nationalen Versandabteilung hatte er einen Teilzeitjob als Packer bekommen. Hier lernte er Saul Zaentz kennen, dem die Abteilung unterstand.

Auch die nächste Single „Where You Been"/ „You Came Walking" der „Golliwogs", die im Frühjahr 1965 auf den Markt kam, brachte nicht den erhofften Durchbruch, ebensowenig wie die dritte „You Can't Be True"/ „You Got Nothin' On Me". Alle Stücke, die die Band bis jetzt veröffentlicht hatte, waren Gemeinschaftsproduktionen der Fogerty-Brüder, doch Tom Fogerty sang bisher jeden Titel.

Durch seine Erfahrung mit anderen Musikern in Portland war John Fogerty selbstbewußt genug geworden, um sich auch als Sänger zu versuchen. Bisher war er immer nur der beste Instrumentalist der Band gewesen, der die meiste Arbeit hatte, doch die Frontfigur war Tom. Obwohl Tom nicht schlecht sang, hatte seine Stimme auch kein wirkliches Charisma. Sie war eher hoch und klang im Vergleich zu der seines Bruders kraftlos. Die vierte Single der „Golliwogs", die immer noch im „Monkey Inn" spielten, erschien auf dem Sublabel „Scorpio" von „Fantasy". Zum ersten Mal war die Single eine wirkliche

Zusammenarbeit von John und Tom. Auf der A-Seite sang John den Titel „Brown Eyed Girl", und Tom machte einen weiteren Versuch auf der B-Seite mit „You Better Be Careful". „Brown Eyed Girl", nicht zu verwechseln mit dem Van-Morrison-Hit aus der gleichen Zeit, verkaufte sich in Kalifornien 10 000mal. „Fantasy" sah jetzt die Chance, auch auf dem boomenden englischen Markt die eigene — Britpop spielende Band — zu plazieren. Auf dem britischen „Vocalion"-Label floppte die Single in England erwartungsgemäß. Die „Golliwogs" waren eine kalifornische Eintagsfliege, die auch in Amerika noch immer kaum Beachtung fand.

Die meisten Stücke schrieben Tom und John unter den Pseudonymen „Wild/Green". Es waren alles Versuche, John Lennon und Paul McCartney musikalisch nachzueifern. John Fogerty erzählte später, was ihn damals beim Songschreiben bewegte: „Ich habe alle Elemente, die erfolgversprechend zu sein schienen, in jedem Song untergebracht." Die vier Jungs von den „Golliwogs" wußten nicht, wie ihr größter Erfolg eigentlich zustande gekommen war. Sie probierten es noch einmal mit der gleichen Aufgabenverteilung. Allerdings durfte Tom jetzt wieder auf der A-Seite „Fight Fire" singen und John hatte die B-Seite für „Fragile Child". Wieder floppte die Single. Es folgten noch zwei weitere Flops, die den Mut der Band endgültig schwinden ließen.

Für John und Doug kam die Einberufung zum Militärdienst. Stu Cook machte sich daran, sein Studium der Wirtschaftswissenschaften zu beenden. Und Tom Fogerty hatte weiterhin seinen Job bei der „Pacific Gas and Electric Company".

„Oh, Suzie Q."

Ich habe am 4. September 1965 geheiratet. Ungefähr drei Monate später, wie ein Uhrwerk, kam die Benachrichtigung, daß ich zum Militärdienst eingezogen würde", schilderte John Fogerty in der VH-1-Sendung „Legends" die plötzlichen Veränderungen in seinem Leben. „Meine Frau hat dann jemanden in einer ortsansässigen Reserve-Einheit angerufen. Der Typ hat gesagt: 'Bring ihn her! Sag ihm, daß er hierher kommen soll.' Er hat, glaube ich, die Leidenschaft und das gebrochene Herz in ihrer Stimme gehört." John hatte Glück und mußte nur sechs Monate bei einer Reserveeinheit verbringen. Danach hatte er nur einmal im Monat anzutreten. In diesem Jahr kam auch Johns erster Sohn Josh zur Welt.

Doug Clifford war aus der Armee entlassen worden, und Stu Cook hatte sein Examen bestanden. Wieder standen die drei Freunde vor der Frage: Haben wir als Musiker eine Zukunft? Für John gab es nur eine Entscheidung, und auch seine Partner wollten noch einen letzten Versuch machen. Von ihren gesamten Ersparnissen mieteten sie ein kleines rosafarbenes Haus in El Sobrante und begannen, hart an ihren Instrumenten zu arbeiten. Stu hatte ein neues Auto von seinen Eltern zum Examen bekommen, das er verkaufte, um das Vorhaben der Band zu finanzieren. Tom Fogerty bekam eine Abfindung von der „P G & E". Nur John und Doug hatten nichts beizusteuern außer ihren musikalischen Fertigkeiten.

Als erstes trennten sie sich von ihrem verhaßten Namen. Tom Fogerty erzählte, wie es zu dem Namenswechsel und kurz vorher zu dem Führungswechsel bei der Band gekommen war: „Mitte 1965 merkte ich, daß John Lead singen sollte. Ich konnte singen, aber er hatte einen Sound. Natürlich hätte es alle möglichen Probleme zwischen John und mir geben können, aber wir sind Brüder. Ich habe eine Menge ganz normaler Jobs gemacht — ich habe einen Laster gefahren, bei einer Tankstelle gearbeitet, einem Stahlwerk in Oakland und sechs Jahre bei einer Energiefirma, aber wir haben immer Musik gemacht. Und 1967 haben wir beschlossen: 'Wir müssen unser ganzes Leben der Musik widmen, oder es wird nicht klappen.' Zwei oder drei Monate vor unserem ersten Album hatten wir genau zwei Dollar auf unserem gemeinsamen Konto. O.K. Mit dem, was ich jetzt mache habe ich hundertmal so viele Freiheiten, wie ich sonst jemals hätte haben können. Was ist dagegen ein Egotrip?"

Der „Fantasy Records"-Angestellte Saul Zaentz war zwanzig Jahre älter als Tom Fogerty. Der Weg, des Sohnes jüdischer Emigranten polnisch-russischer Herkunft, war vor allem von unbändigem Erfolgswillen geprägt. Dabei schien es ihm völlig egal zu sein, wie er zu Ruhm und Reichtum gelangte. Schon früh verließ er das Elternhaus in New Jersey. Direkt nach dem Zweiten Weltkrieg, den er bei der Marine erlebt hatte, versuchte er sich als Farmer mit einer Hühnerfarm. 1955 kam er dann nach Kalifornien zu der Plattenfirma „Fantasy", die ihm zu seinem Durchbruch verhelfen sollte. Er heiratete seine Sekretärin, die Exfrau des Jazzmusikers Charles Mingus.

1967 hatte Zaentz mit Hilfe einer Reihe von Leuten, die ihm Geld liehen, den Weiss-Brüdern „Fantasy Records" abgekauft. John Fogerty arbeitete inzwischen im Versand von „Fantasy". Er machte alle Handlangerarbeiten, die in einem Lager anfallen. Und wenn er LPs eintütete, träumte er davon, daß eines Tages „John Fogerty" auf den Labels stehen würde. In dieser Zeit freundete John sich mit seinem Vorgesetzten Saul Zaentz an. Aber es war ein besonderes Ereignis, als Zaentz die ganze Band zu sich nach Hause einlud. Natürlich stellte er für die vier jungen Männer eine Autoritätsperson dar. Er weihte die vier in seine Pläne für die Zukunft des Unternehmens ein, dessen Führung er gerade übernommen hatte. Aus ihrer Gruppe wollte er sein künstlerisches und kommerzielles Zugpferd machen. Er elaborierte lange über seine Pläne, und sein Wort genügte den naiven Jungs. Während er geschickt mit Jazzplatten die Stimmung anheizte, lauschten sie hoffnungsvoll den Versprechen, die er ihnen machte. Als Zaentz' Frau das Essen brachte, sahen sich alle fünf schon in den Hitparaden. Die Fogerty-Brüder und ihre Highschool-Freunde gerieten in den Bann des ausgebufften Profis des Musikbusineß. Das war der Moment, von dem sie seit zehn Jahren geträumt hatten.

Die Band sah ihre große Karriere zum Greifen nahe. Und Saul Zaentz versprach ihnen „einen größeren Teil vom Kuchen", wenn sie jemals einen Hit hätten. Der Vertrag, den sie mit ihm schlossen, sagte jedoch nichts über dieses und die vielen anderen Versprechen aus, die Saul Zaentz den geschäftlich immer noch unerfahrenen Musikern machte. Der Vertrag war ein Standardvertrag, mit dem die vier fast alle Rechte an ihrer Musik abgaben. Obwohl Zaentz eigentlich Jazzfan war und mit Popmusik nichts anfangen konnte, erkannte er die Chance, die ihm die Band bot. Er nutzte die Naivität seiner Schützlinge, um seine persönlichen Ziele zu verwirklichen.

In langen Nächten malten sie sich ihre Zukunft in den schillerndsten Farben aus. Große Mengen Bier beflügelten ihre Phantasie. Leuchtreklamen vor den größten Konzertsälen des Landes sollten die Supergruppe ankündigen. Die „Ed Sullivan Show" würde noch höhere Einschaltquoten haben als bei den „Beatles". Hysterisch kreischende Frauen würden vor den neuen Sexidolen in Ohnmacht fallen. Nach den Auftritten würden sie, umgeben von Bodyguards, die nur mit Mühe den Pulk aufgeregter jugendlicher Fans von ihnen fernhielten, sich winkend ihren Weg zur Stretchlimousine bahnen. In feinen Lokalen würden Kellner sie um Autogramme bitten, und sie würden Hundert-Dollar-Scheine signieren.

An jenem Abend am Ende des Jahres 1967 wurden aber auch Pläne geschmiedet, die die Zukunft tatsächlich verändern sollten. Zunächst einmal sollten die „Golliwogs" einen neuen Namen finden. Zaentz wollte zehn Vorschläge machen, und die Band sollte genausoviele Namen anbieten. Bei der nächsten Zusammenkunft verkündete John Fogerty, was die erste Wahl der Musiker war: „Creedence Clearwater Revival". Zaentz war sofort einverstanden. Der Name sollte vor allem einen Neubeginn symbolisieren. „'Revival' war der wichtigste Teil. Wir brauchten wirklich eine Erneuerung", erklärte John Fogerty die Wahl. Außerdem wollten die vier auch zeigen, daß sie Teil der neuen musikalischen Generation waren, deren Bands so klangvolle Namen wie „Quicksilver Messenger Service" oder „Big Brother And The Holding Company" trugen. Genau in dieser Szene in San Francisco mußte sich die „neue" Gruppe profilieren, obwohl die vier aus El Cerrito mit der psychedelischen, von Drogenkonsum gezeichneten Musik wenig anfangen konnten.

Um dem Zeitgeist zu entsprechen, sollte der neue Name auffallend und extravagant sein. Tom Fogerty, der sich noch immer als Kopf der Band um seinen Bruder verstand, steuerte den Namen „Creedence" bei. Ein entfernter Freund von ihm hieß Creedence Nubal. Außerdem konnte man etymologisch verschiedene andere Elemente in den Namen hineininterpretieren: Englisch „creed" bedeutet Glaube. Der Glaube an ihre Musik war es, der der Band noch einmal zu neuen Energien verholfen hatte. „Credence" mit nur einem E bedeutet soviel wie Glaubwürdigkeit, Vertrauen, eine Empfehlung.

Die Band wollte sich auf das Einfache besinnen, in dieser Zeit, in der alle anderen immer vorgaben, nach neuen Sphären zu forschen. Und John Fogerty hatte, wie später bei seinem Lied „Green River", ein Bild vor Augen: „Clear water" , ein Begriff aus einer farbenfrohen Fernsehwerbung der Biermarke „Olympia", hatte einen großen Eindruck bei ihm hinterlassen. Das fließende klare Wasser versprach auch etwas Sauberes, Wahres und Reinigendes. Die Musik der „Golliwogs" hatte einen Abwasch dringlich nötig, eigentlich mußte man wegspülen, was sie bisher zustandegebracht hatten, um noch einmal beginnen zu können. Und schließlich waren die vier von „Creedence Clearwater Revival" einem Bier auch nicht abgeneigt.

Noch unter ihrem alten Namen hatten sie die Single „Porterville"/ „Call it Pretending" aufgenommen. Der Song „Porterville" war das erste Beispiel für John Fogertys Fähigkeit, aus seiner Erinnerung mit viel Phantasie eine musikalische Welt zu schaffen und kleine Geschichten zu erzählen. In dem Song verarbeitete er zum erstenmal die Rolle, die sein Vater in seiner Jugend gespielt hatte. Ein Thema, das er auf der letzten „Creedence Clearwater Revival"-Single „Someday Never Comes" noch einmal aufnahm.

Unter dem neuen Bandnamen produzierten sie ein neues Demo, um in Zukunft auch im „Avalon" und im „Fillmore" in San Francisco eine Auftrittschance zu bekommen. John Fogerty erklärte, warum er sich bei dem Demo nicht für eine Eigenkomposition entschied, sondern auf einen alten Hit von Dale Hawkins zurückgriff: „Ich wußte, daß ich daran arbeiten mußte, die Band so zu arrangieren, daß sie wie 'Creedence Clearwater Revival' klingen würde: professionell, mysteriös und zugleich mit einem eigenen Sound. Der Titel, den ich auswählte, war 'Suzie Q.'. Ich entschied mich, nicht selbst einen Song zu schreiben. Ich beschloß, daß es einfacher wäre, etwas auszuwählen, was bereits existierte. Dann würde ich weniger befangen sein."

Der Zufall kam der Band zu Hilfe. Die DJs der progressiven Radiostation „KPMX" waren in einen Streik getreten, als die Eigentümer des Senders ändern wollten, was die Station von anderen Sendern unterschied. Die Progressivität sollte dem Mainstream weichen. „Creedence Clearwater Revival" hatten den Streik der DJs spontan mit ihren Mitteln unterstützt, indem sie für die Belegschaft des Senders einen Benefizauftritt machten. Sie spielten Stücke wie Wilson Pickets „Ninety-Nine And A Half (Won't Do)" und „Suzie Q." vor einem begeisterten Publikum. Dieser Gig hatte Folgen. Als der Streik erfolglos beendet wurde, wechselten einige DJs zu dem Sender „KSAN", der bereit war, die zukunftsorientierten Hörer von San Francisco und der Bay Area mit progressiver Musik und aktuellen Informationen zu versorgen. „KSAN" wurde zum Sprungbrett für John Fogerty und seine „Creedence Clearwater Revival".

In dieser Zeit spielte die Band jede Woche in dem Club „Deno & Carlo" in North Beach. Regelmäßig kamen alle ihre Fans und Freunde. Das Publikum machte jeden ihrer Auftritte zu einer Party. Wie bei den Gruppen aus Haight-Ashbury versammelte sich eine Gemeinde, wie eine große Familie. Anders als im „Monkey Inn" war die Stimmung ausgelassen und fröhlich. Wie überall wurde viel gekifft und getrunken. Auch Doug, Stu und Tom fanden gefallen an den Joints, die die Runde machten. Sie hatten nicht wie John eine Vision und ein klares Konzept von einer Rock'n'Roll-Band mit der Ideologie der Fünfziger-Jahre-Stars. Ihnen waren auch die Rituale der Hippies nicht vollkommen fremd. Allein John Fogerty konnte mit all dem nichts anfangen. Vom Kiffen wurde ihm schlecht, und er, der Controlfreak, hatte ständig Angst, die Kontrolle zu verlieren. Trotzdem war die Zeit bei „Deno & Carlo" für ihn ein Schritt in eine bessere Zukunft.

„Creedence" hatten jetzt also endlich ein eigenes Publikum. Und die Belegschaft eines Radiosenders war ihnen wohlgesonnen. Das wenige Geld, das die Band hatte, wurde aufgeteilt. Tom Fogerty bezahlte für alle die Miete und gab jedem Musiker 20 Dollar für Essen. Er selbst hatte bereits zwei Söhne und John einen. Laurie Clifford war schwanger. Es war die schwierigste Phase, die die Band durchleben mußte. Ein paar Monate vor dem Erscheinen ihrer ersten Langspielplatte waren die vier völlig abgebrannt.

„KSAN" spielte das acht Minuten lange Demo „Suzie Q." so häufig, daß immer mehr Hörer beim Sender anriefen. Die Leute wollten wissen, wo sie das Stück bekommen konnten. Bei „Fantasy" lief alles ziemlich langsam. Die erste LP der Band befand sich immer noch in der Planung. Die ganze Produktion war wie ein Familienunternehmen. Dougs Frau Laurie Clifford malte das mit Vignetten verzierte Cover. Saul Zaentz, der für seine Musiker einen Verstärker kaufte, weil sie ihn sich nicht leisten konnten, wurde zum Dank dafür auf dem Cover als Produzent genannt, obwohl John sich ganz allein um die Produktion gekümmert hatte. Dieser Vermerk auf der Platte war dem Firmenboß die Ausgabe von 1200 Dollar wert. Ohnehin kamen durch „C.C.R." kaum Kosten auf ihn zu: Die ganze Produktion belief sich auf weniger als 2000 Dollar. Den Text auf der Rückseite des Plattencovers schrieb Ralph J. Gleason, der neben seiner Tätigkeit als Musikjournalist auch einer der Vizepräsidenten von „Fantasy" war. Da Gleasons Domäne der Jazz war, tat er sich schwer, die Bedeutung von „Creedence Clearwater Revival" zu erläutern. Statt dessen erging er sich in einem Essay über die aufblühende Musikszene von San Francisco. Seine Hauptthese: „Jetzt, da die Szene von San Francisco in Bewegung geraten ist und die Musiker aus der ersten Staffel noch überall als Boten des San-Francisco-Sounds präsent sind, schaffen sie ein Umfeld für die zweite, dritte und vierte Staffel von Musikern."

Von 22 Sätzen behandelte allein der letzte die Band, deren Platte er eigentlich hätte besprechen sollen. Gleasons nicht gerade erhellende Erkenntnis: „Creedence Clearwater Revival" demonstriert als Beispiel für die dritte Staffel die Lebendigkeit des San-Francisco-Sounds. Der angesehene Kritiker hatte kein Problem mit dem Interessenskonflikt, der sich aus seiner Position bei „Fantasy" ergab. Im Gegenteil er nutzte sie auch später noch, um exklusive Interviews mit John Fogerty für Blätter wie den „Rolling Stone" zu machen, bei dem er Mitherausgeber war.

Mit drei Coverversionen, „Suzie Q.", „I Put A Spell On You" und „Ninety-Nine And A Half (Won't Do)", dem alten „Porterville" und einer neuen Version von Tom Fogertys „Walk On The Water", war die Platte noch kein wirklicher Beweis für Johns Talent. Zwar sang er alle Titel und spielte die Leadgitarre, doch seine eigenen Nummern „The Working Man", „Get Down Woman" und „Gloomy" wurden keine Hits. Auf dem Cover stand außerdem, daß die Stücke von allen „Creedence"-Mitgliedern geschrieben worden seien. Nur wer auf das Label der Platte schaute, konnte ahnen, wer die Band in der Zukunft lenken würde: John Fogerty.

„Suzie Q." wurde genau in der Version, die John als Demo-Tape arrangiert hatte, als erste Single ausgekoppelt. Während die LP in den — in dieser Zeit vergleichsweise unbedeutenden — LP-Charts auf Platz 52 landete, erreichte die Single „Suzie Q. parts 1 & 2" Platz 11 der Single-Charts. Der Durchbruch für die Band und für „Fantasy Records" war geschafft.

Gegen den Strom

Schon mit „Suzie Q." gab John Fogerty eine Richtung vor, die in Zukunft zugleich seine Stärke und sein Dilemma ausmachen würde: Fünf Jahre nachdem der historische Rock'n'Roll endgültig sein Leben ausgehaucht hatte, bekannte sich „Creedence Clearwater Revival" zu einem Rockabilly-Song der 50er Jahre! Und gleich die nächste Single, „I Put A Spell On You", haute in dieselbe Kerbe. Mit diesem Stück hatte Screaming Jay Hawkins 1956 das schwarze Publikum des New Yorker Apollo Theatre zur Raserei gebracht. Für die Musikszene der ausgehenden 60er Jahre war die Musikauswahl der Band dagegen denkbar unpassend.

Musikalisch wurde das Jahrzehnt in Amerika hauptsächlich durch die „britische Invasion" der Beatles und den Einzelkämpfer Bob Dylan geprägt. Schwarze Musik führte daneben im Memphis-Soul und dem Detroiter Motown-Sound weiterhin ein beachtliches Eigenleben, die eindeutige Botschaft des 60er-Jahre Pop lautete aber: Ihr seid eine neue Generation mit freien Gedanken und moralischen Freiheiten, die vorhergehende Jahrzehnte nicht gekannt haben. Songtexte mit dieser Botschaft signalisierten eine deutliche Abkehr von den Texten des 50er-Jahre-Rock, dessen Hauptaussage Liebe und — wenn auch verschlüsselt — Sex war.

Gleichzeitig wurde Popmusik erstmals als Mittel zur gesellschaftlichen Veränderung begriffen. „Gemeinsam mit Musik und Politik", beschreibt der Musikjournalist Mikal Gilmore in seiner Betrachtung über die „60s", „wurden Drogen als ein Weg zu einer besseren Welt oder als Abkürzung zur Aufklärung und Transzendenz angesehen." Sogar die „Rolling Stones", deren Wurzeln eher beim kruden Blues zu suchen sind, setzten in dieser Epoche auf den Zeitgeschmack. Vor allem aber die Szene im San Franciscoer Ortsteil Haight-Ashbury forderte die etablierte Gesellschaft mit einer Gegenwelt der Drogen und Promiskuität heraus. Bands wie „Grateful Dead" und „Jefferson Airplane" transportierten die Kunde von einem neuen Zeitalter in die Außenwelt.

Sie lösten nicht nur die Formen der Konvention auf, sondern auch die musikalischen Formen. Ausgerechnet, als die Beatles mit „Sgt Pepper's Lonely Hearts Club Band" 1967 die Langspielplatte zum neuen gültigen Pop-Medium erklärten, setzte Fogertys Band, deren ursprüngliche Gefolgschaft aus dem Umfeld von San Francisco stammte, auf Singles mit obsoleten Liedern.

Daß „Creedence Clearwater Revival" damit Erfolg hatte, läßt sich nur zum Teil mit der zeitgemäßen Interpretation der Titel von Dale Hawkins und Screaming Jay Hawkins erklären. Ein anderer Umstand kam den vier zu Hilfe: Gerade die totale Auflösung der vom Rock'n'Roll vorgegebenen Strukturen weckte bei vielen zu dieser Zeit wieder den Wunsch nach handfester Musik. Dem kam bald darauf auch Bob Dylan mit dem Rock'n'Roll-Sound der LP „John Wesley Harding" und der Single „Drifter's Escape" nach. Aber die Definition amerikanischer Musik, die Bob Dylan hier mit einem einmaligen Anlauf 1968 ablieferte, bevor er sich mit „Nashville Skyline" der Country-Musik zuwandte, sollte John Fogerty sein Leben lang beschäftigen. Sein Glück war, daß er zum Ausgang des Jahrzehnts mit seinem mutigen Schritt gegen den Trend eine Sehnsucht in der Jugend erfüllte.

Nach all den Fragen, die von den Gurus der Bewußtseinserweiterung aufgeworfen worden waren, suchte eine zunehmende Zahl Jugendlicher nach Antworten. Wie erfrischend ehrlich Fogertys Musik auf diese Generation wirkte, beschreibt Ellen Willis in ihrem Essay „Creedence": „Vielleicht waren es auch nur die politische Diskussion und die Drogen, aber ich sehnte mich nach einer menschlicheren Beziehung zum Rock'n'Roll, und ich war mit John Fogerty in einer Art und Weise verbunden, wie ich es mit Mick Jagger nie hätte sein können." So wie sie haben die Fans in „Creedence Clearwater Revival" ein stabilisierendes Element in der Jugendszene gesehen: „Zu einer Zeit, als sich das Rock-Publikum bereits in antagonistische Untergruppen zersplittert hatte — überzeugte Rock'n'Roll-Fans gegen überzeugte Freaks, High School Kids gegen College-Studenten, AM gegen FM —, hielt CREEDENCE uns alle zusammen…"

Als alles auf der Suche nach einer individuellen Glücksbotschaft war und jeden Tag eine neue Erleuchtung gefeiert wurde, waren sie — so Willis — „weder 'Underground' oder 'Avantgarde' noch standen sie auf Drogen oder waren revolutionärer Rhetorik verfallen". Schon 1976 analysierte die Autorin, was des Bandleaders Motivation war: „Fogertys Hingabe zu der Formel des Rock'n'Roll — Energie, strukturiert durch die ursprünglichen kommerziellen Zwänge — war in einer gelockerten, freieren Umgebung ebenso eine vom Temperament bestimmte, ästhetische Entscheidung, wie die anderer Musiker, die genau gegen diese Auffassung Sturm liefen. Im Grunde war diese Entscheidung eine Funktion Fogertys volkstümlicher Instinkte." Dafür gestaltete es sich in den kommenden Jahrzehnten immer schwerer für ihn, gegen den Strom zu schwimmen.

GOOD MORNING, VIETNAM

UNCLE SAM MACHT SICH UNBELIEBT

Die sechziger Jahre brachten für die Vereinigten Staaten von Amerika einen gesellschaftlichen Umbruch, wie er von den größten Pessimisten nicht erwartet worden war. Die Sowjetunion wagte nicht nur, den ehemaligen Verbündeten in Kuba herauszufordern, sondern baute auch den Vorsprung im Weltraum aus. John F. Kennedy, der erste Präsident der jungen Generation, wurde in Texas ermordet. Der schwarze Bürgerrechtler Dr. Martin Luther King fiel in Tennessee einem Attentat zum Opfer. Ku Klux Klan und die Black Panthers bestimmten mehr und mehr die Nachrichten. Besonders im Staat Mississippi brandschatzten und mordeten die Weißen, die ihre Position als vermeintliche „Herrenmenschen" nicht aufgeben wollten. Die Hoffnung auf Integration der schwarzen Bevölkerung ging in blutigen Krawallen unter. Das von Kennedy in Vietnam begonnene militärische Engagement eskalierte unter Lyndon B. Johnson zu einem Krieg. Zum ersten Mal seit dem Zweiten Weltkrieg sah sich die Weltmacht von ihren Alliierten in Frage gestellt.

Die Studentenproteste der 68er in Frankreich („Ami go home!") und Deutschland („Ho, Ho, Ho Chi Minh!") weckten das politische Bewußtsein im Westen und führten zu einer antiamerikanischen Stimmung. Und nicht nur das: Sogar im eigenen Land wuchs die Opposition. Die amerikanische Nation wachte auf und befand sich in einem verlustreichen Krieg, den die U. S. Army offensichtlich nicht gewinnen konnte. Wie ein Schock traf sie die Nachricht von dem Massaker von My Lai, bei dem 1968 eine amerikanische Einheit das vietnamesische Dorf überfiel und 500 Menschen niedermetzelte. Im November 1969 gingen 250 000 Vietnamkriegs-Gegner auf die Straße und demonstrierten in Washington gegen die Regierung Nixon. Der innere Frieden des bislang so einmütig patriotischen Landes war mit einem Mal dahin.

Zwar wird das „Star spangeled banner" in den Schulen noch hoch gehalten, und im Geschichtsunterricht hören die Jugendlichen alles über die glorreichen Tage, als Jim Bowie und Davie Crocket 1836 auf aussichtslosem Posten gegen die Mexikaner die „Alamo"-Festung verteidigten. Doch bleibt niemandem verborgen, daß an den Universitäten US-Flaggen verbrannt werden. Wehrpflichtige setzen sich nach Kanada ab, um nicht eingezogen zu werden. GIs kommen nicht aus dem Urlaub zurück. In Europa nimmt das neutrale Schweden die US-Soldaten auf, die aus ihren Kasernen in Deutschland und Frankreich geflohen sind. Sogar Boxweltmeister Muhammad Ali, mit seinem Spruch „I'm the greatest" Galionsfigur des schwarzen Selbstbewußtseins in den USA, verweigert den Kriegsdienst. Die Kinder des „Baby booms" nach dem Zweiten Weltkrieg stellen plötzlich in Frage, was für ihre Eltern unantastbar war: Right or wrong, my country. Kalifornien – vor allem San Francisco – wird zum Mekka der „Flower-Power"-Bewegung, die nicht mehr „hate" und „war" auf ihre Fahnen schrieb, sondern sich „love" und „peace" auf ihre T-Shirts malte. Schlimmer noch für das konservative und puritanische Establishment: Die Erfindung der Antibabypille hat dem Land eine sexuelle Freiheit ermöglicht, die alle traditionellen Werte wie Domino-Steine umstürzen läßt. Unter der Präsidentschaft des Demokraten Lyndon B. Johnson und – mehr noch – des Republikaners Richard Nixon gerät Uncle Sam im Land selbst und auch im Ausland in eine nie dagewesene Krise.

Vier gegen das Pentagon

Viele der kritischen Gedanken in den Köpfen der Kalifornier stammten direkt vom Campus der Universität Berkeley. Von San Francisco nur durch die Oakland Bay getrennt, lieferte die Alma mater mit dem bürgerlichen Ambiente die radikalen Ideen, die in den Straßencafés an der Fisherman's Wharf auf der anderen Seite diskutiert wurden. Die Aufbruchstimmung der Studenten färbte auch auf die nahegelegene Kleinstadt El Cerrito ab, deren Einwohner aus dem Arbeitermilieu eigentlich andere Sorgen hatten. So auch auf „Creedence Clearwater Revival". Die vier jungen Männer, die hier im Mai 1968 Plakate entwarfen, fühlten sich nicht von ungefähr wie eine revolutionäre Zelle. „DIE ARMEE KOMMT", hieß eine der Parolen, die die Bevölkerung vor dem drohenden Militärstaat warnen sollte. Anführer der Hobby-Revoluzzer war John Fogerty, der als Reservist der U. S. Army brisante Informationen erhalten hatte. „Wir wurden darauf vorbereitet, als Eingreif-Truppe bei Aufruhr in Richmond einzumarschieren. Das habe ich rundweg abgelehnt, weil es von der Bundesregierung ausging. Das hätte ja Kriegsrecht bedeutet. Der Präsident der Vereinigten Staaten hätte seine Politik mit Hilfe der Armee durchsetzen können … Diktatur!" Der 23jährige John liebäugelte damals mit nonkonformistischen Auffassungen, zu denen sogar Umsturz-Szenarien gehörten.

Zusammen mit seinem Bruder Tom, mit Stu Cook und Doug Clifford erlebte er, was passiert, wenn man sich mit den Mächtigen anlegt. Auf einem ihrer Plakate gaben die vier die Trainingspläne der Armee für ihren Einsatz gegen die Zivilbevölkerung bekannt. Das Ganze gipfelte in der prophetischen Aussage: „DIE GÜTIGE MASKE IST GEFALLEN, DIE EISERNE FAUST KOMMT ZUM VORSCHEIN!" Zunächst waren es aber nur die Musiker von „Creedence Clearwater Revival", die die eiserne Faust zu spüren bekamen. Unbekümmert fuhren sie mit ihren Plakaten die paar Kilometer ins benachbarte Richmond und hielten an jedem Telegraphenmasten an, um ihre Warnungen anzukleben. Die Polizei war schneller da als erwartet. John Fogerty: „Wir wurden verhaftet und verbrachten einen Tag im Gefängnis von Richmond, bis wir wieder freigelassen wurden."

Daß Fogertys Plakataktion nicht unberechtigt war, zeigte sich schon wenig später. Noch im selben Jahr beorderte Gouverneur Ronald Reagan die Nationalgarde nach Berkeley, die mit aufgepflanzten Bayonetten den Campus besetzte und das Gebäude der Studentenselbstverwaltung mit Tränengas einnebelte. Tränengas wurde auch auf dem Denver Pop Festival gegen das Publikum eingesetzt, wo „Creedence Clearwater Revival" auftraten. Trotz solcher Repressalien des Staates begehrten die amerikanischen Jugendlichen während Nixons Präsidentschaft in allen Teilen des Landes auf. Ihre Methoden des Protestes übernahmen sie von der Friedensbewegung: Mit passivem Widerstand, zum Beispiel Sit-ins, wollten sie eine Umkehr der Politik erreichen. John Fogerty nutzte jede Chance, die Gedanken seiner Generation zu formulieren. „Ich persönlich denke, daß es in Amerika bald zur Anarchie kommen wird", vertraute er dem englischen Reporter Roy Carr an. „Es gibt zur Zeit eine Atmosphäre auf der Erde, die vom Wunsch nach Frieden bestimmt ist. Aber wenn die Situation nicht besser wird, könnte die Stimmung umschlagen. Dann heißt es nur noch: Mächtige gegen Machtlose."

Die Pariser Friedensgespräche der Parteien des Indochina-Krieges wurden von vielen damals als rein taktisches Manöver angesehen. Im Februar 1970 beklagte der „C.C.R."-Bandleader dem „Rolling Stone" gegenüber das Versagen der Politik: „Das kann man jetzt bei dem Moratorium sehen. Das ist jetzt so verwirrend, daß nur noch die Alternative noch größerer Krieg oder kein Krieg bleibt." Um so heftiger die Reaktion, als im Mai 1970 amerikanische Truppen das neutrale Kambodscha überfielen und der Präsident die Intellektuellen des Landes wegen ihrer kritischen Einstellung zu seiner Politik öffentlich beschimpfte. Amerikas Studenten gingen empört auf die Straße. Wie schon bei den Demonstrationen zur Rassenintegration am Anfang des Jahrzehntes überreagierten die Verfechter von Unrecht und Ordnung. An der Kent State University von Ohio marschierte die Nationalgarde mit Sturmgewehren und Maschinenpistolen gegen die Demonstranten auf. Panzerwagen und Hubschrauber unterstützten die Invasion des Universitätsgeländes, die damit endete, daß die Nationalgarde des Staates Ohio auf amerikanische Studenten schoß. Zu den Toten, die jede Woche in schwarzen Plastiksäcken aus Vietnam in die Heimat geflogen wurden, kamen jetzt Tote aus einem Krieg, den Nixon im Land selber gegen die amerikanische Jugend führte. Zwei junge Frauen und zwei junge Männer verbluteten auf dem Campus der Kent State University. Es war genau das geschehen, was John Fogerty befürchtet hatte, als seine Einheit „Riot Control" trainieren sollte.

Sein Ausflug in die aktive Politik fand allerdings in der Gefängniszelle ein jähes Ende. In dem „Rolling Stone"-Gespräch von 1970 deutete er an, in welche Richtung seine Gedanken Anfang des Jahrzehntes gingen: „Ich beschäftige mich wirklich sehr stark mit den Dingen, die heute passieren. Ich weiß noch nicht, was ich selbst tun kann, zum Beispiel, was die Bürgerrechte angeht. Egal, ich will erreichen, daß die Leute mir zuhören, anstatt zu sagen: 'Ach, das kennen wir ja schon!'" Statt weiter zu demonstrieren und öffentlich zu protestieren, besann er sich auf die ihm zur Verfügung stehenden künstlerischen Mittel. Als erstes verarbeitete der 24jährige 1969 die Erfahrung mit der Polizei von Richmond in „Wrote A Song For Everyone", einem seiner persönlichsten Lieder: „Saw myself agoin', down to war in June. Got myself arrested, wound me up in jail. Richmond 'bout to blow up, communication failed." In einer Zeit, in der sich Bob Dylan der Country-Musik zugewandt hatte, in der Protestlieder mehr und mehr zur routinierten Mode degenerierten, begann John Fogerty aus dem eigenen Erlebnis heraus, den Protest mit neuem Leben zu erfüllen. Mit dem Vietnam-Krieg, dem er nur knapp entgangen war, hatte er eines seiner wichtigsten Themen gefunden.

No Fortunate Son

Es liegt nahe, die Fogerty-Songs dieser Zeit mit dem Anti-Nixon-Protest und Vietnam in Verbindung zu bringen — so wie „Rolling Stone"-Kritiker Dave Marsh es tut. „Bad Moon Rising", „Run Through The Jungle" machen deutlich, daß ihr Autor einer der „großen Fatalisten" (Marsh) des Rock'n'Roll ist, der sich nicht in die „Flower Power"-Glückseligkeit der Zeit einreihen mochte. Doch seine Anti-Haltung in diesen beiden Stücken resultierte eher aus dem Unbehagen, das viele Jugendliche in der Post-Kennedy-Ära empfanden. Und sie zielte mehr auf Entwicklungen in der amerikanischen Gesellschaft, deren Spätfolgen heute in den Slums der Großstädte offensichtlich sind. „Run Through The Jungle" entstand nach einem Auftritt der Band in New York, wo Tom Fogerty, Doug Clifford und Stu Cook erlebt hatten, wie ein Mann auf offener Straße erschossen wurde. In einem Gespräch mit der Zeitschrift „Goldmine" interpretierte Fogerty kürzlich seine Gedanken bei der Entstehung des Songs: „Das war meine Anmerkung zur amerikanischen Gesellschaft, der Dschungel als Metapher für die Gesellschaft. Als ich sang: 'Two hundred million guns are loaded', meinte ich die Leichtigkeit, mit der in Amerika Waffen gekauft werden können. Das ist ein Dschungel. Und heute ist es noch schlimmer. Wir töten uns alle gegenseitig. Ich meinte das Lied als ein Anti-Waffen-Statement!" Repräsentanten der Waffenlobby „National Rifle Association" (NRA) wie der Schauspieler Charlton Heston flößen ihm, so Fogerty, auch jetzt noch Angst ein.

Nur beim Schreiben der Stücke „Fortunate Son" und „Who'll Stop The Rain", dachte John Fogerty wirklich daran, seine Gefühle zum Krieg in Ostasien zu artikulieren. Er war selbst zum Militär eingezogen worden und wurde in den Garnisonen Fort Bragg, Fort Knox und Fort Lee ausgebildet. Vietnam war bei den Soldaten das Tagesgespräch, und die Möglichkeit, zu dem Krieg abkommandiert zu werden, schwebte als Drohung über jedem Wehrpflichtigen. „Ich kam dann durch einen Trick in die Reserve. Das war zur Zeit der größten Eskalation." Gerade diese Eskalation bewahrte ihn paradoxerweise vor dem Kriegseinsatz. Präsident Johnson wollte vor dem Kongreß verbergen, daß es sich in Vietnam mittlerweile um einen regelrechten Krieg handelte. Deshalb schickte er nur Wehrpflichtige nach Ostasien. John Fogerty: „Sogar Jungs von der National Guard wurden nach Vietnam verschifft. Es änderte sich damals alles. Mein Glück, daß ich nicht nach Übersee mußte oder drei Jahre in der richtigen Armee dienen mußte." In seiner Erinnerung ist das alles aber eine bedrückende Erfahrung geblieben, die seine Sympathie mit denen begründet, die das Pech hatten, in den Krieg ziehen zu müssen: „Ich war außer mir vor Angst, daß ich nach Vietnam müßte. Schon deshalb empfand ich keinen Haß auf Soldaten, vor allem nicht auf die 20jährigen mit dem Kurzhaarschnitt in den Ausbildungslagern… Ich habe Langhaarige gesehen, die auf Flughäfen die Soldaten anspuckten, und ich dachte: 'Den haben sie nur erwischt und dich nicht. Du weißt gar nicht, wieviel Schwein du gehabt hast!'"

Er selbst konnte sein Glück kaum fassen, als die Papiere zur Entlassung aus der Reserve kamen. Den Brief mit der Nachricht hatte er zunächst ein paar Tage nicht beachtet, weil er wie eine Drucksache aussah. Sobald er begriff, welch brisante Nachricht in dem Umschlag steckte, rannte er aus dem Haus und schlug vor Übermut im Vorgarten Rad. So groß war der Druck, der von ihm wich. Er war noch einmal davongekommen. Aber nicht so wie George Bushs Vizepräsident Dan Quayle oder Bushs Sohn George W., die Beziehungen hatten spielen lassen, um gar nicht erst zur Armee zu müssen. Und auch nicht so wie Dwight Eisenhowers Enkel. Der war Johns große Inspiration, als er 1969 „Fortunate Son" schrieb, ein Lied über die Besitzenden. „Während des Vietnamkrieges waren das die Leute, die nicht in den Krieg mußten. Ich dachte an David Eisenhower, den Enkel von Dwight, der Julie Nixon heiratete. Ich habe sie immer mit Tricia (Nixon) verwechselt, wohl weil es leicht ist, über jemand mit dem Namen Tricia herzuziehen.

Der klingt so hochwohlgeboren. Ich saß in meinem Schlafzimmer auf einer Ecke des Bettes mit einem Schreibblock und einem Filzstift. Ich hatte zunächst nur den Titel 'Fortunate Son'. Und der Song kam aus mir heraus: 'It ain't me, it ain't me, I ain't no fortunate son'. Innerlich schrie ich sehr intensiv, obwohl ich völlig stumm blieb. Heraus kam das Lied — auf drei Schreibblockseiten. 'Some folks are born made to wave the flag, ooh they're red white and blue.' Kein nettes Bild, aber ich benutzte das damals oft: Sieh' mal, der ist rot, weiß und blau! Ich meinte damit Leute wie (den zurückgetretenen Oppositionsführer, den Republikaner) Newt Gingrich, die immer pompös und bedeutungsvoll die amerikanische Flagge (rot, weiß, blau) schwenken, als wollten sie sich dahinter verstecken. Ich war nicht eins ihrer Kinder. Ich war nicht David Eisenhower!"

Stärker noch als die Ablehnung des Krieges formulierte er in „Fortunate Son" sein Klassenbewußtsein, das Wissen, in einer Gesellschaft zu leben, in der die Vermögenden („the haves") die Fäden ziehen. „Die Leute, die ihre Villen hoch über dem Tal gebaut haben, die Leute mit den großen Autos, Leute, die ich nicht respektiere." Seine Empfindungen teilten all die jungen Männer, die niemand vor Vietnam hatte bewahren können. Sie verstanden die Zeile „Ooh, they send you down to war" wie auch „They point the cannon right at you" nur zu gut als aktuelle Anspielung. Fogerty: „Das war meine Auseinandersetzung mit Richard Nixon!" Das Stück „Who'll Stop The Rain" aus demselben Jahr dagegen kommt ohne jede Erwähnung der politischen Situation und des Krieges aus. Viele rätselten damals wie Dave Marsh: „But what's it about?" Und dennoch wurde es die Hymne der in Vietnam stationierten GIs. Viele haben John später erzählt, wieviel es ihnen bedeutete, wenn sie den Song aus dem Transistor-Radio hörten. Das Bild des nichtendenden Regens als Symbol für den Krieg war so gut gewählt, daß es den Soldaten, die völlig durchnäßt im Dschungel lagen und den nächsten Angriff des Vietcong fürchteten, unter die Haut ging.

„From the Delta to the DMZ"

Wo immer amerikanische Soldaten in anderen Kontinenten zum Einsatz kamen, war der Sender „American Forces Network" (AFN) nicht weit. So auch in Vietnam, wo sich die Radiostationen in Quang Tri, Da Nang, Qui Nhon, Chau Phu, Nha Trang und die Zentrale in Saigon „American Forces Vietnam Network" (AFVN) nannten. Sie sendeten 24 Stunden am Tag. Slogan: „From the Delta to the DMZ" (vom Mekong-Delta bis zur Demarkationslinie). Adrian Cronauer, der später in dem Film „Good Morning, Vietnam" von Robin Williams dargestellt wurde, moderierte bis 1966 in Saigon die gleichnamige Sendung, bei der er sich mit seinen lockeren Sprüchen und dem langgezogenen „Good" bei der Ansage schnell eine begeisterte Hörerschaft unter den GIs eroberte. Und natürlich mit der Rock- und Soul-Musik der Zeit. Aber alles, was der AFVN sendete, war einer strengen Zensur unterworfen. Cronauer: „Militärisches oder Vietnam-Berichte mußten vom Pressebüro des Generals Westmoreland genehmigt werden. Die Platten für die Discjockeys kamen aus Washington — und nur diese Platten durften wir spielen!"

Nicht erlaubt war Barry McGuires „Eve Of Destruction", obwohl es im August 1965 an der Spitze der amerikanischen „Billboard"-Charts stand. Zu deutlich waren die Zeitbezüge, zu ernst die Frage, ob die Menschheit nicht kurz vor dem Untergang stehe. „We Gotta Get Out Of This Place" von den Animals war für Cronauers Sendungen ebenso tabu wie Jahre später John Lennons Appell „Give Peace A Chance" für seinen Nachfolger als Sprecher, Army Specialist Pat Sajak. John Fogertys Vietnam-Kompositionen aber wurden von den Militärs nicht auf die schwarze Liste gesetzt. Seine meist allegorischen Liedtitel klangen nicht verdächtig, und auch in den Texten fand die Zensurbehörde nichts Wehrzersetzendes. So kamen ab 1969 die „Creedence Clearwater Revival"-Hits „Fortunate Son" und „Who'll Stop The Rain" mit offizieller Genehmigung in Vietnam aus jedem Radio in den Soldaten-Camps.

Der Soundtrack des Krieges

Mehr als eine Generation der USA ist von Vietnam geprägt worden: Mütter und Väter, die ihre Söhne nicht vor dem Elend bewahren konnten; junge Männer, die im Napalm-Feuersturm ihrer Träume und Illusionen beraubt wurden; Frauen und Kinder, die mit den körperlich und seelisch verwundeten Veteranen keinen Frieden fanden. Von 1960 bis 1973 — länger, als in jedem Krieg zuvor — wurden amerikanische Soldaten in den ostasiatischen Krisenherd geschickt. Im Fernsehen, im Rundfunk, in den Zeitungen waren die Berichte über geschlagene Schlachten und gefallene Soldaten ständig präsent. Das Trauma Vietnam beschäftigte nicht nur Songschreiber wie Fogerty, sondern auch Schriftsteller und Regisseure in aller Welt. Fünf Jahre nach der internationalen Friedenskonferenz in Paris verfilmte der in England lebende tschechische Regisseur Karel Reisz („Sweet Dreams") den Bestseller „Dog Soldiers" von Robert Stone: die Geschichte eines Militärfotografen, der in Südvietnam miterleben muß, wie amerikanische Truppen von der eigenen Luftwaffe beschossen werden. Den Glauben, daß es um eine gerechte Sache geht, verliert er endgültig, als Elefanten von der US-Militärführung zu Feinden erklärt werden, weil sie dem Vietcong als Transportmittel dienen. Desillusioniert steigt er in den bei den GIs verbreiteten Drogenhandel ein und gibt einem Ex-Marine eine Lieferung Heroin mit auf die Heimreise nach Kalifornien. Die eigentliche Geschichte spielt sich im Drogenmilieu der 70er Jahre ab, das die Flower-Power-Bewegung abgelöst hatte.

Der Film, mit Nick Nolte in der Rolle des Ex-Marines, lief unter dem Titel „Who'll Stop The Rain" in den Kinos (in Deutschland hieß er „Dreckige Hunde"). Im Soundtrack: „Hey Tonight", „Proud Mary" und „Who'll Stop The Rain" von „Creedence Clearwater Revival". Regisseur Reisz hatte nicht nur die Musik gewählt, deren Klänge unweigerlich die Zeit des Vietnamkrieges heraufbeschworen, er hatte auch erkannt, daß „Who'll Stop The Rain" der Gemütslage der durch den Krieg Betroffenen entsprach. Seither gibt es kaum einen Vietnam-Film, der nicht auf John Fogertys Kompositionen zurückgreift. Und nicht nur das: „Creedence ist die am meisten verwendete Band in Film-Soundtracks", ermittelte der Journalist Fred Dellar. Seine Aufzählung: „Who'll Stop The Rain" (1978), „Where The Buffalo Roam" (1980), „American Werewolf in London" (1981), „The Big Chill" (1983), „Twilight Zone: The Movie" (1983), „Dear America: Letters From Vietnam" (1987), „Powwow Highway" (1988), „1969" (1988), „The Return Of The Swamp Thing" (1988), „'68" (1988), „Air America" (1990), „The Indian Runner" (1991), „Blue Chips" (1994), „Philadelphia" (1994). Nachzutragen sind noch „Melvin And Howard" (1980), „Forrest Gump" (1994) und „The Big Lebowski" (1998), wo die Band sogar zum Teil der Handlung wird.

Die Erinnerung an die Vietnam-Jahre wurde auch durch John Fogertys Musik wachgehalten, und er selber läßt kaum eine Gelegenheit aus, darauf anzuspielen, in welcher Zeit seine Gruppe ihre großen Erfolge feierte: „Wir haben diesen ganzen Mist erlebt. Da war auf der einen Seite Kambodscha, ein Land, das Jahrtausende neutral war, und da war auf der anderen Seite ein Typ, Nixon, der sie mit in den Krieg hineinzog, und innerhalb von drei Jahren verloren sie ihr Land. Das haben wir getan, wir taten es uns an und ihnen." So war es für alle Beteiligten eine Selbstverständlichkeit, daß Fogerty auf dem größten Treffen der Vietnam-Veteranen am 4. Juli 1987 in Washington auftrat. Im Capital Centre der Hauptstadt hatten sich 14 000 Menschen am Unabhängigkeits-Tag versammelt, um mit einem „Welcome Home"-Concert für in Not geratene Veteranen-Familien Geld zu sammeln. Noch heute leiden Kriegsteilnehmer und ihre Kinder unter den Spätfolgen der Vergiftung mit „Agent Orange", dem gefährlichen chlorierten Kohlenwasserstoff Dioxin, mit dem das Pentagon den gesamten Dschungel entlauben wollte.

Männer mit grauen Haaren, in Kampfanzügen, Jeans und T-Shirts lagen sich weinend in den Armen, als John Fogerty bei dem Konzert seine Washburn-Gitarre anstimmte. Nach wenigen Akkorden ging er von dem Intro für „Old Man Down The Road" in „Born On The Bayou" über. Angesichts der Begeisterung der Veteranen brach er seinen Schwur, nie wieder in der Öffentlichkeit „Creedence Clearwater Revival"-Songs zu spielen. Er selbst war von dem Moment so bewegt, daß er sich als Seelendoktor für den Schmerz der Kriegsopfer anbot: „Ich spreche jetzt zu den Vets." Und er verglich seinen Kampf um das künstlerische Überleben, seine Ohnmacht gegenüber dem kapitalstarken Musikbusineß mit der Situation der Veteranen. „Ich habe selbst auch 20 Jahre der Schmerzen durchgemacht. Und dann habe ich mir gesagt: Du kannst das noch einmal 20 Jahre durchmachen, oder du akzeptierst die Realität und daß du daran nichts ändern kannst!" Sein psychologischer Rat an die Überlebenden des Vietnam-Krieges: „Schreibt mir einen Brief, Anschrift: Berkeley, Kalifornien, steckt den Brief in den Briefkasten und befreit euch damit von all dem Mist, den ihr mit euch herumgetragen habt!" Dann spielte er den Song, auf den alle gewartet hatten, den Song, der sie all die Jahre im Vietnam-Krieg begleitet hatte. Der sie damals getröstet hatte und der sie jetzt zu Tränen rührte: „Who'll Stop The Rain".

BIG BUSINESS

Alles in allem habe ich elf Jahre darauf verwendet, die anderen Jungs dazu zu bewegen, die Sache ernst zu nehmen – Doug und Stu waren mehr an ihrem alltäglichen Leben interessiert, als an dem vagen Traum, es eines Tages zu schaffen."

John Fogerty, 1970

„FANTASY" IST ÜBERFORDERT

Die erste LP von „Creedence Clearwater Revival" wurde im Juni 1968 ausgeliefert. Der Erfolg war überwältigend. „Die LP kam heraus und verkaufte sich für eine ziemlich unbekannte Gruppe sehr gut. Es war unglaublich, wie gut sie sich verkaufte! Und in diesem Moment wußte ich, daß alles in Ordnung war. 'Suzie Q.' wurde nicht vor August als Single veröffentlicht, also zweieinhalb bis drei Monate später. Tatsächlich sind 'I Put A Spell On You' und 'Suzie Q.' gleichzeitig als Singles erschienen", erinnerte sich John Fogerty an das unbeholfene Verhalten, der vom großen Erfolg völlig überforderten kleinen Plattenfirma „Fantasy".

Plötzlich öffneten sich auch neue Türen für die Gruppe. Die Band hatte im Mai zum ersten Mal einen Auftritt im „Avalon" in San Francisco. Das „Avalon" gehörte gleich nach Bill Grahams „Fillmore West" zu den gefragtesten Adressen der Stadt. Zwar hatte John es endlich geschafft, daß auch den anderen in der Gruppe die Arbeit an der Musik etwas bedeutete, die Ergebnisse dieser Bemühungen wurden allerdings bei weitem nicht überall gewürdigt. So lagen immer wieder neue Enttäuschungen vor ihnen.

An diesem Abend sollten fünf Bands im „Avalon" auftreten. Unter ihnen Taj Mahal. „Creedence" hatten einen Titel in den Charts, waren aber trotz ihres jahrelangen Tingelns immer noch die Youngsters des Abends. Deswegen bekamen sie die Rolle einer Vorgruppe zugewiesen.

Fast dreißig Jahre später erzählte John Fogerty amüsiert: „Wir waren die letzten, die ihren Soundcheck machten, etwa zehn Minuten, bevor sie die Türen öffneten, um die Leute reinzulassen. In anderen Worten, wir hatten am wenigsten Zeit und wurden behandelt wie dumme Jungs vom Lande... Schließlich kam der Mischer oder Bühnen-Manager und zog einfach das Kabel aus meiner Gitarre. Er sagte: 'Ihr müßt jetzt aufhören, wir wollen jetzt die Leute reinlassen. Und außerdem führt euer Weg sowieso nirgendwo hin.'" John Fogerty hatte die Möglichkeit aufzugeben aber längst aus seinem gedanklichen Repertoire gestrichen. Ihn trieb der unbändige Wille, es der Welt zu zeigen. Man konnte ihm zwar den Strom kappen, aber nicht den Mut nehmen. „Hör zu, du Spinner", reagierte er sauer, „gib mir ein Jahr, und dann sprechen wir uns wieder!" Er war sich seiner Sache nicht erst an diesem Abend sicher.

Was aber weder dem Bühnenmanager noch John bewußt war: Gerade als ihm der Saft abgedreht worden war, war John dabei, einen Sound auszuprobieren, der nicht einmal ein Jahr später zur ewigen Hymne des Swamp-Rock avancieren sollte. Es waren die Anfangstöne von „Born On The Bayou", das „Fantasy" auf die Rückseite von „Proud Mary", der nächsten und erfolgreichsten Single von „Creedence Clearwater Revival" plazierte.

Hits, Hits, Hits!

Nicht nur Erfahrungen wie die im „Avalon" bewirkten, daß John auf dem Boden blieb. Schließlich hatte „I Put A Spell On You" den Erfolg von „Suzie Q." nicht wiederholen können. Als die Single im November mit Platz 58 ihre Spitzenposition erreichte, arbeitete er immer noch als Aushilfe bei der Tankstelle. Den Bescheid, nicht mehr alle vier Wochen bei der Reserveeinheit zum Appell antreten zu müssen, hatte er etwa gleichzeitig mit dem Erscheinen der ersten LP erhalten. Überglücklich stürzte er sich jetzt mit aller Kraft darauf, einen Anschluß-Hit zu finden, sonst hätte die Gefahr bestanden, daß „Creedence Clearwater Revival" eines der vielen One-Hit-Wunder der Zeit werden würde.

Im Januar 1969 erschien das zweite Album. „Bayou Country" schlug noch besser ein als die erste LP. Mit Platz sieben in den „Billboard" Pop-Charts war zwar der Gipfel für die Platte erreicht, aber das erfolgreichste Jahr von „Creedence Clearwater Revival" hatte gerade erst begonnen. Gleichzeitig mit dem Erscheinen von „Bayou Country" wurde die Single „Proud Mary"/ „Born On The Bayou" ausgekoppelt. Beide Fogerty-Kompositionen verkauften sich millionenfach. Doch schon bei den Aufnahmen zu „Proud Mary" gab es die ersten Auseinandersetzungen zwischen John und seinen Mitstreitern. Zum erstenmal mußte er seine ganze Kraft aufbringen, um sich durchzusetzen. Sie hatten im Studio die Instrumenten-Parts aufgenommen. Jetzt war es an der Zeit, Johns Stimme darüber zu spielen: „Ich erinnere mich, daß wir ein schreckliches Abendessen in einer Pizzeria in Los Angeles hatten. Es war großer Streß und Aufruhr. Danach bin ich zurückgegangen und habe die restlichen Aufnahmen für 'Proud Mary' alleine gemacht." Bei dem Streit ging es John darum, das bestmögliche Ergebnis zu erzielen. Und nur er wußte genau, wie der Song klingen sollte. Die anderen, die wenigstens Background singen wollten, mußten die Kröte schlucken, doch der Grundstein für viele weitere Auseinandersetzungen war damit gelegt.

Erstmals war John Fogerty auch als Produzent und Arrangeur der Platte genannt. Auf beiden Gebieten war er Autodidakt. Schon als kleiner Junge hatte er begonnen, seine Aufnahmen selbst zu arrangieren und zu produzieren: „Ich saß am Klavier, und spielte mit einer Hand die Melodie, mit der anderen trommelte ich auf dem Hi-Hat des Kinderschlagzeugs, das mir meine Mutter geschenkt hatte." Tom Fogerty improvisierte dazu auf einer elektrischen Gitarre, die er sich geliehen hatte. Mit einem Kassettenrecorder nahm John auf, was sie ihren Instrumenten entlockten. Lucille fand die Versuche ihrer Söhne ziemlich „bescheuert", aber John war sich sicher: „Es war genau der richtige Weg."

Später, in seiner High-School-Zeit ging er immer wieder in Studios: „Ich habe während der High School etwa 5000 Stunden in Studios zugebracht." Manchmal mit der Band, manchmal ohne, konnte man ihn nachmittags fast immer im „Sierra Sound" oder in „Music City" finden. In einem Studio in Berkeley hatten „Country Joe And The Fish" Aufnahmen gemacht. Dadurch war das Studio unter Musikern bekannt geworden. Natürlich trieb sich John dort rum, um eventuell auch eine Chance zu bekommen, seine eigenen Titel anzubringen. Es boten sich ihm aber lediglich Gelegenheiten, als Sideman an Sessions teilzunehmen. Damals entstand die Single „Beverly Angel" von James Powell, bei der die „Blue Velvets" Begleitmusiker waren. Auch bei Joe Simon, einem jungen Soulsänger, der 1959 aus Louisiana nach Oakland gekommen war, hatte John die Möglichkeit, auf einigen Titeln mitzuspielen.

Diese Sessions wurden jedoch nie veröffentlicht. In der Zeit von ihren Anfängen als „Blue Velvets" bis zu ihrem Durchbruch als „Creedence Clearwater Revival" lernte John die Welt der Studios genau kennen: „Als Band haben wir ungefähr 2000 Stunden im Studio aufgenommen." Während er kleine Jobs als Studiomusiker machte, guckte er sich jeden Schritt einer Produktion genau an. Hier lernte er, wie Stücke so arrangiert wurden, daß sie sich unter Aufnahmebedingungen optimal anhörten.

Jetzt, viele Jahre nach diesen ersten Versuchen, gab es aus fast allen Richtungen Bestätigung für das Konzept der Band. Die Soundexperimente, die bei einigen Titeln der ersten Platte als Konzessionen an San Franciscos Hippie-Szene noch unvermeidlich waren, hatten auf „Bayou Country" keine Chance mehr. Gerader Rock'n'Roll mit Anleihen beim Memphis-Soul und dem Blues des Mississippi-Deltas ließen keinen Platz für rückwärtslaufende Gitarrensoli und Geräusche von Kinderspielzeugen. Bob Dylan befand, „Proud Mary" sei das beste Stück des Jahres, und viele namhafte Künstler nahmen Coverversionen auf, unter ihnen Elvis Presley, die Checkmates (von Phil Spector produziert) und Solomon Burke. Der Song „Proud Mary" war berühmt, doch die Band kannten noch immer die wenigsten. In England, wo die Noten des Liedes von „Burlington Music" vertrieben wurden, warb der Verlag mit dem Hinweis, daß Solomon Burke den Titel aufgenommen hatte. Burkes Version erreichte allerdings nur Platz 45 der Charts und blieb damit außerhalb der Top 40, die für den Markt so wichtig waren.

„Proud Mary" von „Creedence Clearwater Revival" schaffte es bis auf Platz zwei der „Billboard"-Charts. Der Softrocker Tommy Roe, der die musikalische Tradition von Buddy Holly fortsetzte, hatte mit „Dizzy" gerade seinen zweiten Nummer-eins-Hit seit 1962 und verwehrte „Creedence" damit die Spitzenposition. Trotzdem ging wieder ein Traum der Band in Erfüllung. Vor ein paar Jahren hatten sie zusammen vor dem Fernseher gesessen und sich die Auftritte der „Beatles" in der „Ed Sullivan Show" angeguckt, jetzt kam für die vier endlich die Gelegenheit, sich selbst an dieser Stelle zu präsentieren. „Die Band, die alle sehen wollen: The Creedence Clearwater Revival", sagte der ältlich wirkende Ed Sullivan die Gruppe an. Dann begrüßte der korrekt im Anzug gekleidete Moderator seine Gäste in der orange-farbenen Bühnenkulisse, auf die ein riesiges braunes Schaufelrad gemalt war. Ed reichte John Fogerty die Hand, der sein Markenzeichen, ein blaukariertes Holzfällerhemd, trug. Nach der kurzen Begrüßung spielte die Band ihren aktuellen Hit: „Proud Mary". Während des Auftritts wurden

Schwarzweiß-Aufnahmen eines Schaufelrades eingeblendet. In den vielen Großaufnahmen, die John zeigten, war sein Stolz nicht zu übersehen. Er konnte das Lachen kaum unterdrücken. Ihm war bewußt, daß er jetzt wirklich eine Größe im Showbusineß war. Nach dem Lied versammelte Ed Sullivan die Band zur Verabschiedung um sich und reichte Tom Fogerty die Hand. Zumindest ein Teil ihres großen Traums ging für „Creedence Clearwater Revival" mit diesem Auftritt in Erfüllung. Sie waren in der wichtigsten amerikanischen Fernseh-Show aufgetreten. Aber der Kult, wie er um die „Beatles" entstanden war, stellte sich bei ihnen nicht ein.

Es folgten Einladungen zu Johnny Cash, der ebenfalls eine Fernsehshow hatte, und zu „Dick Clark's American Bandstand". Bei Johnny Cash spielte die Band im September 1969 ihre beiden größten bisherigen Hits: „Bad Moon Rising" und „Proud Mary". Bei den Aufnahmen für „American Bandstand" gab es allerdings Probleme. Sämtliche Aufzeichnungen waren nichts geworden. Ob das Filmmaterial nicht in Ordnung war oder einfach versehentlich gelöscht worden war, ließ sich nicht klären. Klar war aber, daß Dick Clark alles noch einmal tapen lassen mußte. „Creedence" wurden neu geschminkt, blieben die ganze Nacht und wiederholten ihren Auftritt, bis er endlich im Kasten war. „Creedence hatten wirklich das Bedürfnis zu unterhalten und machten sich viel Gedanken um ihre Fans," beschrieb Dick Clark den großen Einsatz, den John und seine Jungs zeigten.

John Fogerty glaubte, daß sie, um weiter im Geschäft zu bleiben, Musik machen müßten, die ihnen ein breites Publikum sicherte. Dazu gehörte es vor allem, weitere Hits in die Hitparade zu bringen. Darin lag für John jedoch offensichtlich das geringste Problem. 1969 wurde zum produktivsten Jahr für ihn. Dem Riesen-Erfolg von „Proud Mary" im Januar folgte im April schon die nächste Hitsingle: „Bad Moon Rising"/ „Lodi". Wieder zwei Kompositionen von John. Für „Bad Moon Rising" war wieder der zweite Platz der Charts Endstation. Platz eins belegte eine Filmmelodie. Ausgerechnet in diesem

Monat bescherte „Love Theme From Romeo And Juliet" dem Komponisten Henry Mancini seinen einzigen Nummer-eins-Titel.

Pausenlos tourten „Creedence Clearwater Revival" und spielten auf allen großen Festivals des Jahres. Nicht selten waren sie die Headliner, doch ihr Image blieb das einer Rock'n'Roll Band ohne die Ausstrahlung charismatischer Persönlichkeiten wie Janis Joplin, Jimi Hendrix oder Mick Jagger. „Wir waren immer die Jungs, die aussahen, als kämen sie gerade aus einem John-Wayne-Film geritten", sagte John Fogerty 1985 über das Image seiner Band. Sie wirkten wohl tatsächlich immer ein bißchen wie die Jungs vom Lande. Starallüren gehörten in jedem Fall zu dieser Zeit noch nicht zum Erscheinungsbild von „Creedence Clearwater Revival", auch wenn vor allem Tom nichts lieber getan hätte, als einen Superstar darzustellen.

Für das Tempo der Band dauerte es unglaublich lange, bis im Juli die nächste Single herauskam: „Green River"/ „Commotion". Im August folgte die dritte LP, für die die Band zum zweiten Mal nach „Bayou Country" mit Platin ausgezeichnet wurde. Die Verzögerung war leicht zu erklären. Zwischen den beiden Singles spielten John und die Band auf dem Newport Festival in Kalifornien. Dort traten neben ihnen Jimi Hendrix, die „Byrds" und „Jethro Tull" auf. Kurze Zeit später nahmen sie am Denver Pop Festival teil, wo auch Big Mama Thornton, die „Mothers of Invention" und Hendrix auf dem Programm standen. Und über 140 000 Zuschauer verfolgten den Auftritt der Gruppe am Unabhängigkeitstag in Atlanta. „Led Zeppelin", Joe Cocker, Johnny Winter und „Canned Heat" waren die anderen Attraktionen dieses riesigen Festivals. Fast eine Million Zuschauer hatte die Band bei ihren Auftritten in diesem Jahr. Und obwohl es so schien, schrieb John seine Hits nicht mit links: „Eine Single herauszubringen ist wie vier- bis fünfmal im Jahr ein Baby zu bekommen. Und eine LP ist, als bekäme man Vierlinge. Tatsächlich arbeite ich in Kreisen. Sobald eine Platte erschienen ist, arbeite ich an Ideen für die nächste. Manchmal trockne ich völlig aus, dann kann ich keine Inspiration finden. Ich versuche es dann besonders intensiv, und nichts passiert. Tatsächlich verkrampfe ich einfach, wenn ich mir zuviel Mühe gebe."

Während die dritte LP „Green River" auf den ersten Platz der „Billboard"-Charts gelangte und „Bad Moon Rising" in den Top ten der Single-Charts auftauchte, erhielt die Band eine Einladung zu einem weiteren Festival. „Creedence Clearwater Revival" war die erste Top-Gruppe, die ihre Teilnahme in „Woodstock" zusagte. Und in England gelang ihnen mit der Single „Green River" der erste Nummer-eins-Titel in Europa. Jetzt waren sie weltweit die erfolgreichste Band. Ihre Musik lief in der Jukebox an der trostlosesten Autobahnraststätte genauso wie in jeder Großstadtdisco. Trotzdem blieb die Resonanz in der Presse verhalten. „Fantasy" betrieb keine PR-Arbeit, die diesen Namen verdient hätte. Die Plattenfirma von Saul Zaentz arbeitete nach wie vor auf dem Level eines kleinen lokalen Labels, das auf den Durchbruch wartet. Zwar fanden auch die Kritiker die Musik der Band weitgehend überzeugend, gleichzeitig bescheinigten sie „Creedence Clearwater Revival" immer wieder, nur eine „Singles-Band" zu sein. Ein Urteil, das zu Zeiten, in denen LPs als Gesamtkunstwerk galten, vernichtend wirkte. Auch wurde ihnen unterstellt, sie machten Musik für „Teenybopper". Der „Rolling Stone" bemühte sich in seiner Besprechung von „Green River" zum ersten Mal, das entstandene Bild zu relativieren: „Weil 'Creedence Clearwater Revival' zunächst durch Hits wie 'Suzie Q.' bekannt geworden ist und so extreme Popularität bei einem Teenybopper-Publikum erreichte, haben viele Leute (einer von ihnen bin ich selbst) sich geweigert, sie sehr ernst zu nehmen. Aber 'Proud Mary' hätte uns aufklären sollen. Es war mehr als nur ein guter Song, gemessen an Top-40-Standards; es war ein herausragender Song nach allen Maßstäben. 'Creedences' neues Album, 'Green River', zeigt überzeugend, daß 'Proud Mary' kein Zufallstreffer war. Macht keinen Fehler: 'Creedence Clearwater Revival' sind zur Zeit, trotz einiger deutlicher Begrenzungen, eine der aufregendsten und befriedigendsten Bands." Der Autor, Bruce

Miroff, kam in seiner Kritik beiläufig darauf zu sprechen, was denn nun eigentlich diese „deutlichen Begrenzungen" waren: „Ihre Musik tendiert dazu, nicht besonders abwechslungsreich zu sein (manchmal hat man das Gefühl, das nächste Gitarrensolo vorhersagen zu können), und gelegentlich fehlt es an Finesse." So teilte er den Lesern dann auch folgerichtig mit, was er beim ersten Hören des Titelliedes empfunden hatte: „Oh Scheiße, noch ein 'Creedence'-Bayou-Song." Außer John wurden die einzelnen Bandmitglieder hier, wie auch in anderen Kritiken, nicht erwähnt. Für Miroff jedenfalls spielten sie keine Rolle. Sie hatten einfach nicht das Format, um sich als Superstars des Busineß zu etablieren.

John Fogerty hatte seine Band nicht nach dem Modell der „Beatles" geformt. Seine Vorbilder waren die Gruppen des „Sun-Studios" und Bands wie „Buddy Holly And The Crickets" oder „Johnny And The Hurricanes" — ein Frontmann mit einer Rhythmusgruppe. Auch für die „Beatles" waren die „Crickets" eine große Inspiration gewesen, doch bei den „Beatles" gab es viele Talente. John Lennon und Paul McCartney arbeiteten als gleichberechtigtes Songwriter-Duo und konnten genauso gut singen wie der Gitarrist George Harrison. Lediglich für Ringo Starr, den Clown der Band, wurden extra Lieder geschrieben, die der untalentierte Sänger interpretieren konnte.

Das Persönlichkeitsproblem bei „Creedence Clearwater Revival" wurde spätestens offensichtlich, als Ralph J. Gleason am Ende des Jahres 1969 seine Titelgeschichte für die Februarausgabe des wichtigsten Musikmagazins Amerikas vorbereitete. Das Cover des „Rolling Stone" zeigte zwar die ganze Band in Schwarzweiß (allein Johns Hemd in Rot hervorgehoben), doch im Heft gab es von Doug, Stu und Tom nur noch jeweils eine kleine Porträtaufnahme. Ohnehin erschien keine Titelgeschichte über „C.C.R", sondern ein großes John-Fogerty-Interview. Die anderen Bandmitglieder kamen nicht zu Wort, und auf den folgenden Seiten gab es mehrere Bilder von John zu sehen, die während des

Interviews aufgenommen worden waren. John präsentierte sich und die Band in den Medien anfänglich allerdings ziemlich unbeholfen und unprofessionell. Seine Sätze waren häufig unvollständig, und ständig benutzte er Füllwörter wie „you know", „kind of" oder „like". Im Verlauf des Gesprächs bemühte er sich zwar, auch die anderen Bandmitglieder darzustellen, doch eigentlich ging es immer nur um ihn. In dem großen „Rolling Stone"-Interview fragte Gleason John zum Beispiel nach dem Zusammengehörigkeitsgefühl in der Band, und ob es Auflösungserscheinungen in der Gruppe gäbe. Unbewußt machte John deutlich, was für ein sensibles Gefüge „Creedence" war: „Man muß alles versuchen. Es ist nicht der Versuch, sich zu mögen, aber wenn man ein bißchen Verstand hat, weiß man, daß jeder mal einen schlechten Tag hat. Und wenn wir alle an einem Tag nicht gut drauf wären, könnte das die Hölle sein. Wirklich. Es gab Zeiten, da haben wir uns angeschrien. Nicht so wie als Kinder. An einem Tag hat Doug gesagt: 'Ich checke meine Ausrüstung.' Das benutzen wir jetzt immer als Bild. Am nächsten Tag war alles wieder in Ordnung. Stu und ich haben uns zusammengesetzt und haben gesagt: 'Wir schmeißen dich raus. Wir haben einen anderen Schlagzeuger gefunden.' Das hat ein bißchen weh getan. Aber wir wissen, daß nichts dergleichen jemals passieren wird. Es ist das gleiche mit einer Ehefrau oder einer Familie. Du kannst den niederschmetterndsten und übelsten Streit haben, aber die Frage nach der Scheidung kommt dir gar nicht in den Sinn. Das ist nicht die Waffe, die du benutzt. Es ist das gleiche mit der Band." Daß er allein die Band so darstellen konnte, lag natürlich auch an dem Interesse der Medien an dem Frontmann. Bei einem Interviewtermin mit der ganzen Band in einer Radiostation verlas Stu Cook eine Werbung, und John erklärte, daß er sauer eingelegtes Gemüse nicht mag. Hinter der Glasscheibe, die das Studio von dem Zuschauerraum trennte, drückten sich einige Fans fasziniert von ihren Stars die Nasen platt. Als der Moderator der Radiostation aus San José Stu Cook bat, die Werbung zu verlesen, wußte er dessen Namen nicht. Stu Cook ignorierte diesen Fauxpas, war aber sichtlich nicht besonders amüsiert. Die Rolle des Interviewpartners blieb wieder John vorbehalten.

Bei einem anderen Interview mit Ralph J. Gleason, das ebenfalls im Radio gesendet wurde, erklärte der noch nicht einmal 25jährige John Fogerty die Philosophie der Band. Aus seinen Worten sprach eine ungewöhnliche Reife. Doch eigentlich war er der einzige, der wirklich solche Gedanken hatte, und so war es nur allzu natürlich, daß er ständig nur von sich sprach, ohne seine Back-up-Band zu erwähnen: „Ich möchte, daß die Menschen wissen, wenn ich etwas ernst meine, und wann ich nur ein Entertainer bin. Außerdem ist es wichtig, daß ich nicht nur die einfachen Instinkte der Menschen anspreche und Dinge sage wie: 'Hey, all ihr Hippies, kommt zusammen und laßt uns Dope rauchen.' Den Leuten wird es gefallen, zumindest bestimmten Teilen der Gesellschaft. Aber ich will nicht, daß die Leute mich dafür mögen. Ich möchte, daß sie ein bißchen mehr über den Tellerrand schauen, statt, 'Hey, wir sind alle zusammen Brüder,' und all diesem Quatsch." John Fogerty machte immer wieder deutlich, daß er aus einfachen Arbeiterverhältnissen stammte und daß für ihn vor allem harte und ehrliche Arbeit zählte. Ein Image, das sich mit den Gedanken der Studentenbewegung seiner Heimatstadt und überall auf der Welt nur schwer verbinden ließ. Er trug keine Blumen im Haar. Statt dessen sah er äußerst skeptisch zu, wie politische Aktivisten, die zumeist aus gutsituierten Verhältnissen kamen, sich mit Joints auf ihren sicheren Polstern ausruhten. Stu Cook hatte als einziges Mitglied von „Creedence" einen familiären Hintergrund, der dem der Studenten glich. Er mochte daher auch die gesellschaftliche Szene, zu der John nie gehören wollte. Doch niemand interessierte sich wirklich für Stu Cook.

Lediglich im europäischen Ausland bemühten sich Reporter, auch den anderen Bandmitgliedern gerecht zu werden. So stellte der britische „New Musical Express" im Juli 1970 jeden einzelnen Musiker von „Creedence" vor. Der Reporter Roy Carr hatte offensichtlich besonders Gefallen an Tom Fogerty gefunden. Doch Carrs Interesse reichte natürlich nicht, um das Image der Band zu verändern, die schon seit zwei Jahren die Hitparaden der Welt dominierte.

John Fogerty sah seine Rolle bei „Creedence Clearwater Revival" vollkommen klar. Jeder sprach damals von „Creedence"-Songs. John selbst hatte diese Formulierung ins Leben gerufen, aber natürlich war das nur ein Synonym für ihn selbst. Es gab keine „Creedence"-Songs. Er hatte alle Lieder geschrieben, und den anderen Mitgliedern der Band beigebracht, wie sie die Titel spielen sollten. „Creedence Clearwater Revival" war ein Kunstprodukt, hinter dem sich John Fogerty verbarg. Seine Mitmusiker waren nur ein sichtbarer Teil dieses Namens, hatten aber praktisch keinen Teil an dem kreativen Prozeß, der den Erfolg der Band begründete. Für John war die „fünfte Person, die sich aus vier Musikern" zusammensetzte, die einzige Möglichkeit sich selbst zu verstecken und seiner Kreativität freien Lauf zu lassen. Tom, Doug und Stu profitierten von der Scheu ihres Frontmannes. Trotzdem erkannte keiner von ihnen, welche Rolle sie wirklich in der Band spielten. Sie wollten nicht hinnehmen, daß es nur ein Genie in der Gruppe gab, das ihnen den Weg an die Weltspitze des Rock'n'Roll geebnet hatte. Schon während sie an „Bayou Country" arbeiteten, gab es zwischen John und der Band eine erste große Konfrontation. Alle wollten im Rampenlicht stehen und einen größeren Anteil an den Entscheidungsprozessen haben. Für John war „Creedence" eine Zeitbombe. „Ich glaube der Anfang vom Ende war fast vor dem Anfang", sagte er 1993 über das langsame Auseinanderbrechen der Band und beschrieb damit zugleich, wie wenig die anderen Bandmitglieder sich mit ihren untergeordneten Rollen identifizierten.

Im November 1969 war bereits die vierte Studio-LP der Band ausgeliefert worden. Problemlos knüpfte sie an den Erfolg der Vorgänger an. Wieder verkaufte sich das Album millionenfach, wie auch die Single „Down On The Corner"/ „Fortunate Son", die als Vorgeschmack auf „Willie And The Poorboys" in die Läden kam. „Ich glaube, ich habe zuerst 'Down on the Corner' gesungen. Erst habe ich den ganzen Background-Gesang aufgenommen, dann die Leadstimme. Als ich zu 'Fortunate Son' kam, war meine Stimme etwas angegriffen. Ich kann das hören. Sie ist nicht ganz so kraftvoll — etwas flach das ganze Stück lang." Kaum war John mit dem Mixen des Titels bei „Wally Heider's" fertig, mußte er los zu den Aufnahmen eines Fernsehspecials für Dick Clark. Dort stellte er den Song noch am gleichen Abend mit seiner Band vor. Ein Auftritt bei Ed Sullivan folgte. „Der ganze Vorgang dauerte ungefähr vier bis fünf Stunden. Heute brauchen die Leute alleine drei bis vier Tage, nur um ein Lied zu mixen", erzählte Fogerty 1988. „Fortunate Son" erreichte Platz 14 und die Rückseite „Down On The Corner" sogar die dritte Stelle. Auch die LP „Willie And The Poorboys" kam auf den dritten Platz. Die Produktivität von John Fogerty innerhalb des Jahres 1969 ließ der Band kaum Zeit zum Aufatmen. Sechsundzwanzig Titel nahm er mit ihr in diesem Jahr auf. Davon waren dreiundzwanzig Eigenkompositionen, zwei Coverversionen und ein Traditional. Auch John fand, daß die Band zu jeder Zeit „an den Grenzen ihrer Fähigkeiten arbeitete". Im Vergleich zu Fogertys Massenproduktion nahmen die etablierten „Rolling Stones" 1969 nur die LP „Let It Bleed" und die Hitsingle „Honky Tonk Women"/„You Can't Always Get What You Want" auf. „Creedence" waren zum wichtigsten Ereignis in der Rockgeschichte des Jahres geworden.

In diesem Jahr hatten sie auch zum ersten Mal genug Geld, um einen richtigen Urlaub machen zu können. Nach einem Konzert auf Hawaii blieb die ganze Gruppe mit ihren Familien auf den Inseln. Zehn Tage lebten Kinder und Erwachsene im Hana Ranch Hotel zusammen. Für alle war es ein einziges großes Freudenfest, das John Fogerty mit seinem Talent möglich gemacht hatte. Die Tage verbrachten sie gemeinsam am Strand oder gingen in Honolulu auf Einkaufsbummel. Jeder Abend wurde zu einer Party. Die Musiker, Roadies und ihre Frauen waren wie eine große Familie. Von den persönlichen Schwierigkeiten, die sich nicht einmal zwei Jahre später einstellen sollten, war an der Oberfläche noch nichts zu sehen. Im folgenden Jahr wiederholte die Band die Reise sogar noch einmal. Keiner dachte daran, alleine durch die Welt zu ziehen. Eine glückliche Zeit für eine Band, die so viele Jahre glücklos gewesen war.

Am 31. Januar 1970 erlebten „Creedence Clearwater Revival" einen der größten Triumphe in ihrer Karriere. Ohne die Hilfe eines Veranstalters hatten sie aus eigener Kraft im Oakland Colliseum ein Konzert vorbereitet. Der ganze Auftritt sollte fürs Radio in Stereo mitgeschnitten werden und auch als Film erscheinen. Das „Welcome Home"-Konzert begann mit einem Auftritt des schwarzen Blues-Sängers Wilbert Harrison. Der Mann aus North Carolina hatte einen großen Hit mit „Kansas City" gehabt. Danach folgten die größten Vorbilder von „Creedence": „Booker T. & The M.G.'s". Mit offenem Mund und voller Ehrfurcht guckten die vier ihrer Vorgruppe zu, mit der sie noch am Tag zuvor in der „Factory" gejammt hatten. Tom fragte seine Mitstreiter fast ängstlich, ob das Publikum tanze, als „Booker T. & The M.G.'s" ihr weltberühmtes „Time Is Tight" spielten. Es schien so, als habe er Angst, daß die Band „Creedence" die Show stehlen könnte.

Doch jetzt warteten alle auf „Creedence Clearwater Revival", die der Ansager mit den Worten ankündigte: „Hier ist eine Gruppe, die in fast jedem Land der Welt eine Nummer-eins-Platte hatte, weil sie jedermanns Sprache sprechen: 'Creedence Clearwater Revival!'" Die vier Musiker traten vor ihr heimisches Publikum. 14 000 Fans und Freunde waren gekommen, um die Band zu feiern. John trat wie immer im Flanellhemd und einer schwarzen Lederhose auf. Doug hatte ein längsgestreiftes schwarz-weißes T-Shirt angezogen. Dazu trug er eine weiße Hose mit Nadelstreifen. Stu Cook hatte braune Cordhosen und ein buntglänzendes Seidenhemd an. Tom trug Bluejeans und ein schlichtes weißes Hemd. Schon nach ein paar Titeln saß im Publikum keiner mehr ruhig auf seinem Platz. Überall auf den Rängen und in den Gängen wurde getanzt. Fast eine Stunde rockte die Band durch ihr brandheißes Programm. Einer der Höhepunkte waren die Stücke der neuesten Single. „Travelin' Band"/ „Who'll Stop The Rain" war gerade erst erschienen. Während „Travelin' Band" konnte man die Musik kaum noch hören. Lediglich John Fogertys Stimme hob sich vom Lärm der tosenden Menge ab.

Nach dem Konzert fand sich die Band nach und nach in der wartenden Stretchlimousine ein. Nur Doug „Cosmo" Clifford ließ auf sich warten. Tom, John und Stu riefen immer wieder nach „Cosmo", doch der kam nicht. In der Zwischenzeit hatte eine junge Frau die Sperren überwunden. Sie guckte durch die offene Tür in den Fond der Limousine und wiederholte ständig: „Kidnap me! Kidnap me!" Sie war betrunken und hatte wohl noch so einige andere Drogen ausprobiert. Jetzt wollte sie unbedingt herausfinden, ob die Stars, die eben noch auf der Bühne gestanden hatten, auch wirklich echt seien. John versuchte, ihr zu erklären: „Jeder, der in irgendwelchen Medien auftaucht, existiert auch in Realität." Während Stu Cook laut nach „Cosmo" rief, gab das Mädchen langsam den Gedanken auf, von seinen Stars gekidnappt zu werden, obwohl es sich wohl Sorgen machte, wie es seinen Freunden die Ablehnung seines eindeutigen Angebotes erklären sollte. Schließlich hielt sie eine Flasche Whisky in das Auto, die sie halb ausgetrunken hatte. Noch einmal lehnte John ab, weil die Band nicht auf diesem „Trip" sei. Für ein Groupie dieser Zeit eine unglaubliche Vorstellung.

Für „Creedence Clearwater Revival" hatte das Jahr 1970 mit diesem großen Konzert und der Single „Travelin' Band"/ „Who'll Stop The Rain" einen großen Auftakt genommen. Jetzt plante die Band ihre erste Europatournee. Im April sollte der Anfang in England gemacht werden. Als „Travelin' Band" den zweiten Platz der Charts erreicht hatte, mußte schnell noch eine Single her, damit „Creedence" mit einem aktuellen Hit auf Reisen gehen konnte. Ein Wochenende lang zog sich John Fogerty in sein Musikzimmer im Dachgeschoß seiner Villa zurück. Als er am Montag in die Factory fuhr, hatte die Band noch eine Woche Zeit, um sich auf die Tournee vorzubereiten. Einen Tag lang probte John die beiden neuen Titel mit seiner Gruppe. Am nächsten Tag nahmen sie „Up Around The Bend" und „Run Through The Jungle" auf. Noch einen Tag brauchte John für die Gesangsparts, dann konnte die Tour beginnen. Auch diese Single wurde zu einem Superhit: „Up Around The Band" landete erneut auf dem zweiten Platz der US-Charts.

„Die Aufnahmen zu 'Cosmo's Factory' dauerten nur eine Woche. 'Willy And The Poorboys' haben wir auch in einer Woche zusammengehabt. Diesmal waren die Aufnahmen wirklich einfach, aber dafür zu sorgen, daß alles zusammenpaßt, war schwieriger. Ich hasse es noch nicht. Normalerweise mag ich unsere Alben schon einen Tag später nicht mehr, weil ich im Zentrum stehe. Dann ist es hart, objektiv zu bleiben." John Fogerty hatte den Gipfel seiner Kreativität erreicht. „Cosmo's Factory", dessen Produktion nicht einmal 5000 Dollar gekostet hatte, war das abwechslungsreichste Album der Band. Er hatte alle musikalischen Elemente der bisherigen Alben kombiniert. Lediglich das Auftaktstück „Ramble Tamble" wurde nicht überall positiv aufgenommen. Darin kritisierte John die Politik Nixons und zweifelte seine Glaubwürdigkeit mit der Textzeile „Actors in the White House" an. Später traf diese Zeile sogar buchstäblich zu, als der kalifornische Gouverneur Ronald Reagan 1980 als Präsident in die Pennsylvania Avenue einzog: ein weiterer politischer Feind John Fogertys.

Auf „Cosmo's Factory" bedankte sich John Fogerty auf seine Art bei einigen seiner größten Vorbilder. Nicht nur, daß er in „Looking Out My Backdoor" den Country-Sänger Buck Owens erwähnte, er nahm auch gleich noch vier Klassiker der Musikgeschichte auf. Seine elfminütige Version des Motown-Hits „I Heard It Through The Grapevine" stand in der Reihe solcher Tanzklassiker wie „Suzie Q." oder „Keep On Chooglin'". Auffallend war aber, daß sich John wieder auf seine Wurzeln in der Rock'n'Roll- und Rockabilly-Ära besann. Gleich als zweites Stück der LP brachte er den Bo-Diddley-Rocker „Before You Accuse Me". Das Lied hatte eine lange Tradition in der Band: „'Before You Accuse Me' ist ein Lied, das wir schon vor Jahren in den Bars gespielt haben, als wir noch die 'Golliwogs' waren. Wir hatten es für die erste Platte aufgenommen, aber ich habe es rausgeworfen, weil ich vom Sound enttäuscht war. Ich wußte, daß wir es früher oder später noch einmal aufnehmen würden." Die Aufnahme des Liedes war nicht alles, was John Fogerty tat, um zu zeigen wie wichtig ihm die Musik Bo Diddleys war. Bei einigen Konzerten in Kanada sang und spielte der Mann aus Texas mit der selbstgebauten rechteckigen „Gretsch"-Gitarre neben der „Ike And Tina Turner Revue" das Vorprogramm für „Creedence Clearwater Revival".

Außer Bo Diddley hatten vor allem die Größen aus Memphis' „Sun Studio" Johns musikalische Entwicklung bestimmt. An dem Gitarrensolo von Roy Orbisons „Ooby Dooby" hatte er sich schon versucht, als der Titel noch im Original in den Hitparaden war. Jetzt sah er die Zeit gekommen, das Rockabilly-Stück selber aufzunehmen. Die vierte Coverversion von „Cosmo's Factory" war der Elvis-Hit „My Baby Left Me". Bei dem Arrangement des Titels hielt sich John sklavisch an die Vorlage des Originals. Der Kritiker des englischen „New Musical Express" fand einen Grund für Johns Aufnahme: „Elvis hat vor kurzem 'Proud Mary' aufgenommen, also hat John das Kompliment zurückgegeben, indem er eine der frühen Sun-Aufnahmen des Kings wiederbelebt hat. Dabei ist es interessant festzustellen, daß John einen viel besseren Job mit Elvis' Lied erledigt hat als Presley mit dem Fogerty-Hit." John hatte „My Baby Left Me" allerdings schon einmal für das Album „Green River" aufgenommen und dann wieder verworfen, weil ihm der Titel zu ähnlich seinem eigenen Song „Bad Moon Rising" war.

Mit der Singleauskopplung „Looking Out My Backdoor"/ „Long As I Can See The Light" konnte John Fogerty nicht nur noch einmal einen Titel auf den zweiten Platz der Charts bringen, er hatte „Creedence" mit „Long As I Can See The Light" auch noch neue musikalische Türen geöffnet. Zum zweiten Mal nach „Travelin' Band" spielte er ein Saxophonsolo, das in der Tradition der „Memphis Horns" und der Bläsersätze bei Fats Domino stand.

John hatte erkannt, daß die Band eine musikalische Weiterentwicklung dringlich brauchte. Sonst bestand die Gefahr, gleichermaßen vom Publikum und den Kritikern, in die Retro-Schublade gesteckt zu werden. Das Fender Rhodes Klavier hatte John zwar auch schon auf „Green River" eingesetzt, doch die ganze Begleitung von „Long As I Can See The Light" deutet eine neue Vielfalt an. „'Long As I Can See The Light' ist bei weitem mein Lieblingsstück auf dem Album. Ich glaube es ist das beste Stück, das wir je aufgenommen haben und möglicherweise je aufnehmen werden. Es ist wirklich anders. Johns Saxophonspiel haut mich wirklich um", bekannte Tom Fogerty. Doug Clifford hatte ein anderes Lieblingsstück auf der neuen Platte: „'Looking Out My Backdoor' ist zur Zeit mein Favorit. Es ist ein Country-Stück, aber sehr positiv. Ich mag fröhliche Lieder. Der Taktwechsel am Ende und Johns Dobro unterscheiden es sehr stark von allen anderen Country-Nummern, die wir je gemacht haben." „Looking Out My Back Door", das zeitgemäß als eine Drogen-Country-Ballade aufgefaßt wurde, brachte mit der Dobro erstmalig ein weiteres Instrument ins Spiel. Zwar war die metallene Gitarre bereits auf dem Cover von „Green River" zu sehen gewesen, gespielt aber hatte John sie noch nicht.

Endlich waren auch die meisten Kritiker ungeteilt positiv gestimmt. Sogar der „Rolling Stone" hatte seinen Frieden mit der liebsten Rockband der Amerikaner gemacht: „Es ist ein weiteres verdammt gutes Album von einer Gruppe, die noch lange erhalten bleiben wird." Leider irrte sich der Autor John Grissim mit dem zweiten Teil seiner Abschlußbemerkung. „Creedence Clearwater Revival" waren zwar zu neuen Ufern aufgebrochen, doch der Aufbruch wurde zu einer Bewährungsprobe, die die Band nicht überstand. „Pendulum", die letzte Platte, die sie als Quartet einspielten, erschien im Dezember desselben Jahres. Auf „Pendulum" gab es keine weiteren Coverversionen von Stücken aus den Fünfzigern, statt dessen experimentierte die Band mit völlig ungewohnten Klängen. Nur das Auftaktstück „Pagan Baby" war eine typische „Creedence"-Nummer, wenngleich sie mit sechseinhalb Minuten zur Auskoppelung als

Single ungeeignet war. Bei „Sailor's Lament", dem zweiten Stück der LP, gab es einen Background-Chor, der wie ein Frauenchor klang. Das Saxophon war wieder wie bei „Long As I Can See The Light" das Leadinstrument. Außerdem bestimmte ein elektrisches Klavier den neuen Klang der Band. Auf „Chameleon" spielte John gleich ganze Bläsersätze ein. Das Stück klang eher nach einer milden Funk-Nummer von James Brown, als nach einem Rock'n'Roll à la Little Richard. Zwar war John Fogertys Stimme unverwechselbar, doch das Album war vom Sound einer Hammond-B3-Orgel geprägt wie sie Booker T. spielte. Die Qualität der Produktion und der Arrangements war nahezu perfekt. „Molina" war noch einmal eine Reminiszenz an die vergangenen Tage des Rock'n'Roll. Den größten Hit der LP, „Hey Tonight", erklärte die Band einstimmig zu ihrem „'Beatles'-Lied", während sich Doug Clifford und Stu Cook später öffentlich von der abschließenden Experimental-Instrumental-Nummer „Rude Awakening #2" distanzierten. „Pendulum" war die letzte „Creedence"-LP, die John Fogerty noch als echtes Album der Band bewertete. „Mardi Gras", die über ein Jahr später erschien, ebenso wie die eigenmächtig 1975 von Saul Zaentz zusammengestellte „Golliwogs — Pre Creedence"-LP und sämtliche Live-Veröffentlichungen zählt John Fogerty nicht zu den Ergebnissen seiner Arbeit mit „Creedence Clearwater Revival".

DAS WUNDER VON WOODSTOCK

MAX YASGURS FARM, BETHEL, N.Y.

Die Tickets waren simpel und ließen auf nichts Spektakuläres schließen. Schlicht weiß, verziert mit roten Abbildungen von Mond und Sternen, berechtigten sie für acht Dollar pro Tag zur Teilnahme an der „Woodstock Music und Art Fair" – von Freitag, dem 15. August, bis Sonntag, dem 17. August 1969. Drei Tage auf den Wiesen von Max Yasgurs Farm in Bethel (New York), die als das „Woodstock Festival" Geschichte wurden und sich schon bald zu einem der großen Mythen des 20. Jahrhunderts entwickelten. Die von Bekifften bevölkerten Matschwiesen im Staat New York ließen sich im nachhinein wunderbar als Gegenwelt zu den Schlachtfeldern im Mekong-Delta hochstilisieren: Friedlich vereinte Jugendliche demonstrierten mit Sex, Drogen und Rock'n'Roll gegen die kriegstreibende ältere Generation.

Von den rund 500 000 nach Bethel gepilgerten Rock-Fans hatte nur ein Bruchteil eine der Eintrittskarten gekauft, die Nachricht von dem dreitägigen Spektakel reichte, um einfach loszufahren. Es war ein Wunder, daß es nicht zu Panik und Chaos kam. Schon Meilen vor Bethel verstopften abgestellte Wagen die Straßen der hügeligen Landschaft. Dabei zu sein bedeutete alles, auch wenn die auftretenden Bands von den wenigsten gehört und gesehen werden konnten. Wer dabei war, würde für den Rest seines Lebens den Nimbus haben, einer der Woodstock-Generation zu sein. Auch, wer als Musiker auf der Tribüne dabei war, wurde durch den Namen Woodstock geadelt.

Schon wenige Tage, nachdem die abziehenden Massen die zerfurchte Gegend wieder sich selbst überließen, ließ sich absehen, wer das Geschäft seines Lebens machen würde: nicht der Veranstalter, der zuwenig Eintritt kassierte, nicht Max Yasgur, der sein Farmgelände zu billig vermietet hatte. Das große Geld bekamen die Firmen, die sich die Rechte an dem Woodstock-Film und der Woodstock-Platte sicherten. Mit einem Schlag wurde Woodstock ein die Welt faszinierendes Phänomen. Film und Platte trugen die Botschaft der neuen Jugendbewegung bis in die letzten Winkel der Erde. „Woodstock — Three Days Of Love And Music" wurde 1970 mit dem Oscar für die beste Dokumentation ausgezeichnet. Und wer in dem Streifen sang und spielte, hatte optimale Aussichten, in den siebziger Jahren zum Superstar aufzusteigen. Der Film mit seinen Bildern von „love" und „peace" demonstrierte ein ansteckendes Lebensgefühl, von dem die Musiker des Festivals profitierten. Joe Cocker, Jimi Hendrix, The Who, Crosby, Stills, Nash & Young verkauften nicht zuletzt durch die Woodstock-LP in den nächsten Monaten ihre eigenen Alben in Massen.

Die Woodstock-Platte, der Woodstock-Film, die Berichte in den Medien — alles zusammen ergab die Legende von Woodstock. Eine Legende, in der „Creedence Clearwater Revival", die Band, die als der Höhepunkt des Festivals gebucht war, keinen Platz fand.

„Das Blut, das durch deine Adern fliesst"

Die erfolgreichste amerikanische Band des Jahres 1969 spielte in Woodstock am zweiten Tag nach „Grateful Dead" — der ausgeflipptesten Band Amerikas. „C.C.R." waren wegen der Aussichtslosigkeit, auf den Straßen durchzukommen, mit einem

Hubschrauber eingeflogen worden. Es war schon dunkel, es regnete, wer konnte, verkroch sich in seinen Schlafsack. „'Creedence' hatte das Privileg, auf 'Grateful Dead' um 2 Uhr 30 morgens zu folgen", beschreibt Fogerty die Situation, in der sich die Band befand. „'Creedence' war zu der Zeit das Heißeste, was es auf der Welt gab. Und wir waren wirklich bereit zu rocken. Und wir warteten, warteten und warteten und waren schließlich dran, und meine Reaktion war: 'Wow, wir kommen jetzt nach der Band, die eine halbe Million Leute eingeschläfert hat!'"

Der Journalist Paul Williams („Crawdaddy") hatte vom „Playboy"-Magazin den Auftrag für eine „Woodstock"-Reportage, die dann nicht veröffentlicht wurde. Seine später herausgebrachten Notizen überliefern die Zeitstimmung und die Atmosphäre, in der John Fogerty, Tom Fogerty, Doug Clifford und Stu Cook auf dem Festival auftraten.

„Ich stand also an der Bühne und schaute mir diese vier Musiker an, die im Augenblick wahrscheinlich meine liebste Rockgruppe sind. Ich strenge mich an, jeden dieser Augenblicke in mich aufzusaugen. 'If you get lost, come on home to Green River…' Ich wünschte, es gäbe Worte, die beschreiben könnten, wie sich die Musik in meinem Kopf anhörte. So eine Sprache würde ich liebend gerne sprechen. Creedence scheinen sich immer treu zu bleiben. Sie sind selbstsicher und scheinen auch angesichts dieser großen Menschenmenge unerschrocken. Sie landen Hits, mit kritischen Kommentaren. Sie sprechen durch ihre Instrumente miteinander. Was man dann hört, ist Creedence pur. Gestalt. Das Geräusch, wenn vier Menschen gleichzeitig reden. Die Tatsache, daß vor deinen Augen eine andere Welt existiert, die nicht Teil deiner Welt ist, dir aber diese Freiheiten anbietet. Auch du kannst wissen, wer du bist. Ich bin wie du, ich bin anders als du, wie wir uns ähneln. Du kannst genau so echt du werden, wie ich dir erscheine. Weil wir verschieden sind, ergibt es einen Sinn, daß wir es beide sind. Wenn man sich mit Creedence stark genug identifiziert, wird man feststellen, daß sie gar nicht da sind. Sie sind lediglich das Blut, das durch deine Adern fließt. Hör ihnen lang genug zu, und du wirst alles über Wellen, Rhythmen, Identitätstransmission, Kommunikation und die Summe der Quadrate auf den beiden anderen Seiten erfahren. Die Stunde, die ich voll auf Creedence konzentriert verbrachte, war für mich mindestens so lang, wie das Festival high war."

Der Stil der Reportage läßt darauf schließen, daß auch Williams high war. Seine Wortwahl hätte besser zu einer der psychedelischen Bands gepaßt. Vergleichsweise nüchtern beschreibt er, wie „C. C. R." ihm noch ein zweites Mal den Rausch verschaffte, den er sich von Woodstock erhofft hatte: „Als ich meinen Kopf herausstreckte, regnete es nicht mehr so stark. Ich sah, daß der Hügel noch voller glücklicher Menschen war. Die Roadies ließen Bayou Country von Creedence auf einem Plattenspieler spielen. Es war viel zu naß, um die große Anlage zu benutzen. Dafür stimmte das Publikum mit ein, alle begannen zu klatschen und zu singen, mit Steinen gefüllte Dosen zu rütteln, Tamburine und Rasseln rhythmisch einzusetzen. Als die Platte vorbei war, ging die Stegreifmusik weiter, und die Stimmung stieg weiter an."

„Könnt ihr mich hören?"

Was die Woodstock-Besucher, die noch nicht von „Grateful Dead" in den Schlaf gespielt worden waren, von „Creedence Clearwater Revival" zu später Nachtstunde mitbekamen, beschränkte sich größtenteils auf John Fogertys Stimme und Gitarre und Doug Cliffords Schlagzeug. „Wir haben hier oben eine Menge Probleme, aber ich bin sicher, daß ihr darüber nichts hören wollt", informierte der Bandleader das Publikum, und nach fast jedem Stück kam seine verzweifelte Frage: „Könnt ihr mich hören?" Nach dem

Konzert erzählte er, wie frustrierend das Erlebnis für ihn war: „Ich rocke, rocke und schreie, und nach drei Liedern gucke ich durchs Rampenlicht und sehe rund fünf Reihen von Körpern, alle miteinander verschlungen, alle schlafen, alle sind stoned und schlafen. Egal, was ich machte, sie waren hinüber. Das war wie eine Szene von Dante, lauter Körper aus dem Inferno ineinander verschlungen, schlafend, mit Matsch besudelt."

Ein Ruf aus der Dunkelheit ermutigte ihn schließlich weiterzumachen: „Diesen Moment werde ich nie in meinem Leben vergessen. Etwa eine Viertelmeile entfernt in der Dunkelheit läßt ein Typ sein Feuerzeug aufflackern, und ich höre seine Stimme in der Nacht: 'Mach dir keine Sorgen, John, wir sind bei dir!'" Trotz der schlechten Akustik stellte Fogerty mit „Bad Moon Rising" klar, daß er der beste Rock'n'Roll-Sänger der Zeit war. Mit seiner Gibson-Gitarre machte er keine Konzession an den Zeitgeschmack, sondern spielte puren Rockabilly. Anders bei „I Put A Spell On You" — da ließ er die Rickenbacker-Gitarre aufkreischen, wie es das Publikum sonst von Jimi Hendrix gewohnt war. Auch in der Kleidung war die Band nicht auf Flower-Power eingestellt. John trug eine braune Lederweste zum tiefblauen Hemd, und Doug saß mit einem Micky-Maus-T-Shirt hinter dem Schlagzeug.

Die Band spielte elf Stücke, das Live-Programm, das sie Ende der sechziger Jahre üblicherweise zum besten gab. Zum Schluß brachte Stu Cook noch ein Baß-Solo bei „Suzie Q.", das völlig deplaziert wirkte. Doch das Publikum war zu diesem Zeitpunkt bereit, alles hinzunehmen. Aufnahmen des Auftritts machten später als Bootleg die Runde. Daß sie nicht auf die offiziellen Woodstock-LPs kamen, bewirkte Manager John Fogerty — künstlerisch eine kluge Entscheidung, kommerziell eher eine Katastrophe.

Für die Nachwelt

Ahmet Ertegun, Chef des „Atlantic"-Labels, kann nicht geahnt haben, welchen Coup er landete, als er sich die Plattenrechte an dem geplanten Festival im Staat New York sicherte. Zwar war zu hoffen, daß sich die Teilnehmer des Events eine LP als Souvenir kaufen würden, aber mehr als 50 000 Interessenten wurden nicht erwartet. Vom eigenen Label standen nur die Newcomer Crosby, Stills, Nash and Young auf dem Programm. Für die restlichen Acts mußte in langwierigen Verhandlungen von ihren Plattenfirmen die Freigabe eingeholt werden. Damit das leichter vonstatten ging, überzeugten Ahmet Ertegun und Jerry Wexler die Manager der Künstler davon, daß es für ihre Klienten nachteilig sein würde, nicht auf diesem Dokument verewigt zu werden. Das zog — nur „The Band", Janis Joplin und „Creedence Clearwater Revival" blieben draußen.

Aus der Sicht seiner Mitstreiter Stu Cook und Doug Clifford hat John Fogerty in dieser Zeit in wirtschaftlicher Hinsicht keine glückliche Hand gehabt. Die Entscheidung, den von technischen Schwierigkeiten überschatteten Auftritt nicht zu veröffentlichen, war aber künstlerisch begründet. In seinem Bestreben, das musikalische Erscheinungsbild der Band zu perfektionieren, mußte ihm schon die Vorstellung davon ein Grauen sein — so wie die später von „Fantasy" auf den Markt geworfenen Live-LPs. „Ich wollte Elvis sein. Als wir nach Woodstock kamen, hatte ich das Gefühl, daß wir die Nummer-eins-Band waren. Und obwohl wir an diesem Wochenende den Durchbruch zu Superstars schafften, hätte man das den Aufnahmen nicht angemerkt. Es war ein historischer Moment der 'Creedence'-Laufbahn. Und auch wenn die anderen drei ihn veröffentlichen wollten, sagte ich nein. Woodstock zeigte uns in einem ungünstigen Licht." Hätte John die akzeptabelsten Aufnahmen für „Atlantic" freigegeben, hätte das allerdings mit Sicherheit weniger dem Image der Band geschadet als seine Weigerung, „Creedence

Clearwater Revival" im Film und auf der Platte erscheinen zu lassen. So fehlt für die Nachwelt Woodstock in der Reihe der Highlights, die John Fogerty mit seiner Band erreichte.

In der Festschrift „25 Years. A History Of Atlantic Records" ist nachzulesen, welche Bedeutung schon 1973 dem Festival und seiner Vermarktung gegeben wurde: „Ein Meilenstein für die Plattenindustrie wurde 1971, als Atlantic das Dreifach-Album 'Woodstock' veröffentlichte, das Live-Auftritte von dem meist beachteten Rock Festival brachte. Dieses alles Vorhergehende in den Schatten stellende Package wurde zum bestverkauften Live-Rockkonzert-Album, das es je gab, und startete einen völlig neuen Trend im Busineß." Die Trend-Band des Jahres 1969 hatte zuvor auf dem Denver Pop Festival, dem Newport Pop Festival in Northridge (Kalifornien) und dem Atlanta Pop Festival gespielt. Sie hatte das Glück, auch in Woodstock dabei gewesen zu sein, und das Pech, die Bedeutung nicht erkannt zu haben. Daß sie mit 10 000 Dollar eine für die damalige Zeit ungeheure Gage kassierte, ist unter diesen Umständen nur ein schwacher Trost.

Auf der „Woodstock"-CD, die das Festival noch in den neunziger Jahren als weltbewegendes Ereignis vermarktet, ist der „Creedence Clearwater Revival"-Auftritt zum erstenmal verewigt. Saul Zaentz hat mittlerweile das Recht, mit dem Band-Material zu machen, was er will. Und er tut es. Allein über die Filmrechte konnte John Fogerty noch mitbestimmen. Er legte sein Veto ein. Er hat von Woodstock ein Bild, das er selbst als zynisch bezeichnet, das aber sicherlich realistischer ist, als die Legende vom gesellschaftsverändernden Aufbruch der „Love and peace"-Generation: „Die Woodstock-Generation – ja, großartig! 50 Meilen Verkehrsstau. Nichts zu essen, kein Wasser. Kein Schlaf. Kein Dach über dem Kopf. Dauerregen, schlafen im Schlamm. Klasse, Mann. Großartige Party. Wen hab' ich letzte Nacht gesehen? Ich war stoned! Hab' ich vergessen…"

EUROPA-TOURNEE '70

„TRAVELIN' BAND"

Am 7. April 1970, einem Dienstag, landete der Transworld Airline Jet mit der Flugnummer TW 760 aus San Francisco auf dem Londoner Flughafen Heathrow. Es war morgens um halb elf. Die vier langhaarigen Amerikaner, die an Bord der Maschine eher wie Monteure einer texanischen Ölfirma wirkten, wurden in England wie Superstars empfangen. John, Tom und Stu trugen Jeans, Cowboystiefel und Arbeitsjacken. Allein Doug hatte sich Bügelfaltenhose, Schnürschuhe und einen Ledermantel angezogen — was ihm, auch durch seinen Vollbart, die Anmutung eines Allen-Ginsberg-Doubles gab. Noch während die Bandmitglieder ihre Instrumente und Koffer durch die Zollkontrolle brachten, gab John Fogerty schon das erste Interview. Roy Carr vom „New Musical Express" hatte „Creedence Clearwater Revival" am Gate abgeholt und heftete sich von diesem Moment für die Dauer der „Travelin' Band"-Europa-Tournee an ihre Fersen, bis sie drei Wochen später von Paris aus wieder nach San Francisco zurückflogen.

Die Band hatte vor den beiden Auftritten in der Royal Albert Hall am 14. und 15. April eine Woche Zeit. Zwei Termine in Rotterdam und Essen waren auf den 11. und 12. April gelegt. Der britische Veranstalter und die Plattenfirma „Liberty", bei der die „C.C.R."-Hits in England erschienen, luden die Presse zu einer „Welcoming Party" auf einem Themse-Schiff ein. Die „most important group in America" fuhr vom Britannia Hotel in einer Phalanx schwarzer Limousinen zum Anleger. John, Tom, Doug und Stu genossen die Aufmerksamkeit, die sie erregten, wo immer sie in London auftauchten. Auch zu diesem Anlaß trugen sie wieder ihre Arbeitskleidung: bunte Hemden, Jeans oder

Lederhosen und Boots – so wie sie bei ihrer ersten Europa-Tournee überall auftraten. In England hatte die Musikpresse schon 1969 seit dem Erfolg mit „Proud Mary" die Stimmung angeheizt und immer wieder gefragt: „Wann kommen 'Creedence Clearwater Revival' zu uns?" Kein Wunder, daß die Royal Albert Hall ausverkauft war. Aber bevor die Band hier ihre legendären Auftritte absolvierte, spielte sie sich erst mal auf dem Kontinent warm. Denn London hatte einen ganz besonderen Stellenwert, „extra special", wie John sagte. Das Konzert sollte von der BBC mit Fernsehkameras aufgenommen werden. Und Tom ergänzte, was die vier wirklich bewegte: „All die Jahre habe ich ein Plakat an der Wand gehabt, das für ein Beatles-Konzert in der Royal Albert Hall Werbung machte. Ich hätte nie gedacht, daß auch wir eines Tages hier spielen würden!" Für die Kalifornier galt der Veranstaltungsort im Land der „Beatles" und „Rolling Stones" als geheiligte Halle. Wenn sie es hier schaffen würden, hätten sie denselben Nimbus wie die „Fab Four". Um nicht unbescheiden zu wirken, schränkte John ein: „Natürlich können wir nicht hoffen, die Bedeutung der 'Beatles' zu übertreffen. Das kann niemand. In den Staaten sagt man, wir seien der Übergang zwischen den 'Beatles' und den nächsten 'Beatles' – wer immer das sein mag. Wir erleben jetzt, was bei den 'Beatles' tausendfach geschah: Nachdem wir in Amerika eine unheimliche Popularität gewonnen haben, schaffen unsere Platten jetzt den Durchbruch auf den bedeutenden Märkten der ganzen Welt." Schon damals waren Japan, England und Deutschland neben den USA die größten Märkte für Popmusik. Zum erstenmal gelang es dem amerikanischen Musikbusineß in diesen Jahren, den Trend der Zeit wieder umzukehren. Die „britische Invasion" verlor an Kraft, so daß Gruppen wie die „Band", „Chicago", „Creedence Clearwater Revival" und „Simon & Garfunkel" wieder die US-Variante des Pop nach England exportieren konnten. Als „C.C.R." in die Royal Albert Hall einzogen, ließ ihr „Travelin' Band" in Großbritannien die „Beatles" mit „Let It Be" in den Charts hinter sich. Und in den USA standen die „Beatles" zwar noch auf Platz eins, aber das neu veröffentlichte „Up Around The Bend" war auch hier auf dem Weg nach oben.

In Rotterdam, wo im Hilton Hotel eine Pressekonferenz angesetzt war, mußte die Band als erstes feststellen, daß die holländischen Journalisten längst nicht so vertraut mit ihrer Geschichte waren wie die Engländer. Auch die Party, die anschließend in einer Diskothek im Hotel gefeiert wurde, brachte John, Tom, Doug und Stu nicht mehr ein als dicke Köpfe vom Lager-Bier und Bacardi – und eine überhöhte Rechnung. Kompensation bedeutete die Begeisterung der Fans, die — vor allem im zweiten Konzert — in den Gängen der Doelen Halle tanzten und der Band Tulpen und Nelken auf die Bühne warfen. Zum Schluß kletterte das Publikum auf die Bühne, um bei „Keep On Chooglin'" mit den Musikern Abschied zu feiern. Die hatten allerdings noch eine Rechnung zu begleichen. Nach dem Konzert stürmten sie in die Diskothek des Hilton, wo sie den Wirt, der ihnen zuviel Geld abgeknöpft hatte, so lange mit Bier abfüllten, bis er nur noch auf allen vieren kriechen konnte.

Begeisterung trotz Durbridge

Für die jungen Kalifornier war Europa eine völlig fremde Welt. Gab ihnen in England die fast identische Sprache noch eine gewisse Vertrautheit, fehlte ihnen auf dem Kontinent diese gemeinsame Basis. In London konnten sie davon ausgehen, daß es mehr Verbindendes als Trennendes gab. Besonders im Musikgeschäft waren seit der „britischen Invasion" die Gegensätze geschrumpft. Sogar die nationalen Hitparaden ähnelten sich wieder mehr und mehr. Und John Fogerty erwartete zu Recht, daß die Journalisten wußten, wovon er sprach, wenn er seine Bewunderung „für die großen Blues- und Rock-Stars wie Howlin' Wolf, Carl Perkins, Little Richard und Buddy Holly" ausdrückte. Aber auf dem europäischen Festland sah die Welt völlig anders aus. Vor allem wie „Creedence" die Deutsche Bundesrepublik erlebten, läßt vermuten, daß sie hier einen mittleren Kulturschock erlitten. Nach einem kurzen Flug von Amsterdam nach Düsseldorf wurde die Band am Flughafen von Polizisten mit Maschinenpistolen begrüßt. Die rasende Fahrt zur Gruga-Halle in Essen (Stu Cook: „Eine der schlimmsten Autofahrten, die wir je erlebten!") endete am falschen Eingang, wo begeisterte Fans sich auf den Wagen stürzten und ihn bedrohlich ins Wanken brachten. In Panik floh der Fahrer und ließ die Band in der Limousine zurück. Den Stars des Abends blieb nichts anderes übrig, als es ihm gleichzutun und zum Bühneneingang zu spurten. Tom Fogerty: „Auf der einen Seite Tausende von Fans, die auf uns zu stürmten, auf der anderen Seite ein Polizist mit Schäferhund." Der versperrte — Pflicht ist Pflicht — den Eingang und ließ niemand hinein, der so abgerissen wirkte wie die Band. Tom und Stu mußten ihn schließlich zur Seite heben, damit sich „Creedence Clearwater Revival" in die Halle ihres Auftritts flüchten konnten.

Doch der nächste Schock wartete schon: Die Gruga-Halle wurde eingedenk der Krawalle, die zu Bill-Haley- und „Beatles"-Zeiten üblich waren, von Polizisten in grünen Ledermänteln, mit Helmen und Schlagstöcken gesichert. Zur Unterstützung hatten sie Hundeführer mit Schäferhunden angefordert. Ein Photograph, der keinen Presseausweis dabei hatte, wurde trotz der Proteste eines PR-Mannes der Band abgeführt. Fans, die während des Konzerts aus der Reihe tanzten, stieß die Polizei brutal wieder zurück. John Fogerty beobachtete das Treiben von der Bühne: „Die sollten wohl für Ordnung sorgen und so'n Quatsch. Aber sie waren diejenigen, die bedrohlich wirkten." Der Engländer Roy Carr fühlte sich sogar an die vierziger Jahre erinnert, und für die Bandmitglieder, die sich in Kalifornien gegen jede Militarisierung der Gesellschaft gewandt hatten, sah alles nach Polizeistaat aus. Niemand sagte ihnen, daß die bürgerkriegsähnliche Bewaffnung der Grenzpolizisten am Flughafen nicht ihnen galt, sondern sich durch die erhöhte Alarmbereitschaft im Vorfeld der Terroranschläge von Baader-Meinhof erklärte.

Die „Westdeutsche Allgemeine" sah in ihrem Konzertbericht auch keine besonderen Vorkommnisse. Was sie eher verwunderte: „Trotz Durbridge-Krimi zog die 'Travelin' Band' immerhin fast 4000 Fans an." Im Fernsehen lief an diesem Sonntagabend der dritte und letzte Teil des Durbridge-Films „Wie ein Blitz", was zu jener Zeit viele Jugendliche noch bewog, abends zu Hause zu bleiben. Die Show in der Gruga-Halle wurde von Wilbert Harrison eröffnet, der als One-Man-Band mit Gitarre, Mundharmonika und Schlagzeug den Leiber-Stoller-Klassiker „Kansas City" und seinen aktuellen Hit „Let's Work Together" vortrug. Harrison, der schon bei dem Oakland-Konzert dabei gewesen war, gehörte genauso zum Troß der Band wie Fantasy-Boß Saul Zaentz und Fogerty-Bruder Bob, der die Tournee fotografierte. „C.C.R." waren für eine 60-Minuten-Veranstaltung gebucht. Der „WAZ"-Kritiker stoppte ihre Zeit: „John Fogerty, Doug Clifford, Tom Fogerty und Stu Cook schafften ihr Non-Stop-Programm in kürzester Zeit – instrumental perfekt, gut aufeinander eingespielt, eben wie echte Profis. Da blieb kein Gedanke an Zugaben, wie sie einige Fans forderten. Sie hatten ihr Vertragssoll erfüllt. Eine starke, eine perfekte Band. Aber wie gesagt: 50 Minuten Rock."

Informationen über die Band waren in Deutschland bis zu diesem Zeitpunkt spärlich. Immerhin hatte die „Zeit" zwei Monate vor der Europa-Tournee das Album „Willie And The Poorboys" zur Kenntnis genommen. „Vor einem Jahr", befand Franz Schöler, „hätte sich doch niemand träumen lassen, daß die Vitalität des Rock'n'Roll der fünfziger Jahre so glorreich wieder auferstehen würde. Aber das Undenkliche geschah." Das „Zeit"-Urteil über die Platte: „Mit Sicherheit eines der fünf besten Rockalben, die 1969 erschienen sind." Aber es fehlte bei uns eine Musikzeitschrift wie „Rolling Stone", „New Musical Express" oder „Melody Maker", die sich ernsthaft der Band hätte annehmen können. „Sounds" war ein Insider-Blatt für Jazz-Anhänger mit einer verschwindend geringen Auflage. Und „Bravo" erfüllte diese Funktion nicht. Allein „Twen" bemühte sich, den Erwartungen der Jazz-, Blues- und Rockfans gerecht zu werden. Rechtzeitig zu der

Tournee brachte die Zeitschrift im Februar einen fünfseitigen Farbbericht über die Musiker und stellte „The Best of Creedence Clearwater Revival" als „Twen"-Platte mit Klappcover und Poster vor. Das Cover der Platte zierte eine graublau gehaltene Grafik, die die Köpfe der vier in einem Sumpf versinkenden Musiker darstellt. Das Schwarzweiß-Poster zeigt ein noch verwirrenderes Bild: In Anlehnung an Doug Cliffords Spitznamen „Cosmo" ist ein mit Gestirnen gefüllter Kosmos gezeichnet, in der Mitte Cliffords Kopf als Verlies, aus dessen vergittertem Fenster John schaut. Über allem thront die Band. Erst nach dem Berliner Konzert veröffentlichte auch der „Spiegel" im Mai einen zweispaltigen Artikel über die „'Creedence Clearwater Revival'-Band".

ROYAL ALBERT HALL

Da hatten inzwischen die viel beachteten Auftritte in der „Royal Albert Hall" stattgefunden. Roy Carr fühlte sich an die Blütezeit der „Beatles" und der „Stones" erinnert, nur daß der frenetische Beifall „viel ehrlicher wirkte und nicht nur wie Fan-Hysterie. Ich kann mich nicht daran erinnern, wann ich in London je gesehen habe, daß ein Publikum einer Gruppe so lange und ehrliche Ovationen spendete. Sie übertrafen die von Cream und Led Zeppelin". Im Mittelpunkt der Bühne stand der riesige Kustom-Verstärker, davor die Band in ihrer Straßenkleidung. John, in schwarzer Lederhose und kariertem Hemd, eröffnete mit „Born On The Bayou" und „Green River". Die Darbietung von „Tombstone Shadow" ließ den Funken zwischen Publikum und Band überspringen, so daß die ersten Klänge von „Travelin' Band" ausreichten, um die begeisterten Zuhörer von den Plätzen springen zu lassen. Ein Medley aus „Fortunate Son" und „Commotion" folgte. Weitere Höhepunkte: „Midnight Special", „Proud Mary" und „The Night Time Is The Right Time". Wie immer zu dieser Zeit schloß die Band mit einem ausgedehnten

„Keep On Chooglin'", bei dem John zur Mundharmonika griff. Die Standing Ovation erlebten die vier nach fünfundsechzig Minuten in der Garderobe. „Die Leute könnten glauben, daß wir ein bißchen zu cool sind, weil wir nicht für ein Encore zurückkommen", kommentierte Doug Clifford, „aber wir bauen alles zu einem Höhepunkt am Schluß auf. Und mal ehrlich: Was hätten wir nach 'Keep On Chooglin' noch spielen können? Wenn wir danach zurückgekehrt wären, hätten wir sie enttäuscht!"

So blieben sie die „Greatest Rock and Roll Band in the World" („New Musical Express"), und bei der ersten Bierdose nach dem Auftritt sagte John stolz: „Man mag uns alle möglichen Etiketten anheften und versuchen, uns in Kategorien einzuordnen, aber wir sind eine Rock'n'Roll-Band." Die hohen Erwartungen, die die Band mit der Royal Albert Hall verbanden, waren in Erfüllung gegangen. Aber die Strapaze stand ihnen ins Gesicht geschrieben. „Dies war einer der schwersten Tage in meinem ganzen Leben", erklärte John Fogerty, während die Zuschauer in der Halle noch brüllten und trampelten, „für mich bedeutete das nämlich, daß ich heute Manager, Songschreiber, Sänger und Musiker in einem sein mußte. Das war wirklich hart!" Aber es hatte sich gelohnt: „Sie spielten mit einer unglaublichen Präzision und Klarheit", urteilte der „Melody Maker" in seiner Kritik, „John Fogerty spielte alle seine Gitarrenläufe, die gerade wegen ihrer Einfachheit soviel Power hatten. C.C.R. macht Musik, die alle Geschmacksgrenzen und Kulturbarrieren überschreitet. Ursprünglicher Down-home-Rock, der jeden anspricht, der eine Seele hat, die gerührt werden kann, Hände zum Klatschen und Füße zum Trampeln."

Der nächste Termin in Stockholm war für die Band so etwas wie ein Heimspiel. All ihre Singles waren dort Hits geworden, und das Publikum fieberte „Creedence Clearwater Revival" entgegen. Allerdings hatte der Veranstalter hier eine Chance gesehen abzusahnen und die höchsten Eintrittspreise der ganzen Europa-Tournee genommen. Die Band entschuldigte sich bei den Fans und erklärte, selbst reingelegt worden zu sein. Auch das Foresta Hotel entsprach nicht ihrer Erwartung: Der Hotel-Manager untersagte die geplante Party in seinem Haus. Wie Teenager setzten sich die Amerikaner zusammen und schmiedeten einen Plan, den sie „Aktion Choog Lin" (nach ihrem Stück „Keep On Chooglin'") nannten. Einziges Ziel des Geheimplans: am nächsten Abend Alkohol ins Foresta zu schmuggeln, was auch gelang und die gewünschte Orgie ermöglichte. Die Nacht vor dem Konzert brachten sie im „Alexandra Club" der schwedischen Hauptstadt zu. John hatte von dem schwedischen Label-Vertreter die dort auf „Liberty" erschienene Single „Up Around The Bend" bekommen und spielte sie Roy Carr morgens um drei vor. „Warte, bis du die Rückseite gehört hast", wehrte er jeden Kommentar ab und legte „Run Through The Jungle" auf — „das beste Stück, das wir bisher aufgenommen haben". Auch am Abend des Auftritts in der „Tennis-Halle" brachte John sein „neues Baby" wieder mit in den „Napoleon Club", wo Tom den Diskjockey ablöste und seine Lieblingsplatten von „Booker T. & The M.G.'s", Otis Redding und Wilson Pickett auflegte. Und John interpretierte in der Runde, was „Up Around The Bend" für ihn bedeutete: „Mit dem Song kann sich jeder identifizieren, er klingt nach Sommer, und der Refrain drückt aus, daß hinter der nächsten Ecke bessere Zeiten warten. Man muß sich nur auf den Weg machen: where the neon turns to wood!"

Auf ihrem Weg nach Kopenhagen lag allerdings erst einmal eine Schlechtwetter-zone. Kein „rising wind" vertrieb die Wolken, so daß der Pilot des Jets der Skandinavian Airlines den ersten Landeversuch über dem Flughafen der dänischen Hauptstadt abbrechen mußte. Während die Turbinen aufheulten und die Maschine steil wieder nach oben zog, munterte Witzbold Doug Clifford die blaß gewordenen Mitreisenden auf: „Die meisten Rock-Künstler wurden bei Autounfällen getötet oder bei Abstürzen kleiner Privatflugzeuge. Ein Jet ist viel sicherer als ein Auto!" Die vier von „Creedence Clearwater Revival" waren nach der Landung nur noch auf einen Zug durch die dänischen Diskotheken aus — und scheiterten wieder an der skandinavischen Korrektheit. In einen

Club wurden sie gar nicht hineingelassen, obwohl aus dem Inneren ihr Hit „Travelin' Band" zu hören war und das Foyer mit ihren LP-Covers geschmückt war. Der Türsteher eines anderen brüstete sich damit, er habe sogar „Led Zeppelin" nicht hineingelassen. Schließlich wurde die Party ins „Palace Hotel" verlegt, wohin der Tourmanager kurzerhand die Belegschaft des „Den Gronne Clubs" für die Band eingeladen hatte. Zuletzt wurde der Manager neben dem Schauspieler Trevor Howard mit einer Flasche Whisky an der Bar gesehen. Die Roadies waren mit einer Gruppe junger Däninnen verschwunden. Ein Anruf von der deutsch-deutschen Grenze brachte die Truppe wieder zurück in die Realität. Auf dem Weg nach Berlin hätte der Lkw mit der Ausrüstung der Band längst am Eisernen Vorhang eintreffen müssen. Aber nichts war geschehen. Organisations-Fanatiker John Fogerty gefiel das gar nicht. Die Party war jäh beendet. Mit auf dem Weg nach Deutschland befand sich ein wertvolles Stück, um das „Creedence Clearwater Revival" inzwischen das tonnenschwere Gepäck ergänzt hatten: John hatte sich in Kopenhagen spontan eine Ritterrüstung für 50 000 dänische Kronen zugelegt.

Lenins Geburtstag

Am 22. April 1970 hatte Ostberlin sich für Lenins hundertsten Geburtstag geschmückt. Rote Fahnen, Transparente und Plakatwände mit den Köpfen von Marx, Engels, Lenin und Stalin gaben den tristen Häuserwänden an diesem Tag einen farbenfrohen Touch. Parolen feierten die Völkerfreundschaft mit der Sowjetunion. Aber Doug Clifford blieb die Realität nicht verborgen: „Das alles kann die Tristesse nicht verkleiden." Als der Bus mit der Band durchs Brandenburger Tor fuhr, sahen die vier ihr Deutschland-Bild bestätigt: „Alles hier in Deutschland ist so militärisch orientiert", faßte Doug ihre Meinung zusammen. „Das gilt für den Osten wie den Westen. Es ist so eine aggressive Stimmung hier. Sie scheinen keinen Humor zu haben. Die einzigen Emotionen sind Angst, Argwohn und Gewalttätigkeit. Es gibt keine Zwischentöne. Was für ein schreckliches Leben!" Die Mauer und die Grenze im Fernsehen gesehen zu haben war nichts im Vergleich zu der Erfahrung, die Kontrollen am schwerbewachten Checkpoint Charlie selbst zu erleben — „wie in den düsteren Tagen des Zweiten Weltkriegs". Wer weiß, wie die Band darauf reagiert hätte, wenn sie erfahren hätte, daß sie ausgerechnet an dem Veranstaltungsort ihr Konzert geben würde, an dem Goebbels 1943 zum „totalen Krieg" aufgefordert hatte.

Das Hilton-Hotel in Westberlin, wo sie untergebracht waren, kam ihnen im Unterschied zu dem desolaten Eindruck, den Ostberlin vermittelte, wie ein Tempel des Überflusses vor. Hier empfing John den Reporter von „Bravo", der schon in Essen Gelegenheit gehabt hatte, „Creedence Clearwater Revival" zu beobachten. Dabei wunderte er sich über die autoritären Machtverhältnisse innerhalb der nach außen hin so lässig wirkenden Band: „Journalisten und Fotografen umschwirrten die CCR. Aber nur einer sagte etwas: John Fogerty. John bestimmte, wann wer wen interviewen darf, wie die Fotos aussehen müssen, wie lange die Vorstellung dauert, welche Lieder sie spielen werden. Alles mußte sich nach John richten. Und alle taten es. Nach der Show wollten Tom, Stu, Doug und ich noch ein Bier trinken, doch John empfahl, schlafen zu gehen. Die anderen drei gehorchten. Eine komische Situation." In Berlin nahm John den Reporter zum Soundcheck in den Sportpalast mit. Auch hier wieder dasselbe Bild vom Bandleader, der sich um jedes Detail selbst kümmert. Der Mercedes 600 hielt einen Meter vom Bühneneingang. Aber John ist das noch zu weit entfernt. Er fürchtet, daß die Fans in Berlin ihn und die Band genauso in Bedrängnis bringen würden wie die Essener zehn Tage zuvor. Dem Fahrer schreibt er vor: „Heute abend darf der Wagen vor und nach der Veranstaltung nur 30 Zentimeter von der Tür entfernt halten. Die Fans könnten uns sonst in Stücke reißen. In der Halle beachtet er jede Kleinigkeit, die Scheinwerfer, den Platz für den Verstärker. „Der Sound muß stimmen, und die Fans sollen uns sehen können. Schließlich bezahlen sie ja dafür." Der „Spiegel" fand, daß die Fans der Band „trefflich bedient" wurden. „Nach elektronischen Abenteuern und psychedelischen Exzessen, so scheint es, verlangen die Rock-Fans wieder nach einfacher Kost. Sie schätzen rustikale Western-Songs, bevorzugen Blues und lieben die schöne Primitivität des Rock'n'Roll... In ihren Konzerten, so zeigten die vier im Berliner Sportpalast, wird wenig improvisiert, und kaum ein Stück ist über vier Minuten lang. 'Wir versuchen', sagt Fogerty, 'so viele Treffer wie möglich zu landen.' Das hat sich bewährt:"

Im Westen der Stadt beging man Lenins Geburtstag wie einen gewöhnlichen Wochentag. Für die Band aber gestaltete sich der Versuch, am Berliner Nachtleben teilzuhaben, eher wie ein Spießrutenlauf. Nach dem Auftritt umringten sie ungebetene Gäste, die sie erst loswurden, als sie einen Club verließen und in den „Eden Playboy Club" wechselten. Dort machte der Tourmanager den „Groupies" klar, daß sie als störend empfunden wurden. Zur Verwunderung der Amerikaner lief im „Eden Playboy" ein Wettbewerb, bei dem sich Männer im Anzug und Frauen oben ohne darum bemühten, eine Champagner-Flasche vom Boden eines Pools zu holen. Auch der letzte Anlauf, im „Pimm's" in Ruhe ein Bier zu trinken, scheiterte an der Aufdringlichkeit der Transvestiten dort. Und selbst im Hotel mußten sie sich der weiblichen Fans erwehren, die es geschafft hatten, bis in ihre Etage vorzudringen. Es war Stu Cook, der sich am Empfang darüber beschwerte, daß er und seine prominenten Bandkollegen die ganze Zeit belästigt wurden. „Das Beste an Berlin war das Konzert", zog John das Resumée ihrer Deutschland-Erfahrung.

Am 24. April feierte Doug Clifford in Paris seinen 25. Geburtstag, am 25. April Stu Cook. Zur Geburtstagsparty im Restaurant „Castelles" gab es eine riesige Torte. Den Tag hatten die Kalifornier mit Sightseeing verbracht: Versailles mit dem Spiegelsaal

(John: „Hier hat also König Louis der soundsovielte seine wilden Szenen erlebt") und der Louvre mit Mona Lisa. Wie alle Touristen bestaunten sie auch den „Bauch von Paris", die Markthallen, die damals der Umschlagplatz für Lebensmittel aus ganz Frankreich waren. Die Nacht davor waren die Musiker in einem Club überraschend auf Johnny und Edgar Winter getroffen, und Tom Fogerty und Johnny Winter hatten sich sogar auf der kleinen Bühne des Clubs als Blues-Brothers versucht. Die Konzerte im „Olympia" wurden von allen als genausogut wie die Auftritte in der „Royal Albert Hall" angesehen. Aber John Fogerty zog sein Fazit der ersten Europa-Tournee: „Wir haben alles erreicht, was wir auf der Tour schaffen wollten. Es war ein Erfolg für uns alle und ein totales Erlebnis. Obwohl alle Konzerte großartig waren, war die Royal Albert Hall das ultimative!"

1. Oktober 1998: John wird ein Stern auf dem Walk of Fame gewidmet. Mit dabei: seine Frau Julie und die Kinder Lyndsay, Shane und Tyler (WB)

„Creedence Clearwater Revival" 1970 in Deutschland. Von links:
Stu Cook, Tom Fogerty, Doug Clifford, John Fogerty   (DZ)

Der Star der Show: John Fogerty 1971 mit „C. C. R." in Deutschland. Links: im Hintergrund: „Duck" Dunn (HK)

Ankunft in Frankfurt: Stu, Doug und John 1971 vor ihrem Lear-Jet. Auf dem Triebwerk der Schriftzug „Creedence"   (DZ)

Am Schlagzeug: Doug Clifford   (HK)

John in der Hamburger Ernst-Merck-Halle   (HK)

Abschied vom Holzfällerhemd: John 1971 (HK)

Der Sound von „C.C.R.": Johns „Gibson Les Paul Custom"-Gitarre.
Links: der Kustom-Verstärker   (HK)

„C.C.R." in Hamburg: John und – am Baß – Stu Cook   (HK)

Plakat und Eintrittskarte von der Tour 1971

Titel des „Rolling Stone" vom Februar 1970.
Im Heft ein Interview mit John

Anzeige in der „Sunday Times" im Jahr 2000.
„C.C.R."-Stander am Mercedes 600 der Band 1971

Schon mal gesehen? Das Cover der Single „Have You Ever Seen The Rain" von 1971 und die CD von John Fogerty, „Deja Vu. All Over Again", 2004

„I've got the California Blues". Beginn der Solokarriere: John 1973 als „Blue Ridge Ranger"   (DZ)

Das Multitalent: John mit Kontrabaß, Fender Telecaster, Saxophon, Schlagzeug und Banjo zur Zeit der „Blue Ridge Rangers"   (DZ)

Comeback 1985 (WB)

Rockin' All Over The World 1986 (WB)

„C.C.R.": Werbung für „Creedence Clearwater Revisited" 1996 und 1998.
Die Band (von links): John Tristao, Elliot Easton, Doug Clifford, Stu Cook, Steve Gunner (ICM)

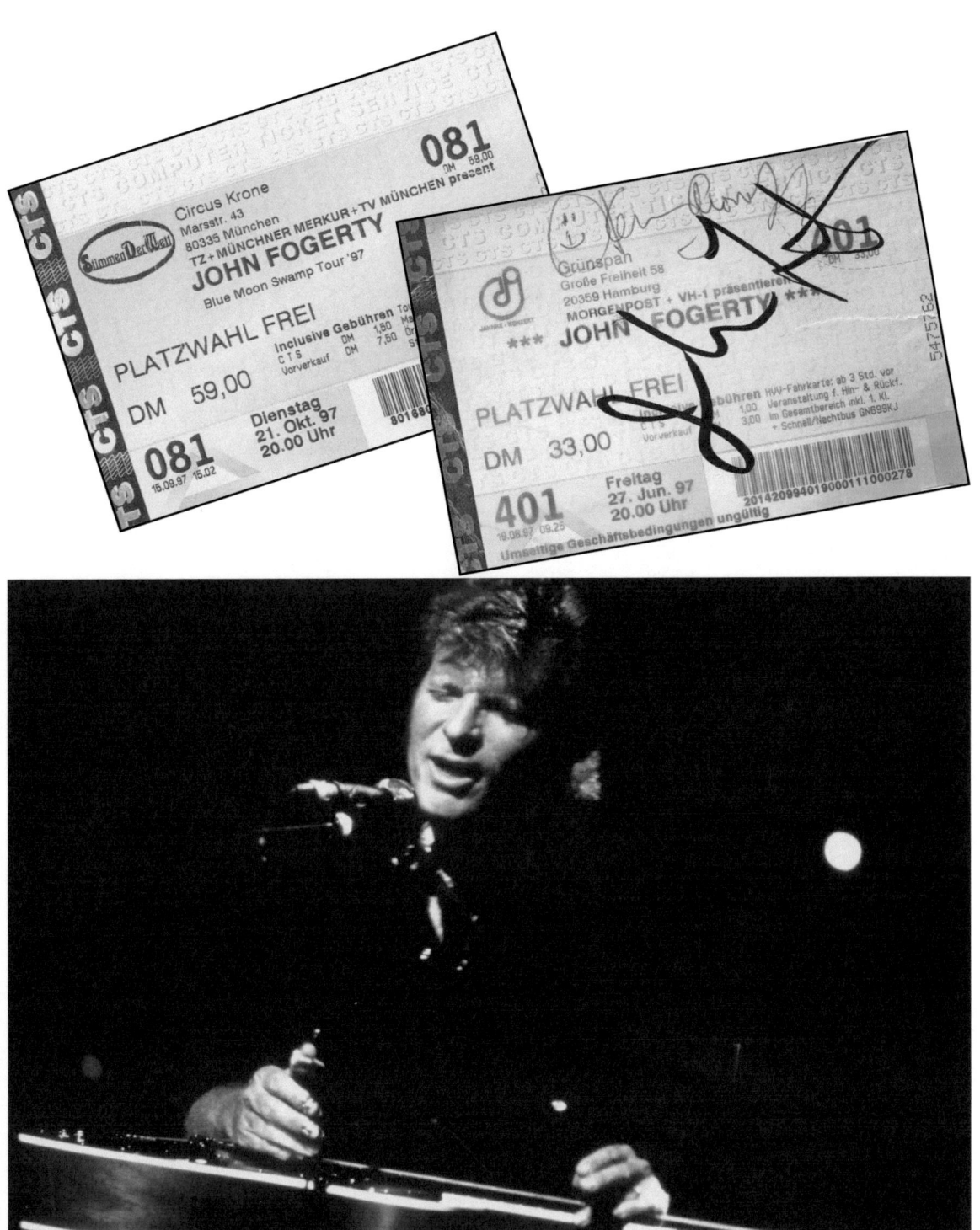

Eintrittskarte für die abgesagte Deutschland-Tour (links). Autogramme von John und Kenny Aronoff auf dem „Grünspan"-Ticket. Mit „Regal"-Laptop-Gitarre auf der „Blue Moon Swamp"-Tour   (WB)

Porträt mit Ohrring: John Fogerty 1996   (WB)

III.
Das Auseinanderbrechen

EUROPA-TOURNEE '71

BESSER ALS DIE „BEATLES"

John Fogertys Rechnung ging auf: In Europa wurde „C.C.R." nach der Tournee 1970 zum Inbegriff für Rock'n'Roll. Die Engländer bekamen jetzt regelmäßig von den Musikzeitschriften Berichte über das Befinden der einzelnen Bandmitglieder serviert. Schon im Dezember '70 meldete der „Melody Maker", daß die vier Kalifornier, die gerade ihr Album „Pendulum" veröffentlicht hatten, bald wieder auf der britischen Insel auftreten würden. Es war nicht einmal ein Jahr vergangen, und doch hatte sich das Erscheinungsbild der Band total verändert. „Die wirklich überraschende Nachricht ist", schrieb „Disc and Music Echo" nach einem Telefongespräch mit Doug Clifford, „daß John Fogerty nicht mehr der Leader der Band ist." Doug dozierte von der Factory aus darüber, daß sie jetzt alle Rockstars seien. John könne eine Entspannungsphase gebrauchen, die Musik werde jetzt auch besser werden, wo sie eine echte Band statt nur vier Musiker seien. Denn so wie bisher unter Johns Führung habe es nicht weitergehen können: „Dann hätte ich meinen Part auch mit der Post einschicken können!"

Von John Fogerty selbst hörte man nur wenig zur Jahreswende. Nachdem er die Öffentlichkeitsarbeit in den beiden ersten Jahren des Erfolgs straff organisiert hatte, überließ er den Job jetzt seinen frisch emanzipierten Kollegen. Stu Cook reiste sogar nach London, um dort einen Urlaub mit einer PR-Aktion zu verbinden. Anlaß: Die Leser des „New Musical Express" hatten „Creedence Clearwater Revival" in einer Umfrage noch über die „Beatles" an die erste Stelle gesetzt. Im Namen der Band erklärte Stu mit Understatement: „It's a pleasure." Natürlich nutzte er die Gelegenheit, „Pendulum" ins rechte Licht zu rücken. Und dann kam er auf sein eigentliches Anliegen zu sprechen: Auf den künftigen „Creedence"-Platten würden alle Bandmitglieder ihre eigenen Songs vortragen — „selbstverständlich auf dem hohen Niveau, das wir uns bisher gesetzt haben". Und auch er konnte sich einen Seitenhieb auf den abgesetzten Bandleader nicht verkneifen. Die Spitze gegen John brachte er so, daß nur Insider sie verstehen würden. Die einzelnen „C.C.R."-Mitglieder hatten sich zu dem Zeitpunkt zu einem längeren Urlaub entschlossen — verstreut in alle Himmelsrichtungen. „Doug ist in den Schnee der kalifornischen Sierra gefahren, Tom hat ein Flugzeug nach Acapulco genommen. Und John ist irgendwo in der Wüste, glaube ich. Ich denke in Death Valley." Sie hatten John in die Wüste geschickt.

Einen Monat vor Tourneebeginn rief Roy Carr vom „New Musical Express" dann doch direkt bei John in der Factory an, um aus berufenem Mund zu erfahren, wie es weitergehen sollte. Schließlich würde eine andere Formation nach England kommen als die, die 1970 in der Royal Albert Hall begeistert hatte. Würde der Sound ohne Tom Fogerty und seine Rhythmus-Gitarre nicht leiden? Eigentlich nicht, beschwichtigte John. „Der Unterschied ist nicht groß. Wir hatten nicht den Eindruck, daß wir jetzt eine zusätzliche Band bräuchten, um den Sound aufzupeppen. Ich denke, es klingt genauso wie vorher." Doch daß einiges anders war, ließ sich nicht verbergen. Zwar gab es mit „Sweet Hitch-Hiker" eine neue Single, aber zum erstenmal stammte die Rückseite nicht von John Fogerty. Die neue Demokratie hatte es möglich gemacht, daß Stu Cook eine Eigenkomposition auf der Rückseite singen durfte. Und auch das war neu: Es gab keine fertige LP, die zum einen neues Material für die Konzerte gegeben hätte und zum anderen mit der Tournee hätte verkauft werden können. Fogerty zog es vor, auch gar nicht über die neue Single zu reden. Er nutzte die Freiheit, die jetzt jedes Bandmitglied hatte, um auf seine Lieblingsthemen zu sprechen zu kommen: Woher kommt die amerikanische Musik, wohin geht sie? „Alles, was zur Zeit in der Musik passiert, läßt sich auf die Wurzeln des Rock zurückführen." Und dann spekulierte er, daß demnächst Country die neue Mode werde: „Leute wie Tammy Wynette und Conway Twitty werden jetzt sehr kommerziell." John fühlte sich in Gesprächen mit der englischen Presse wie zu Hause, so daß er über US-Stars und seine Vorbilder sprach, ohne zu befürchten, nicht verstanden zu werden. Wenn er philosophierte, wie Elvis die amerikanische Gesellschaft veränderte, so daß sogar Songs wie Johnny Cashs „Ballad Of A Teenage Queen" und Stonewall Jacksons „Waterloo" die Teenager in Ekstase versetzten, konnte er anderseits auch damit rechnen, daß die englischen Journalisten die Sänger und ihre Stücke kannten. Das Gespräch mit Roy Carr entwickelte sich auf diese Weise — wie hätte es auch anders sein können — zu einem John-Fogerty-Interview: Wer alles seine Kompositionen nachgesungen hat, daß kürzlich Peggy Lee anfragte, ob er nicht ein Lied für sie schreiben wolle. Daß er in seinem Haus ein eigenes Studio eingerichtet hatte, „mein Lieblings-R&B-Country-Rock-Studio". Das war für Stu Cook zuviel. Die ganze Zeit des Telefonats hatte er — zunehmend nervöser werdend — neben John gesessen. In einem Anfall von Demokratie-Bestreben riß er jetzt dem Ex-Bandleader den Hörer aus der Hand und übernahm das Gespräch. Er hatte schließlich eine wichtige Botschaft an die englischen Fans: Bei ihren Auftritten in Großbritannien würden „Creedence Clearwater Revival" beide Seiten der neuen Single zur Aufführung bringen. Er, Stu Cook, werde endlich als Rock-Star auf der Bühne stehen und „Door To Door" singen.

„Durch und durch Presley oder Cochran"

Die Ankündigung der neuerlichen England-Tournee war dem „New Musical Express" die Titelseite wert. Die strahlenden Gesichter von Stu Cook, John Fogerty und Doug Clifford nahmen die Hälfte des Titels ein. Daneben ein kleiner Kasten mit Toms Foto und der Zeile

„Tom Fogertys neue Karriere". Und kaum größer als der Kasten: eine Zeile über die „Beatles". Schon die Platzaufteilung auf der Titelseite machte deutlich, daß die Redaktion „Creedence" eine dominierende Rolle in den 70er Jahren zutraute. Die einzelnen Bandmitglieder hatten Star-Status bekommen. Dougs und Stus Träume schienen sich zu erfüllen. Im Vergleich zu 1970 war die Europa-Tournee um einige Auftritte erweitert. Den Auftakt in England machten „C.C.R." wieder an einem historischen Ort: in der „Free Trade Hall" von Manchester. Dort hatte Bob Dylan 1966 sein legendäres Konzert gegeben, bei dem er das Publikum mit elektrisch verstärkter Gitarre verstörte. (Bootlegs von Dylan machten unter dem falschen Namen „Royal Albert Hall Concert" die Runde.)

Das Erscheinungsbild der „streamlined Creedence Clearwater Revival" in Manchester war wider Erwarten überwältigend. Dem „New Musical Express" fiel die Dynamik der Rhythmus-Gruppe auf: „Während Stu Cook aggressive Bass-Linien herausdonnerte, rockte Cosmo 'hard' und 'heavy' mit einem unnachgiebigen 'Back-beat' und gab eine kostenlose Lehrstunde über die Grundbegriffe des Rock-Schlagzeugs." John brillierte wie immer an der Gitarre und sang mit „die Kehle zerreißender Stimme". Zu Stu Cooks „Door To Door" fiel dem Kritiker Roy Carr nur die nichtssagende Beschreibung „ein starker Rock" ein. John Fogerty aber beeindruckte ihn als „erfolgreicher Rock'n'Roll-Star in einem grünleuchtenden engsitzenden Raum-/Rock-Anzug, dazu ein schwarzes Hemd und ein rosafarbenes Halstuch". Schon bei Konzerten in den USA war aufgefallen, daß John das Holzfällerhemd ausgezogen hatte und sich im Cowboy-Anzug ein anderes Image gab. Der neue John Fogerty war der Star der Show.

Für das englische „Sounds" fuhr Penny Valentine nach Manchester. Sie entdeckte Seiten an John, die den männlichen Kritikern entgangen waren: „Hätte Fogerty sich um das Mikrophon gewunden oder phallische Hüftbewegungen gemacht, hätte mich das nicht überrascht. Ihn da oben zu sehen — egal wie gut Stu Cook und Doug Clifford als Musiker sind, und sie sind es mit Sicherheit —, heißt die Augen gebannt auf Fogerty heften. Er ist der Inbegriff des Rock'n'Roll-Idols. Man schnappt in nostalgischer Erinnerung nach Luft, wenn er auf die Bühne kommt, die Beine spreizend vor dem Mikrophon steht und die Gitarre auf Kniehöhe hält — durch und durch Presley oder Cochran." Die Jahre, die Johnny Corvette vor dem Spiegel geübt hatte, zahlten sich aus. Die Bühnenpräsenz des 26jährigen war jetzt nicht mehr nur Pose, — er lebte den Rock'n'Roll. Er verkündete nicht nur sein Credo: „Was wir spielen, ist Rock'n'Roll, auch wenn das nicht jeder so sieht. Wir machen fast alles von R&B bis Hillbilly, es ist alles die gleiche Musik – typische amerikanische Musik." Er lebte es. Und die Kritikerin spürte es: „Rock and Roll – das ist das Gefühl, das Creedence vermittelte, als die Halle von dem treibenden donnernden Sound bebte, straff und kontrolliert wie ein Zug unter vollem Dampf. Und vor allem war es das, wofür Fogerty physisch stand." Die phallische Assoziation ließ Penny Valentine beim Anblick des Rock-Stars nicht mehr los.

Ottos im Plastikkoffer

In Deutschland hatte die Plattenfirma Bellaphon ein zweites Mal die Zeitschrift „Twen" für ihre neuen Superstars interessieren können. Die deutsche Ausgabe von „Cosmo's Factory" erschien als „Twen"-Platte — wieder mit Poster. Das zeigte — mit einem Touch von „psychedelic" — ein Aquarell von den Köpfen der Band. Schon bald rückte „Twen" endgültig das Image der Band zurecht. Im März 1971 setzte Franz Schöler in einem mehrseitigen Artikel seine eigenen Übersetzungen der Fogerty-Songs den stümperhaften Übertragungen des Musikverlags gegenüber und analysierte den künstlerischen Hintergrund von „Creedence Clearwater Revival": „Keine andere Band verkörpert augenblicklich das, was Rock'n'Roll seit Mitte der fünfziger Jahre für die Teenager bedeutete, derart vollkommen, weil sich auch keine andere so eindeutig auf den 'primitiven', den grundlegenden Stil dieser Jahre bezieht." Und dann folgt ein Seitenhieb auf die üblicherweise von den Kritikern hochgelobte Westcoast-Szene: „Wenn es die Creedence Clearwater Revival nicht gäbe, wüßten die Jugendlichen unter 16 vielleicht nicht mehr, daß man bei einem Pop-Konzert rocken und tanzen kann, anstatt bei 'psychedelischen' Experimenten interessiert zu gähnen."

Für die „Jugendlichen unter 16" vereinnahmte die Teenie-Zeitschrift „Bravo" die Band. Schon Ende 1970 stimmten die „Bravo"-Leser dafür, „Creedence Clearwater Revival" in der Kategorie „Beat" zu den Stars des Jahres 1971 zu küren. In Abwesenheit bekamen John, Tom, Doug und Stu vier „Goldene Ottos" — an kleine Indianer erinnernde Metallfiguren — verliehen. Bis zur nächsten Deutschland-Tournee wurden die Fans mit Klatsch- und Homestorys bei Laune gehalten. Beispiel: „Hier erklärt euch Tom Fogerty, warum er die Creedence Clearwater Revival verließ: Mein Bruder John wurde mein Schicksal."

Der Münchner Fotograf Dieter Zill hatte die Band schon 1970 für „Bravo" fotografiert. Sein Eindruck bei ihrem ersten Deutschland-Besuch: „Die waren alle sehr liebenswert und liebenswürdig, auch untereinander. Ich hatte nicht den Eindruck, daß etwas nicht stimmte. Die Brüder ließen sich zumindest nichts anmerken. Natürlich lag das auch daran, daß sie auf der Tournee immer mit anderen Menschen zusammen waren. Und zu dieser Zeit genossen sie ihren Erfolg geradezu euphorisch. Wirklich herzlich wirkten Doug und Stu — typische Amerikaner. Während die Fogerty-Brüder — auch Bob — von ihrer Mentalität her nicht so offenherzig waren. Besonders John kam mir eher verbissen und engstirnig vor."

Im Juni 1971 packte Dieter Zill die vier Ottos der „Bravo"-Redaktion in einen Plastikkoffer und schleppte sein 60 Kilo schweres Gepäck zum Münchner Flughafen, um den Preisträgern in Berkeley die Trophäen zu überbringen. John, Doug und Stu empfingen ihn in der Factory. Dort wurden auch Termine für Homestorys vereinbart, die Zill für „Bravo" fotografieren wollte. Mit Tom traf er sich bei „Fantasy". Da er nicht mehr zu „C.C.R." gehörte, kam er für eine Homestory nicht mehr in Frage. Zill fuhr in den nächsten Tagen mit einem Mietwagen von Villa zu Villa und wurde bereitwillig in die Privatsphäre eingelassen. Sein neuerlicher Eindruck: „Zauberhafte Jungs!" In „Bravo" wurden sogar die Adressen der Stars in Berkeley veröffentlicht. Doug (Arlington Road 224) und Stu (Arlington Road 837) gewährten Einblick in ihre gutbürgerlich eingerichteten Wohnräume. John (Sunset Drive 33) ließ sich vor seinem verwinkelt mit Giebeln gebauten Haus ablichten und zeigte dem Fotografen sein mit Instrumenten und Equipment vollgestopftes Studio unter dem Dach. „Bravo"-Bildzeile: „Stuart Cooks 'Door To Door' wurde hier produziert". Cooks eigenes Studio kommentierte „Bravo": „Stu macht seinem Boß Konkurrenz. Auch er hat ein Studio, allerdings nur zum Proben. 'Ich bin unter die Komponisten gegangen', erzählt er, 'sechs Songs habe ich schon geschrieben. Der erste erscheint jetzt auf Platte.'" Zwar traten die Frauen und Kinder bei den Homestorys nicht in Erscheinung, aber ansonsten waren die „Otto"-Preisträger, so schien es, für ihre deutschen Fans bereit, alles mitzumachen.

Das Bild hatte sich gewandelt, als Dieter Zill für sein Blatt im September 1971 nach Frankfurt flog, um den Auftakt der zweiten Tournee von „Creedence Clearwater Revival" zu fotografieren. Diesmal ging man im Streit auseinander: Die drei Musiker hatten keine Lust, für den Fotografen zu posieren. Zill: „Die machten Mätzchen, wollten dies nicht und das nicht. Ich nehme an, daß sie vom Erfolg verwöhnt waren und es nicht mehr für nötig hielten, sich für ein Teenie-Blatt zu bemühen. Sie brauchten 'Bravo' wohl nicht mehr." Zill flog noch in der Nacht nach München zurück. Als er aufbrach, hörte er aus dem

„Intercontinental", in dem „C.C.R." untergebracht war, laute Musik: Die Band jammte nach dem Konzert in der Hotelsuite. Am nächsten Tag klingelte bei ihm das Telefon, und Branco Zivanovic, Chef der deutschen „Creedence Clearwater Revival"-Vertriebsfirma „Bellaphon", entschuldigte sich für die Band. Er hatte eine gute Beziehung zu seinen amerikanischen Stars aufgebaut und wurde auch von diesen als Manager „des besten" ihrer verschiedenen internationalen Labels angesehen. So fiel es ihm nicht schwer, seine drei Musiker für die Presse gefügig zu machen. Der nächste Versuch zur Zusammenarbeit wurde in Berlin gestartet. Dort hatte der „Bravo"-Reporter Jörg Flemming extra ein Fotostudio gemietet und Requisiten anfahren lassen. Für John wurde ein Motorrad beschafft, für Doug eine Riesenmenge Gemüse. Und das Unwahrscheinliche geschah: Die Stars der erfolgreichsten Rock'n'Roll-Band des Jahres machten für den Fotografen alles, was er wollte. Zill: „Das war fast schon enttäuschend, daß sie dazu bereit waren."

Die „Bravo"-Gemeinde erfuhr über die Deutschland-Tournee nur Superlative: „Sie reisten, wie es sonst nur gekrönte Häupter tun: im Privat-Jet und im Mercedes 600 mit Stereo-Anlage und eingebauter Bar. Auf dem Diplomatenstander ihrer Luxuskarosse fehlte die Staatsflagge, dafür zierte ein Foto der CCR diesen Raum. John, Stu und Doug schienen während ihrer Deutschland-Tournee auf einer Wolke von Beifall, Jubel und Luxus daherzuschweben." Und so ging es weiter! In Zahlen: Der achtsitzige Lear-Jet, mit dem sie nach Frankfurt flogen, kostete 800 000 Dollar, die Werbemaßnahmen allein in Deutschland 81 000 Mark. 200 000 Autoaufkleber „CCR on tour" wurden gedruckt, 50 000 Plakate aufgehängt, 20 000 Taschentücher mit dem Schriftzug der Band verteilt. Jede Stunde, die der Jet in der Luft war, kostete 600 Dollar, 15 000 Mark die Luftfracht für Anlage und Instrumente. Der Sender „SFB" nahm in Berlin eine 1-Stunden-Sendung mit der Gruppe auf, die allerdings nicht archiviert wurde. In Frankfurt feierten sie mit 20 Stewardessen bis 2 Uhr morgens. Die Konzerte in Frankfurt, Berlin und Hamburg waren ausverkauft.

Die Feuilletons der überregionalen Zeitungen, die „Creedence Clearwater Revival" jetzt zur Kenntnis nahmen, rümpften die Nase. Die „Frankfurter Rundschau" urteilte: „Was sie bei zwei ausverkauften Konzerten in Frankfurt herunterspulten, ist jedenfall alles andere als differenziert. Enthüllend ist aber auch, daß die Musik des Trios mit Stu Cook (Baß), John Fogerty (Gitarre) und Doug Clifford (Schlagzeug) sich praktisch nicht verändert hat und auch nicht schwächer wurde, seitdem im Februar dieses Jahres der Gitarrist Tom Fogerty ausgestiegen ist. Vermutlich könnten noch zwei weitere Mitglieder der Gruppe aussteigen, ohne daß die durch Lead-Sänger, Lead-Gitarrist, Komponist und Arrangeur John Fogerty geprägten Dreiminutenhits, die manchmal sogar gutes Schlagerniveau repräsentieren, ihr Aussehen verändern würden." Und „Die Welt" sah einen Rückschritt: „So bringt heute wieder volle Kassen, was längst überwunden schien, harmlos-unkomplizierter High-School-Party-Frohsinn." Und bei John Fogerty, der eine „Schirmmütze" ins Publikum warf, entdeckte die Hamburger Zeitung „ein eiskaltes Ritual".

Das Hamburger Konzert am 17. September fand in der Ernst-Merck-Halle statt, in der in den 50er Jahren schon Bill Haley und in den 60er Jahren die „Beatles" aufgetreten waren. Das Publikum wollte sich amüsieren, die mitgebrachten bunten Luftballons schwebten durch die schmucklose Halle. Als Vorprogramm hatte die Band mit Bedacht Tony Joe White aus Louisiana gewählt, dessen als „Swamp-Rock" bezeichnete Musik zu ihrem „Bayou-Rock" zu passen schien. Aber trotz seiner Welthits „Polk Salad Annie" und „Rainy Night In Georgia" und der hervorragenden Begleitung durch Donald „Duck" Dunn kam er beim Publikum, das Rock'n'Roll wollte, nicht an. John Fogerty traf dagegen gleich den richtigen Nerv, als er auf die Bühne stürmte und „This is a rock'n'roll show" ins Mikrofon brüllte. „Up Around The Bend", „It Came Out Of The Sky" und „Hey Tonight" variierten das Programm vom Vorjahr. Tony Joe White stellte sich an den Bühnenrand und sah „Creedence Clearwater Revival" zu, Donald Dunn beobachtete aus dem Hintergrund. Stu Cooks heiser vorgetragenes „Door To Door" wirkte blaß, besonders weil John unmittelbar darauf eine mitreißende Version von „Travelin' Band" folgen ließ. „Proud Mary", „Bad Moon Rising", „Lodi", „Green River" — die Band erfüllte die Erwartung des Publikums. Daß die Verstärker übersteuert waren und die meisten Songs in der akustisch miserablen Halle nur verzerrt klangen, schien den Fans nichts auszumachen. Wann sah man schon einmal eine Band dieser Klasse live? Sprechchöre verlangten nach „Sweet Hitch-Hiker", man wollte sich nicht mit der schwachen Rückseite der aktuellen Single zufrieden geben. Sie bekamen ihren Wunsch erfüllt. Was dem Kritiker der „Welt" wie ein eiskaltes Ritual vorkam (und was John Fogerty bis zum heutigen Tag zur Freude seiner Fans macht), löste Begeisterung aus. Baseball-Mützen, die „Creedence"-Fan Jens Krebs mit der Aufschrift „C.C.R. is o. k." versehen hatte und auf die Bühne warf, setzte er für ein Stück lang auf und schleuderte sie dann ins Publikum zurück. Den Abschluß bildete — wie immer — eine Zehn-Minuten-Version von „Keep On Chooglin'". Keine Zugabe. John Fogerty war bei diesem Konzert 26 Jahre alt. Es sollte 26 Jahre dauern, bis er wieder nach Hamburg kam.

Weitere Stationen der Tournee: Amsterdam, Kopenhagen, Stockholm, Antwerpen und Londons „Royal Albert Hall". Noch vor Beginn der Reise hatte John eine entscheidende Schlappe erlitten. „Fantasy" wollte schon länger eine Live-Platte von ihnen herausbringen, um sich so eine weitere Verdienstmöglichkeit zu erschließen. Bisher hatte Bandleader Fogerty das verhindert. Seine Argumente: „Creedence Clearwater Revival" spielte in den Konzerten möglichst genau das, was auf Platte erschienen war. Allerdings war der Sound nie so gut wie im Studio. Warum sollte man also noch einmal Originalversionen im schlechteren Sound anbieten? Außerdem gab es bereits Bootlegs der Band wie „Live At The Fillmore East" – wer also unbedingt ein Dokument der Konzertatmosphäre haben wollte, konnte sich ein Bootleg besorgen. Da hatte er allerdings die

Rechnung ohne Doug und Stu gemacht. Die neue Demokratie machte es ihnen möglich, John zu überstimmen und gemeinsam mit „Fantasy" ans Geldverdienen zu denken. Zwar äußerten auch sie Kritik an ihrer amerikanischen Plattenfirma (Stu Cook: „Das sind einfach die falschen Leute, um unsere Platten rauszubringen. Die haben keinen Enthusiasmus. In zwei Jahren, wenn der Vertrag ausläuft, gründen wir unser eigenes Label!"), aber wenn es um den Profit ging, hatten sie nie Differenzen mit „Fantasy". Sie fegten Johns künstlerische Bedenken einfach vom Tisch. Also begleitete ein Aufnahmeteam das Trio auf der Europa-Tournee. Zwar wurden in Berlin die Tonbänder gestohlen, aber die Mitschnitte gingen weiter. Was die Crew nach Amerika zurückbrachte, bestätigte Fogertys Bedenken: Seine Stimme kämpfte sich mühsam durch einen Instrumentalbrei, der einer Weltklasse-Band keine Ehre machte. Trotzdem veröffentlichte „Fantasy" gleich zwei LPs aus diesem Material: „Live In Germany" und „Live In Europe".

Die interessanteste Musik der Tour wurde leider nicht auf Band mitgeschnitten. In dieser Zeit begann Fogerty – der ewigen Partys müde –, nach den Auftritten mit seiner Begleitung zu jammen. Im Frankfurter „Intercontinental" lud er die im Hotel abgestiegenen „PanAm"-Crews in die Suite im sechsten Stock ein. Neben seinen eigenen Songs und – Duck Dunn zu Ehren – Instrumentals von „Booker T. & The M.G.'s" versuchte er sich immer häufiger an Stücken von Merle Haggard, Buck Owens und Hank Williams. Passend zur Country-Musik improvisierte er bei der Gelegenheit mit seiner neuen Pedalsteel-Gitarre. Tony Joe White bestärkte ihn in der Musikauswahl, die ganz dem Geschmack des Südstaatlers entsprach. Ihr gemeinsames Lieblingsstück: „Jambalaya". Whites Schlagzeuger „Sundance" stimmte immer das als Echo gesungene „in my prime" an, und dann legten alle zusammen mit dem „Blue Ridge Mountain Blues" los. Die Frankfurter Jam-Session fand um vier Uhr morgens ein jähes Ende. Der Hotelmanager stellte die ausgeflippten Amerikaner vor die Wahl, entweder sofort die Instrumente einzupacken oder das Hotel zu verlassen. Der private Gig wurde erst in

Berlin wieder fortgesetzt. Während diese Jam-Sessions für alle anderen nur ein Riesenspaß waren, bereitete John Fogerty damit seine Solokarriere vor. Im August 1972 erschien seine erste „Blue Ridge Rangers"-Single.

Am Ende

Regnerischer Montag

Am 16. Oktober 1972, einem Montag, war alles zu Ende. Die größte amerikanische Rockband löste sich endgültig auf. Vor einer Handvoll Journalisten gab Jake Rohrer, der die Band auf ihren Tourneen als Roadmanager begleitet hatte, in der „Factory" in Berkeley bekannt, was niemand noch wirklich überraschte: „Dies ist kein glücklicher Tag", begann er. Die Mitglieder von „Creedence Clearwater Revival" gingen von diesem regnerischen Tag an offiziell getrennt ihrer Wege. Sie waren auch gar nicht mehr zu der Pressekonferenz erschienen. Saul Zaentz war in die „Factory" gekommen, um auch seine Sicht der Situation bekanntzugeben. Für ihn stand wie immer das Geschäft im Vordergrund: „Sie müssen tun, was sie tun müssen. Sonst werden sie sich später dafür in den Arsch treten, nicht das getan zu haben, was sie tun wollten. Ich sehe positiv in die Zukunft. Wenn sie glücklich mit ihrer Arbeit sind, werden sie bessere Platten produzieren." Nach der katastrophalen „Mardi Gras"-Spring-Tour, die am 22. Mai 1972, ebenfalls einem Montag, in Denver (Colorado) zu Ende war, hatte es keine Lebenszeichen der Band mehr gegeben. Statt dessen war die erste „Blue Ridge Rangers"-Single von John Fogerty erschienen. Und ein Solo-Album von Doug „Cosmo" Clifford war ein weiteres Signal dafür, daß jeder nur noch sein eigenes Ego pflegte. Jake Rohrer beschrieb auf der Konferenz, wie seine Arbeit in den letzten Monaten ausgesehen hatte: „Seit Tom die Band verlassen hat, kursierten die Gerüchte, daß 'Creedence' sich aufgelöst habe. Ich kriege immer noch fast täglich Briefe und Anrufe von Leuten, die wissen wollen, ob die Band aufgehört hat."

Eigentlich begann „Creedence Clearwater Revival" sich schon aufzulösen, als die ersten Erfolge kamen. Damit, daß das jüngste Bandmitglied sich die Führung in der Gruppe erobert hatte, fingen auch die Schwierigkeiten an. John Fogerty hatte ein Konzept entwickelt, das unfehlbar zu sein schien, zumindest wenn es um den Erfolg ging. Es hieß: einfacher Rock'n'Roll in klassischen Drei-Minuten-Songs. Um dieses Konzept zu verwirklichen, mußte er seinen Mitstreitern jedoch ständig Konzessionen abringen. Denn jeder wollte sich in den Vordergrund spielen: „Ja, es war fast wie eine Zwangsjacke, zumindest kam es den anderen so vor. Jeder Takt und jede Note war überlegt – so gut ich das konnte. Weil ich eine klarere Vorstellung davon hatte, was Einfachheit bedeutet. Und wenn ich dann hörte, wie ein Schlagzeug einen Calypso-Beat mitten in einem Rock-Song spielte – ich hatte immerhin 14 Jahre Erfahrung als Zuhörer – sagte ich: 'Nein, spiel das nicht so.' Drei oder vier Jahre später gab Doug dann zu: 'Ja, einfach ist besser.' Wir haben versucht, es so zu gestalten, daß weniger mehr ist. Aber am Anfang war es der reine Kampf. Jeder wollte zuviel spielen. Das war einer der Hauptgründe, warum die Band zerbrochen ist."

Zwar hatte John als Reservist Erfahrungen mit Hierarchien in der U. S. Army, doch ein General, wie die anderen ihn sahen, wollte er nicht sein. Gerade in einer Zeit, als überall auf der Welt über Demokratie und Mitbestimmung diskutiert wurde, erinnerte das Erscheinungsbild der Band allerdings tatsächlich eher an eine Diktatur. Die einzelnen Mitglieder standen immer im Schatten John Fogertys. Eine wirkliche Alternative zur existierenden Rangordnung gab es jedoch nicht. „Creedence Clearwater Revival" bestand nicht, wie die „Beatles", die „Rolling Stones" oder die „Band", aus vielen kreativen Köpfen. Außer John Fogerty waren die Bandmitglieder gute Handwerker – mehr jedoch nicht. Auch John hatte erkannt, in welcher Zwickmühle er sich befand. Trotzdem versuchte er, sich und seine Linie durchzusetzen. Ein Prozeß, der zermürbend war. Auf dem Coverfoto der ersten LP der Band und auch auf der Single „I Put A Spell On You"/

„Walk On The Water" ist, sicherlich völlig unbeabsichtigt, das Kräfteverhältnis in der Band dargestellt. John Fogerty steht im Hintergrund des Bildes, das in einem Wald aufgenommen worden war. Er trägt eine mit Orden dekorierte Uniform. Im Gegensatz zu seiner militärischen Pose machen Tom Fogerty und Stu Cook, abgerissen wie Vagabunden an Bäume gelehnt, einen schlaffen Eindruck. Doug Clifford, ebenfalls in Uniformjacke, ähnelt mit einer Trompete in der Hand einem Hornisten. John Fogerty sieht sich heute zurückblickend selbst als Kommandeur: „Auf jeden Fall war ich nicht gerade beliebt in meiner eigenen Band. Es gibt da einen alten Kriegsfilm, wo ein Typ sagt: 'Wenn du die Klamotten des Generals anziehst, kannst du nicht mehr beliebt sein bei deinen Männern.'"

Nach außen bemühten die vier sich, ein homogenes Bild abzugeben. Da wurde auch in aller Öffentlichkeit von einer Art Aufgabenteilung gesprochen. Tom Fogerty beschrieb die Zuständigkeiten in der Band, wie sie nach dem Neubeginn als „Creedence Clearwater Revival" Ende 1967 beschlossen worden waren: „Damals entstand eine Situation, in der John die kreative Leitung übernahm und ich die Geschäfte führte. Stu war für den Sound zuständig und Doug kümmerte sich um den Transport." Bei Proben zu „Green River", die gefilmt wurden, offenbarte sich die tatsächliche Rollenverteilung: John Fogerty war der Chef, und er gab Anweisungen. Er sagte Tom, Doug und Stu nicht nur, was sie spielen sollten, er sagte ihnen auch, wie. Aber auch in allen anderen Bereichen, die die Band betrafen, hielt er alle Fäden in der Hand. Er plante Tourneen und regelte auch die Geschäfte. Doug Clifford findet im Rückblick, daß John nicht auf allen Gebieten eine glückliche Hand hatte: „Wir brauchten einen Manager und einen Mentor, jemand, der sich in Geschäftsdingen auskannte, weil wir davon keine Ahnung hatten. Und auch, um die Last von Johns Schultern zu nehmen. Er wollte alles machen, alles unter Kontrolle haben, alles kontrollieren. Und das ist es, was alles kaputt gemacht hat. Das geht nicht, besonders dann nicht, wenn es gerade besonders gut läuft. Man muß erst die Geschäfte erledigt haben, bevor man losziehen kann, um Spaß zu haben." Heute glaubt Doug Clifford, daß Stu Cook der bessere Mann für das Geschäft gewesen wäre. „Stu hatte immerhin einen Abschluß in Betriebswirtschaft. Aber er war stark genug zu sehen, daß er nicht qualifiziert war. Wir brauchten einen echten Profi. Einen älteren oder einen brillanten wie Brian Epstein."

Für den Bandchef wurde der Druck von allen Seiten immer größer. Doug Clifford, Stu Cook und in erster Linie Tom wollten nicht mehr nur die Rhythmusgruppe von Superstar John sein. Dessen Aktivitäten, vor allem sein Perfektionismus, waren aufreibend — insbesondere für ihn selbst. Er buchte die Konzertsäle, Hotels, sprach mit der Presse und hatte die Kontrolle über das wichtigste: die Musik. Er brauchte endlich wieder Freiraum, um sich dieser Hauptaufgabe widmen zu können. 1970, als ihnen alles über den Kopf wuchs, nahm die Band das Album „Cosmo's Factory" auf. Doug „Cosmo" Clifford erklärt, wie es dazu kam, daß die Platte, auf deren Cover ihr Übungsraum abgebildet ist, seinen Spitznamen trägt: „John stand unter großem Druck von der Presse. Und er mochte das eigentlich nicht. Er wußte, daß ich es mochte und nichts dagegen hatte, diese Aufgabe zu übernehmen. Also sagte er, daß wir das Album nach mir benennen würden. Es sollte ein wenig Last von ihm nehmen und die Presse auf mich ablenken. Er brauchte wieder Raum zum Atmen. Natürlich war ich einverstanden. Und so erfand ich ständig neue Geschichten, wie es zu dem Album gekommen war. Wo immer ich hinging."

Das große Fressen

Diese vordergründige Machtumschichtung reichte Tom, Doug und Stu nicht. Sie probten schon bald den Aufstand. Eine Woche vor den Aufnahmen zu „Pendulum" (1970) beraumten sie eine Bandbesprechung an. Bei einem Essen in dem italienischen Lokal „Two Guys from Italy" forderten sie mehr Demokratie. Schon bei der Vorspeise schilderten sie ihre Vorstellungen. Sie wollten jetzt auch wieder an der kreativen Entwicklung teilhaben. Zum Hauptgang sprachen sie von eigenen Liedern, die sie auch singen wollten. Bei der Nachspeise planten sie bereits machttrunken eine Party, zu der sie die Presse einladen wollten, um die neue demokratische Band vorzustellen.

Für John gab es keine Möglichkeit mehr, sich gegen seine Mitstreiter durchzusetzen. Tom drohte mit seinem Ausstieg, sollte sich nichts an den bisherigen Strukturen ändern. Er wollte seine eigenen Lieder einbringen und auch singen. Auf die Aufnahmen für die neue Platte hatte die Revolte der drei noch keinen großen Einfluß. Auf die Stimmung in der Band schon. Etwa sechs Wochen nach dem Essen beim Italiener und nachdem „Pendulum" fertiggestellt war, sollte die Presseparty stattfinden. Hier wollten die Revolutionäre von ihrer neuerrungenen Gleichberechtigung berichten. Von nun an sollte es keine Führungskraft mehr geben. John Fogerty nannte es „die Nacht der Generäle. Jeder war jetzt ein General. Es gab keine Soldaten mehr, die die Arbeit verrichteten".

Der Aufstand

Die große Presseparty mußte vorbereitet werden. Zum ersten Mal beauftragte die Band ein professionelles Management damit, sich darum zu kümmern. Die Public Relations Firma „Rogers and Cowan" aus Hollywood plante das Ereignis. 200 Musikjournalisten, DJs und Angestellte von der Plattenfirma wurden eingeladen, um sich mit der Band in der Factory zu treffen. Einige Gäste wurden extra von der Ostküste eingeflogen. Auch Korrespondenten der englischen Blätter „New Musical Express" und „Disc and Music Echo" kamen nach Berkeley. In dem Einladungsbrief, den John, Tom, Doug und Stu unterschrieben hatten, hieß es: „Die letzten zwölf Monate haben wir uns hier in Berkeley, an einem Ort, den wir Cosmo's Factory nennen, beraten. Es war die hektischste und aufregendste Zeit in unserem Leben, und einer der wichtigsten Gründe sind Sie." Versprochen wurde „ein Wochenende mit Creedence-Wahnsinn und -Musik". Die Gäste wurden im feinsten Haus am Platz, dem viktorianisch anmutenden Claremont Hotel, untergebracht. Vorgesehen war ein riesiges Gelage, und die Band verlor schon bald die Kontrolle.

Tom Fogerty hatte gehofft, dem individuellen Profil der einzelnen Bandmitglieder durch eine Bandbiographie mehr Schärfe zu geben. Er stellte sich hinter den Autor John Hallowell, der schnell ein Buch zusammenschreiben sollte, das dann zeitgleich mit „Pendulum" erscheinen sollte. Die anderen Bandmitglieder waren von diesem Schritt nicht besonders überzeugt. Doch Tom, dem es auf persönlichen Ruhm ankam, drohte ständig damit, die Band zu verlassen. Er wollte, daß Doug Clifford, Stu Cook und er selbst von den Fans nicht mehr nur als die Backup-Band von John Fogerty gesehen wurden.

Überhaupt sollte die Öffentlichkeit erfahren, wer wer in der Band war, und alle Bandmitglieder sollten im Rampenlicht stehen. Er hatte immer die „Beatles" vor Augen, wenn es um Starkult ging. John Fogerty, in dessen Persönlichkeit sicherlich die mangelnde Präsenz der Band in der Presse begründet war, hatte per Mehrheitsbeschluß das Recht verloren, sich gegen die Vorschläge der anderen zu stellen. Für ihn stand aber ohnehin die Musik im Vordergrund, und so stürzte er sich auf die Arbeit an dem Album „Pendulum". John Hallowell begleitete die Band auf Schritt und Tritt, und die PR-Experten aus Hollywood verbreiteten die Kunde von der Mega-Gala.

Am normalsten war noch die Idee, daß „Creedence" die neue Platte vorstellen würde. Außerdem war vorgesehen, daß der Film „In Concert" in einem Kino in Berkeley gezeigt würde. Das war ein Zusammenschnitt von kurzen Interviews und vor allem von dem Konzert im Oakland Collisseum, das dann viele Jahre später auch fälschlicherweise als „The Royal Albert Hall Concert" auf Platte veröffentlicht wurde. Dann standen für die Presse Einzelinterviews auf der Tagesordnung, in denen die neuen Strukturen innerhalb der Band erläutert werden sollten. Zusätzlich sollte die Band auch noch einen Set live spielen, um den Gästen einen weiteren Einblick in ihr musikalisches Schaffen zu gewähren. Natürlich gab es ein Buffet und eine Unmenge an Getränken. Die Catering-Firma „Pot Luck" hatte viel Alkohol und mit Schinken gefüllte Crêpes, Tomaten und Käse, Nußbrot, grünen Salat, Hähnchen mit Reis, Chateaubriand, Apfelkompott und Käsekuchen geliefert.

Die damals unvorstellbar große Summe von mehr als 30 000 Dollar wurde in die Party investiert. Am 12. Dezember 1970 war es soweit. Aus New York und Los Angeles wurde alles eingeflogen, was Rang und Namen in der Gilde der Musikkritiker hatte. Ein Bus brachte sie zur Factory im heruntergekommenen Industriegebiet von Berkeley, die mit Girlanden und bunten Luftballons geschmückt war. An der Kopfseite des

Riesenraumes standen weißgedeckte Tische. Der Basketballplatz war mit Kunstrasen ausgelegt, und wegen der Jahreszeit schmückte auch schon ein Weihnachtsbaum die Halle. Die häufigste Frage der Journalisten war, warum diese Party notwendig war. Jeder kannte „Creedence Clearwater Revival". Hier wollte sich eine Band einfach mit einem Kraftakt die Aufmerksamkeit der Presse sichern. John Fogerty war sich wohl selbst nicht so sicher, was sich die anderen bei dieser Veranstaltung gedacht hatten. Die Gäste vermuteten, daß „C.C.R." es jetzt den Bands der „britischen Invasion" nachmachen wollten. Aber die Anspielung auf die „Beatles" wies er von sich: „Die 'Beatles' haben überhaupt nichts damit zu tun... Wir sollten nur Interesse wecken, oder nicht?" Doug Clifford und Stu Cook waren sehr viel überzeugter vom Sinn des Ganzen: „Wir haben etwas zu sagen, und wir wollen es sagen." Dafür wurde der Vergleich mit den „Beatles" von Doug Clifford immer wieder strapaziert: „Jeder hat den größten fucking Respekt vor den 'Beatles'. Nun ja, wir sind die größte amerikanische Band. Wir veröffentlichen Qualitätsplatten. Wir überarbeiten unsere Songs wieder und wieder. Wir üben jeden Tag mehrere Stunden. Nichts Schlechtes erscheint unter unserem Namen. Wir haben die künstlerische Kontrolle. Wir fahren sogar mit unserem eigenen Soundsystem durchs Land. Wir sollten nicht auf die leichte Schulter genommen oder angekläfft werden. Man kann nicht so viele Platten verkaufen und trotzdem nicht ernst genommen werden." Was es allerdings war, was die beiden sagen wollten, blieb unklar. Sicher war nur, daß sie verzweifelt nach ihrer Bedeutung suchten.

Während Doug Clifford mit seinen vom Größenwahn geprägten Kommentaren von Tisch zu Tisch pilgerte, machte Stu Cook bei jeder Gelegenheit klar, daß er selbst ein Star sei und wie wenig er das Dasein im Schatten von John Fogerty mochte. Wer seine Sprüche hörte, mußte sich wundern, warum er überhaupt noch mit John Fogerty in einer Band spielte. Während des Essens verbreitete er unerträgliche Lebensweisheiten: „Deine Karriere entwickelt sich nie so weit, wenn du nicht alle Möglichkeiten nutzt. Die Leute kennen unsere Musik, aber sie kennen unsere Köpfe nicht. Wir sind es leid, uns ständig anzuhören, wir seien John Fogertys Back-up-Band. Das hat sich alles geändert. Für eine lange Zeit haben wir uns rausgehalten und John die Band leiten lassen, aber das hat sich vor etwa drei Monaten geändert. Wir tragen jetzt alle etwas bei. Wir spielen alle noch andere Instrumente, und jetzt fangen wir an, das auch in der Band zu tun. Das befreit John. Er war der Manager und Leader — jetzt kann er Klavier, Orgel und Gitarre spielen und Lieder schreiben und singen." Er ahnte nicht, wie schnell das schon in die Tat umgesetzt werden würde. Der Korrespondentin Lisa Mehlman von „Disc and Music Echo" vertraute John an: „Mein Traum ist es jetzt, eine LP aufzunehmen, auf der ich alle Instrumente selbst spiele."

Tom Fogerty, der den Aufstand mit seinen Vorstellungen von Demokratie und Mitbestimmung erzwungen hatte, erkannte früh, daß die Party ihren Zweck verfehlte. Er hielt sich die ganze Zeit mit Kommentaren zurück und verließ das Geschehen sogar zeitweise, um sich ein wenig Luft zu verschaffen. Ihm war endgültig klar geworden, daß er mit seiner Profilierungssucht den falschen Weg eingeschlagen hatte. Für ihn gab es kein Zurück mehr.

John Fogerty stellte sich auf seiner Abdankungsparty den Fragen und äußerte gleichzeitig vorsichtige Kritik an den Gästen: „Auf der einen Seite weiß ich, daß Kritiker nicht viele Platten kaufen, und ich finde es falsch, Dinge zu erzwingen. Aber diese ganze Sache ist ein Zugeständnis in gewisser Weise. Wir haben immer geglaubt, daß man all diesen Rummel nicht braucht. Auf der anderen Seite hatte 'Fantasy' nicht genug Geld, um es für uns auszugeben, als wir neu waren, und wir sind ohne den ganzen Hype klargekommen. Wir haben immer gedacht, man könnte sich auf gesunden Menschenverstand und Intelligenz verlassen, aber leider geht das so nicht. Die 'Beatles' hatten eine ganze Menge Hype, aber ihre Musik war cool, und also war es das wert. Ich habe viele

Kompromisse mit mir selbst gemacht – dieser hier ist ein Zugeständnis an Sie, worüber wir gerade sprechen. Ich weiß, es wäre hochmütig von mir zu behaupten, ich wäre davon abgehalten worden, meine Botschaft 'rüberzubringen, aber natürlich ist das die Wahrheit. Ich bin darüber aber jetzt lange nicht mehr so erbost, wie ich es war." Die Stimmung unter den Popkritikern blieb den ganzen Tag ziemlich verhalten. Nur einmal, als „Creedence Clearwater Revival" das neueste Stück „Hey Tonight" spielte, kam richtig Stimmung auf.

„Have You Ever Seen The Rain?"

Jetzt war zwar öffentlich das Ende der Diktatur bekanntgegeben worden, doch gleichzeitig kamen auch die eigentlichen Probleme ans Tageslicht. Zu dritt setzten sich Doug, Stu und Tom wie bei einer Verschwörung zusammen, um unter der Führung von Tom Fogerty Lieder zu schreiben. Sie redeten viel, sie rauchten viel, sie tranken viel, doch wirkliche, vorzeigbare Ergebnisse gab es nicht. „Es ging nicht. Und es war mein Fehler. Es polarisierte die Gruppe," gab Tom sein Versagen zu. Sehr schnell stießen sie an ihre Grenzen. Sie hatten sich gegen John ihren Platz an der Sonne erkämpft, aber sie wußten nicht, wie sie ihre selbstgewählten neuen Aufgaben erfüllen konnten. Sie hatten der Kreativität John Fogertys nichts entgegenzusetzen. Und John sah zu, wie seine kleine Rock'n'Roll-Band langsam kaputtging. Es blieb ihm nichts übrig, als seine Erlebnisse und Vorahnungen allein zu verarbeiten.

Das tat er in dem Lied „Have You Ever Seen The Rain?": „Someone told me long ago: 'There's a calm before the storm.' I know; and it's been comin' for some time." Für John Fogerty regnete es schon lange, auch wenn die Sonne schien. Später erklärte er, daß er das Lied als eine Metapher für das unvermeidliche Auseinanderbrechen der Band geschrieben hatte. „'Creedence' sollte eine sonnige Zeit haben, eine goldene Zeit, statt dessen regnete es auf unsere Köpfe. Das Lied war auf dem 'Pendulum'-Album. 'Pendulum' bezieht sich ebenfalls auf das Auseinanderbrechen. Ein Pendel schwingt in die eine Richtung, in Richtung all der wunderbaren Zeiten. Jetzt schwang es zurück, was schrecklich war. Die Dinge standen schlecht. Es war ein Kampf." Das spürte auch John Hallowell, der Material für sein Buch „Inside Creedence" sammelte. Er verstand die Botschaft des Liedes sofort. Er war ein großer Fan der Band, und als er John „Have you ever seen the rain, coming down a sunny day?" singen hörte, hatte er Tränen in den Augen.

Was folgte, war der erste allseits sichtbare Schritt: Tom Fogerty erkannte, daß der Versuch, die Band durch eine Revolte zu „demokratisieren", kläglich gescheitert war. Sein Unvermögen und das seiner Mitstreiter im Kampf um künstlerische Gleichberechtigung wurde offensichtlich. Sie konnten einfach keine Lieder schreiben, arrangieren oder singen, wie John es konnte. Für Tom war die Schlacht verloren, jedoch der Krieg noch lange nicht. Es gab für ihn keine Möglichkeit mehr, in der Band zu bleiben. Er wollte sich selbst verwirklichen und mußte einsehen, daß es dafür keinen Weg bei „Creedence Clearwater Revival" gab. Der erste, der ausstieg, war Tom. In einem Interview gab er sogar zu, was auch Doug und Stu genau wußten: „John war immer der musikalischste von uns, und deswegen haben wir ihn als musikalischen Führer akzeptiert. Die einzelnen Egos wurden unterdrückt zugunsten desjenigen, der den Job am besten machen konnte."

„Fogertys Rache"

Nachdem Tom Fogerty 1971 bekanntgegeben hatte, daß er gehen würde, nahm die Polarisierung bei den Übriggebliebenen zu. Der Streit der Fogerty Brüder hatte für die beiden anderen bisher bedeutet, daß nicht sie in die Schußlinie gerieten. Das sollte sich jetzt ändern. Die Band „Creedence Clearwater Revival" suchte keinen Ersatz für Tom, sondern wollte als Trio weitermachen. John Fogerty hatte das Album „Pendulum" noch allein produziert und auch alle Titel geschrieben. Die Melancholie, die Titel wie „Have You Ever Seen The Rain?", „(Wish I Could) Hideaway" und „Sailor's Lament" ausdrücken, war nicht zu überhören.

Noch einmal betonten Doug Clifford und Stu Cook ihren Anspruch auf mehr Mitspracherecht. Gleichzeitig machten sie sich daran, Lieder für ein neues Album zu schreiben. Jeder tat nebenbei, was er wollte. Während sich John zu Hause ein Studio einrichtete, drehte Stu Cook einen Kurzfilm, für den er auch gleich die Filmmusik aufnahm. Dabei half ihm Doug Clifford, der zugleich ein Album mit dem Folk-Sänger Mark Spoelstra aufnahm. So verging ein Jahr. Seit langem war es nicht mehr so ruhig um die Gruppe gewesen. Der einzige, der Schlagzeilen machte, war Tom Fogerty. Einen kurzen Moment lang hätte man glauben können, daß er im Zentrum der Band gestanden habe. Die Medien berichteten ausführlich von seinen Aktivitäten mit Jerry Garcia und von seinen Gründen, warum er die Band verlassen hatte.

Im Frühjahr 1972 war es dann endlich soweit. Das neue Album von „Creedence Clearwater Revival" war da: „Mardi Gras" — für die Fans und Kritiker eine Katastrophe. Die bisher in den Himmel gelobte Band wurde jetzt total verdammt. Der Star-Kritiker Jon Landau, der sich später als Manager von Bruce Springsteen einen Namen machte, schrieb im „Rolling Stone" einen Verriß der Platte, wie er härter nicht sein konnte. Er bezeichnete das Album als „Fogertys Rache". Dabei verurteilte er vor allem die Produktion, für die nicht mehr Fogerty allein verantwortlich zeichnete, sondern alle verbliebenen Mitglieder der Band. An den gesanglichen Qualitäten von Doug Clifford und Stu Cook ließ Landau kein gutes Haar. Besonders für Stu Cook fand er ein vernichtendes Urteil: „Die drei Titel von Bassist Stu Cook sind so schlecht, daß man sie als Beleidigung auffassen kann." Um Cooks Versagen deutlich zu machen, suchte er nach einem Vergleich mit einer anderen Band. Auf fast allen Alben der „Beatles" hatte der Schlagzeuger Ringo Starr ein Lied singen dürfen. Obwohl der auch wirklich nicht gut singen konnte, sah Jon Landau Ringo mit seinem Humor als Bereicherung für die Band. „Stu Cook bietet uns hingegen seine humorlosen Lieder und seine schmerzende Stimme, als könnten sie für sich bestehen, als seien sie selbstverständlich interessante Musik. Sich auf dem Namen der Band ausruhend, ist er jetzt in der Lage, Musik auf einem sich sicher verkaufenden Album unterzubringen, die ihn nicht einmal für eine gute High-School-Band qualifizieren würde. Daß ihn ein Musiker von Fogertys Statur begleitet, ist deprimierend; daß wir gezwungen sind, uns Cook statt Fogerty anzuhören ist beleidigend." Jon Landau schloß seinen Artikel mit der Feststellung, daß das Album das schlechteste einer etablierten Rock-Band sei, das er je gehört habe.

Doug Clifford hat für die mißlungene Platte heute eine fragwürdige Erklärung: „Das Album war ein Ultimatum von John. Wir wollten es nicht machen. Auf jeden Fall nicht so. Er hat gesagt: 'Wenn ihr es nicht so machen wollt, dann hören wir jetzt einfach auf.' Wir wollten die Band nicht verlieren. Wir dachten, daß wir damit schon fertig werden würden und dann wieder weitermachen könnten. Aber es war uns nicht klar, daß er plante, als Solo-Künstler weiterzumachen und daß wir die Schuld für das Zerbrechen von 'Creedence' in die Schuhe geschoben bekommen würden." Clifford behauptet auch, daß es John Fogerty war, der die Band verlassen hat und daß er und Stu Cook dafür nicht verantwortlich seien.

Alle ihre Demokratiebestrebungen, die Versuche, selbst Musik zu schreiben und zu produzieren, um einmal selbst im Rampenlicht zu stehen, hatten Stu Cook und Doug Clifford ins endgültige Abseits befördert. Sie waren an ihrer Eitelkeit gescheitert und hatten sich mit ihren Beiträgen zu „Mardi Gras" obendrein auch noch bloßgestellt. Mit John Fogerty gemeinsam hätten sie noch Jahre lang Musik machen können, mit der sie wenigstens als großartige Rhythmusgruppe in Erinnerung geblieben wären.

Produced by John Fogerty

Der Blue Ridge Mountain Boy

Jeder für sich, jeder ein Star der weltberühmten Band „Creedence Clearwater Revival", jeder mit einem Plattenvertrag. Immerhin: Das hatten sie gemeinsam geschafft. Die unsichere Zeit, in der Stu Cook, Doug Clifford, Tom und John Fogerty noch sehnlichst auf den Durchbruch gewartet hatten, lag gerade mal fünf Jahre zurück. Fünf Jahre, in denen sie alles erreichten, was sie sich je erträumt hatten. Jetzt, 1972, war die Gemeinsamkeit zerstört, dafür schien für alle der Himmel voller Geigen zu hängen. Für John Fogerty traf das buchstäblich zu. Befreit von der Last, die Verantwortung für „C.C.R." tragen zu müssen, und erleichtert, sich nicht ständig der Kritik der aufbegehrenden Bandmitglieder stellen zu müssen, verwirklichte er ein Projekt, das mit den anderen nicht möglich gewesen wäre: eine Platte nur mit Bluegrass-, Country- und Gospel-Stücken. Endlich mußte John keine Kompromisse mehr machen. Der Befreiungsschlag drückte sich aber nicht allein in der Musikwahl aus, die für „Creedence Clearwater Revival" nicht in Frage gekommen wäre, sondern auch in der Entscheidung, diesmal wirklich alles selbst zu machen – das Arrangement, die Produktion und die Instrumentierung. Niemand sollte mehr hineinreden dürfen, und wenn John dafür lernen mußte, Geige zu spielen. Das Saiteninstrument, das in der Countrymusik „Fiddle" genannt wird, stellte eine besondere Herausforderung für ihn dar: „Fiddle ist ungewöhnlich schwer!"

Die Idee zu der „Blue Ridge Rangers"-Platte geht auf die Zeit zurück, in der sich die Band auf Tournee nach ihren Auftritten im Hotel zusammensetzte und John seiner Liebe zur Country-Musik freien Lauf ließ. Bislang hatte er nur Instrumente gespielt, die einen Bezug zum Rock'n'Roll hatten. Allein für diese Jam-Sessions studierte er die Technik der Pedalsteel-Gitarre ein („Ich sagte mir: Ich hole mir so ein Ding und übe damit im Hotelzimmer, mache Geräusche. Und ich kam sehr schnell voran!") und eignete sich Banjospielen an („Das schaffte ich in anderthalb Stunden, und innerhalb eines Monats spielte ich schon Banjo in den Konzerten"). Den Jimmie-Rodgers-Jodel aus dem „California Blues" sang er auf Tournee immer, um seine Stimme zu überprüfen. Gelang der ihm, war sie für den Auftritt o. k. Tony Joe White war es, der John damals aufforderte, „Jambalaya" auf Platte aufzunehmen. Und John sieht das Hank-Williams-Stück auch heute noch als einen Titel an, der auf jeder „Creedence Clearwater Revival"-LP hätte veröffentlicht werden können. Zu den Songs, die das „rock&roll excitement" bei ihm zum Ausbruch brachten, zählt er neben „Fortunate Son", „Travelin' Band" und „Born On The Bayou" auch „Jambalaya". Von den zwölf Titeln auf dieser Platte hatte er noch andere jahrelang im Sinn gehabt, bevor er sie im Studio einübte: zum Beispiel Don Robertsons „Please Help Me, I'm Falling", das Hank Locklin 1960 nicht nur in die Country-Hitparade, sondern auch in die Pop-Charts brachte. Daß er Merle Haggards „Today I Started Loving You Again" von 1970 – das „modernste" Lied auf „The Blue Ridge Rangers" — aufnehmen wollte, hatte er dem Country-Sänger noch zu „Creedence Clearwater Revival"-Zeiten nach einem Haggard-Konzert zugesagt.

Das bemerkenswerteste an den „Blue Ridge Rangers" ist die Tatsache, daß John Fogerty die erste Platte, die er total in seiner eigenen Verantwortung veröffentlichte, nicht unter seinem Namen herausbrachte. Das Original-Cover zeigte die Silhouetten von fünf Musikern auf einer Wiese, zum Teil mit Instrumenten, vor einem vom Abendrot gefärbten Himmel. Alle fünf tragen einen Cowboyhut, und alle fünf sehen John Fogerty zum Verwechseln ähnlich. Auf der Rückseite: derselbe Musiker mit dem Rücken zur Kamera auf einem Bootsanleger in einer Bayou-Landschaft. Des Rätsels Lösung: Bob Fogerty hatte seinen Bruder nach dessen Wunschvorstellung fotografiert und dann die einzelnen Aufnahmen für eine Fotomontage verwendet. Sogar das Album-Cover hatte John im voraus konzipiert. Aber der einzige Hinweis auf seine Urheberschaft war eine kleine Zeile auf der Rückseite: „Arranged and produced by John Fogerty".

Ralph J. Gleason war wieder der erste, der John Fogerty für den „Rolling Stone" interviewte. Unter dem Titel „Inside the Blue Ridge Rangers" (eine Anspielung auf das mißglückte „Creedence Clearwater Revival"-Buch „Inside Creedence") stellte er „den Sound eines Mannes, der alles macht" vor. Dabei verstieg der Jazz-Kritiker sich zu einem Vergleich mit Sidney Bechet, der in den 40er Jahren auch eine Platte aufgenommen hatte, auf der er alle Instrumente selbst spielte. Die entscheidende Frage aber stellte er zuletzt: „Warum hast du deinen Namen — abgesehen von dem Hinweis Arrangeur und Produzent — von der Platte gelassen?" Und Johns Antwort läßt erkennen, daß er selbst es sich nie einfach machen wollte: „In meiner Überzeugung ist die Musik das wichtigste, das, was auf der Platte ist. Und ich wollte nicht aus dem Namen John Fogerty Kapital ziehen — und vice versa. Wenn der Name drauf stünde, wüßte man zum einen nie, ob die Musik wirklich akzeptiert würde oder zum anderen, ob man — was schlimmer wäre — die vorgefaßten Meinungen über John Fogerty bestätigt fände." Mit anderen Worten: Er wollte nicht den leichten Weg gehen, daß seine erste Soloplatte nur wegen seines großen Namens gekauft würde, er wollte mit seiner Idee, seiner Musik, seinem Arrangement, seiner Produktion überzeugen. Damit verwirrte er aber nicht nur die Fans. Auch der portugiesische Ableger von „Fantasy" wußte nicht, wer „Blue Ridge Mountain Blues" aufgenommen hatte: Das Cover der portugiesischen Single zeigt ein Foto von Doug Clifford!

Das Experiment scheitert

Die erstaunliche Tatsache, daß der Musiker, dessen Name für das Rock'n'Roll-Revival Ende der sechziger Jahre stand, sich mit einem Country-Album zurückmeldete, fand in Amerika kaum Beachtung. Seit Ray Charles 1962 mit der Platte „Modern Sounds In Country And Western Music" den Durchbruch schaffte, seit Bob Dylan sein „Self Portrait" 1970 hauptsächlich mit Country-Songs bestückte, konnte die Wende zur früher als altmodisch geltenden Musik aus Nashville niemand mehr schocken. In Hinsicht auf den entscheidenden Schritt in seiner musikalischen Karriere, den die popinteressierte Welt von ihm erwartete, wirkt die Wahl des Materials dennoch seltsam. Verständlicher wird sie, wenn man Johns gespanntes Verhältnis zu Saul Zaentz und „Fantasy Records" bedenkt. Die ungeliebte Firma stellte Ansprüche, die er nicht erfüllen wollte, die ihn aber zwangen, bei dem Label zu bleiben. In einer ähnlichen Situation hatten schon einmal die Everly Brothers, als sie von „Cadence" zu „Warner Bros." wechseln wollten, eine ganze LP nur mit uralten Folksongs abgeliefert. „Cadence" erklärte die Platte „Songs Our Daddy Taught Us", mit der kein Hit zu machen war, daraufhin vorsichtshalber zum „collector's item" (Sammlerstück), was sie dann auch geworden ist. Die Everly Brothers konnten 1960 zu „Warner" wechseln. John Fogertys Kalkül sah ähnlich aus: Er wollte Saul Zaentz nicht mehr seine eigenen Kompositionen in den geldgierigen Rachen stopfen. Wenn er „Fantasy" die Masterbänder mit angestaubten Country-Stücken präsentierte, müßten die einsehen, daß mit ihm nicht mehr als Melkkuh zu rechnen sein würde — und ihn spätestens 1974 aus dem Vertrag entlassen. Aber die Rechnung ging nicht auf. Saul Zaentz, der zu dieser Zeit gerade als Produzent seinen ersten Film „Payday" (mit Daryl Duke und Rip Torn) in die Kinos brachte, dachte gar nicht daran, auf das einzige musikalische Genie, das er unter Vertrag hatte, zu verzichten. „Payday" fand zwar Anerkennung bei den Kritikern, floppte aber an den Kinokassen. Zaentz mußte sich in diesem Jahr einen anderen Geldgeber für den Zahltag herbeizitieren: Er ließ John mitteilen, daß die „Blue Ridge Rangers" nicht als Erfüllung des Vertrags angerechnet würden, weil es ja keine John-Fogerty-Platte sei.

Als Ralph J. Gleason 1973 Fogerty für den „Rolling Stone" interviewte, waren bereits drei Singles unter dem Namen „The Blue Ridge Rangers" herausgekommen: „Blue Ridge Mountain Blues", „Jambalaya (On The Bayou)" und „Hearts Of Stone". „Jambalaya" schaffte es 1972 zwar auf Platz 16 der „Billboard"-Charts, aber für den hitverwöhnten Fogerty war das nicht viel mehr als ein Achtungserfolg. Um so mehr setzte er auf „Hearts Of Stone", das als frühes Rock'n'Roll-Stück schon Anfang der fünfziger Jahre von den Jewels aufgenommen worden war. „Wenn eine Platte herauskommt", schwärmte er Gleason vor, „und ich höre sie mir an, bin ich allein vom Zuhören stoned. Wie jetzt gerade, ich liebe diese Platte ('Hearts Of Stone'), sie hat mich in meinem Glauben bestärkt, warum ich das Ganze mache." Schon vor dem offiziellen Ende von „Creedence Clearwater Revival" war er Tag für Tag ins Studio gegangen, um sich im Country-Sound zu üben. Er suchte nach Quellen und Original-Versionen der Stücke, die ihn faszinierten, und vollzog dabei noch einmal den historischen Prozeß, in dem sich die Countrymusik über Rockabilly zum Rock'n'Roll öffnete. Ausgerechnet bei „Hearts Of Stone" ließ ihn seine Gefolgschaft in Stich: Die Single landete auf Platz 37, auf einer niedrigeren Position als die letzte „Creedence Clearwater Revival"-Single „Someday Never Comes" von dem schwachen „Mardi Gras"-Album. Die deutschen Fans bescherten ihm immerhin Platz 33. Auf der Single-Hülle war hierzulande John Fogerty abgebildet, und in dem Bild stand deutlich lesbar „Featuring John C. Fogerty". Daß er hinter dem Pseudonym steckte, hatte das Magazin „Bravo" schon unter dem Titel „Das Geheimnis der Blue Ridge Rangers" bekannt gemacht. Dieter Zill war eigens für diese Story noch einmal nach San Francisco geflogen und hatte John in seinem Privatstudio in Berkeley fotografiert. Der ließ sich bereitwillig mit jedem Instrument ablichten, das er für seine erste Soloplatte gespielt hatte. Zill: „Da war er schon sehr zurückhaltend, was Äußerungen über die Band und die Plattenfirma anging. Die hatten ihn ja über den Tisch gezogen! Schließlich war er es ja gewesen, der alles für den Erfolg von 'Creedence' getan hatte." Um seine neue Rolle im Bild festzuhalten, fuhr der deutsche Fotograf mit John zum Strand: Der setzte sich dort lässig seinen Cowboy-Hut auf und ging wie ein Lone Ranger auf den Horizont zu. Da wußte er noch nicht, welche Enttäuschung ihm bevorstand. Die letzte Single des Blue Ridge Mountain Boy mit „You Don't Owe Me" und „Back In The Hills", zwei Country-Songs, die nicht auf der LP vorkamen und die er selbst geschrieben hatte, fielen beim Publikum durch.

E IN M EILENSTEIN

Mangelnde Qualität der Musik kann nicht als Grund für das Scheitern gelten. Noch 25 Jahre nach Veröffentlichung der „Blue Ridge Rangers" zählt die Platte zu dem Besten, was John Fogerty gemacht hat. Sie verdeutlicht aber auch das Dilemma, in dem er sich zusehends befand: Schon zu „Creedence Clearwater Revival"-Zeiten stellte er sich mit seinen Drei-Minuten-Songs gegen den Trend der Zeit. In der ersten Hälfte der siebziger Jahre fand aber mit dem Ende des Motown-Sounds ein grundsätzlicher Geschmackswandel statt, der über den Glitter-Rock schließlich zur Disco-Welle führte. Einer Country-Platte mit zeitlos gespielten Klassikern fehlte der Chic, der sich jetzt in der Mode in Afro-Look und Plateau-Sohlen manifestierte. Es fehlte aber auch jede gesellschaftliche Relevanz, auf die John sonst soviel Wert gelegt hatte. In dem Jahr, in dem Richard Nixon die CIA in das südamerikanische Chile schickte, um den Putsch gegen den demokratisch gewählten Präsidenten Salvador Allende vorzubereiten, hielt er sich aus allen Gegenwartsbezügen heraus.

John Fogerty hatte eine wunderschöne Platte produziert, seine persönliche Hommage an Musiker, die seine Jugend begleitet hatten und die ein wichtiges Kapitel Musikgeschichte geschrieben hatten. Das war natürlich kein kommerzielles Konzept, aber ein Meilenstein auf seinem Weg zum Solostar, ein Meilenstein, dessen Bedeutung allenfalls Musikkritiker erfaßten. Jon Landau, der den radikalen Verriß von „Mardi Gras" für den „Rolling Stone" verfaßt hatte, näherte sich den „Blue Ridge Rangers" mit großer Behutsamkeit an. Er war sogar bereit, die Kritik der anderen „C.C.R."-Mitglieder an John mit einzubeziehen: „Wenn er bei Creedence Clearwater Revival unbescheiden schien, hat er sich jetzt gerechtfertigt und bewiesen, daß er eine sehr schöne Platte ohne fremde Hilfe machen kann." Damit war auch genug gesagt zu der Tatsache, daß es sich hier um eine One-man-Band handelte. Was zählte, war Johns Stimme: „Im Zentrum der Kunst dieses Albums steht Fogertys Gesang... Er singt schwarzes Material mit Country-Einschlägen und Country-Lieder mit schwarzer Einfärbung." Der Vergleich mit „Green River", den Landau in seiner „Rolling Stone"-Kritik für das Gitarrenspiel auf dem Stück „Working On A Building" bemüht, trifft für das ganze Album zu. „Creedence Clearwater Revival"-Anklänge lassen sich aus jedem Stück heraushören — mit dem Unterschied, daß der Sound hier viel klarer, viel perfekter ist als bei den meist live eingespielten „C.C.R."-Platten. Dafür ging Fogerty das Risiko ein, daß ein Hauch von sterilem Studio über den Stücken schwebt. Auf der anderen Seite gelang es ihm, Klassikern wie Jimmie Rodgers' „Blue Yodel # 4" („California Blues") und Webb Pierces „I Ain't Never" einen authentischen Rock'n'Roll-Drive zu verleihen.

Wer eine Anthologie amerikanischer Südstaaten-Musik sucht und wer wissen möchte, was John Fogerty bewegt, braucht sich nur die „Blue Ridge Rangers" anzuhören. Mit Landaus Worten: „Das ganze Album ist der Reinterpretation persönlicher Lieblingslieder gewidmet; hauptsächlich Country, einige Spirituals und früher Rock. Es hat praktisch überhaupt nichts mit gegenwärtigen Rock-Trends zu tun, sei es Singer/Songwriter,

Heavy Metal, Theatralisches, Glitter oder Flash. Statt dessen ist die Platte eine kristallklare Destillation der Sicht eines Mannes von der Vergangenheit des Rock'n'Roll, die Quelle seiner Stärke und seines Glaubens. Darauf scheint jede Aufnahme in einen Fluß der Gefühle zu münden, in dem Country und City, Western und Blues, Gospel und Weltliches sich mischen zu einem Ganzen: ursprünglicher amerikanischer Musik."

TRAVELING RANGERS

Im Sommer 1973 arbeitete John Fogerty an einer Fortsetzung seiner Karriere als „Blue Ridge Ranger" und suchte Musiker, mit denen er das neue Material auch auf einer Tournee spielen konnte. Die Dinge schienen gut zu laufen. Immerhin stand er nicht allein da mit der Rückbesinnung auf die Wurzeln amerikanischer Musik. Gerade hatte der Rockmusiker Leon Russell nach Johns Vorbild eine Country-LP veröffentlicht. Titel: „Hank Wilson's Back". Wie Fogerty versteckte sich auch Russell hinter einem Pseudonym (Hank Wilson), wie Fogerty sang auch Russell „Jambalaya" und „She Thinks I Still Care" — allerdings ließ er sich von renommierten Musikern wie J. J. Cale, Charlie McCoy, Buddy Harman und anderen begleiten. Als Single hatte Russells Label „Shelter" das Bluegrass-Stück „Roll In My Sweet Baby's Arms" ausgekoppelt, eine Komposition von Lester Flatt und Earl Scruggs. Sie erreichte im Juni Position 78 in den „Billboard"-Charts. Es sah so aus, als könne sich Country-Rock in der Musiklandschaft der 70er Jahre einen guten Platz erobern.

Wie immer aber war Fogerty auch diesmal schon bald nach Veröffentlichung seiner ersten Soloplatte nicht mehr zufrieden mit dem, was in Vinyl gepreßt war. Gegenüber dem englischen Reporter Todd Tolces vom „Melody Maker", der ihn im

"Fantasy"-Studio A in Berkeley besuchte, verglich er das Ergebnis mit dem ersten „Creedence Clearwater Revival"-Album: „Die Aussage der Platte ist: Da bin ich, und auf diesem Terrain werde ich mich bewegen. Aber sie ist keineswegs poliert! Ich hatte schon seit Jahren die Idee zu dieser Platte, und es stellte sich immer die Frage, ob ich der Herausforderung gerecht werden würde — ob ich gut genug wäre." Bei der zweiten „Blue Ridge Rangers"-Platte, die er zu der Zeit gerade aufnahm, würde er besser sein. „Vor ein, zwei Wochen habe ich gespürt, daß ich musikalisch gut drauf bin. So wird jetzt alles ganz schnell gehen." Er wirkte gelöst und zuversichtlich. Wieder bekannte er sich zu seiner Liebe für die Standards der klassischen Country- und Bluegrass-Musik. „Trouble In Mind", eine Ballade aus dem Jahr 1956, die schon Fats Domino und auch der Saxophonist King Curtis zum Blues gemacht hatten, stand genauso auf dem Plan wie „Roll In My Sweet Baby's Arms", mit dem nicht nur Leon Russell sondern auch Buck Owens (1971) einen Hit gehabt hatte. Daß ein Rockstar Anfang der 70er Jahre ein Bluegrass-Stück aufnehmen wollte, schien dennoch so abwegig, daß John Fogerty eine Erklärung für nötig hielt: „Der größte Teil der guten Bluegrass-Sachen ist schon vor 20 Jahren entstanden, aber die machen mich noch genauso an wie Jerry Lees 'Whole Lotta Shakin' '. Die alten Bluegrass-Songs von Bill Monroe haben dieselbe Intensität wie der gute alte Rock'n'Roll!"

An diesem Tag im Studio hatte John schon eine Tonspur mit der Rhythmus-Gitarre aufgenommen und spielte das Schlagzeug ein. Der Reporter fühlte sich an „Have You Ever Seen The Rain?" erinnert. Den Titel erfuhr er noch nicht. Anders als bei dem ersten „Blue Ridge Rangers"-Projekt, bei dem er sich zu gestreßt von den Auseinandersetzungen mit Zaentz und Clifford und Cook fühlte, um selbst zu komponieren, hatte Fogerty jetzt vor, auch eigene Country-Songs herauszubringen. Möglicherweise handelte es sich bei dem Stück um „Almost Saturday Night", das zur Veröffentlichung auf dieser Platte gedacht war — wie auch „You Don't Owe Me" und „Back In The Hills" —, die vorab als Single erschienen waren. Und er ging bewußt das Risiko ein, nicht mehr die

Spitzenpositionen zu erreichen wie zu „Creedence Clearwater Revival"-Zeiten: „Ich ziehe es vor, jetzt Sachen zu machen, die nicht sofort kommerziell wirken. Mir ist klar, daß 'Creedence' — jenseits meiner kühnsten Träume — ein kommerzieller Erfolg war. Aber deswegen schäme ich mich natürlich auch nicht. Ich bin froh, daß ich jetzt diese (Country-)Platten gemacht habe, und ich werde wohl auch immer stolz darauf sein — im Gegensatz zu Dingen, die ich hätte machen können. Die Musik von heute ist so überproduziert, so blahhhhh!"

Mit seinen Soloaufnahmen wollte er ein Zeichen setzen, ein musikalisches Manifest, das alle erreichen sollte, die mit der Wende zum Glitter-Rock nichts anfangen konnten. Und natürlich sollte die Freude des Musikmachens von ihm auf sein Publikum überspringen. Schon im Dezember wollte er mit einer Truppe handverlesener Musiker als „Traveling Rangers" auf Tournee gehen. „Am liebsten hätte ich Leute wie Donald 'Duck' Dunn oder Al Jackson für die Rangers, aber die spielen ja in ihrer eigenen Band mit Booker T.! Ich möchte eine echte Horn-Section und echte Fiddler dabei haben." Sein Wunschtraum war es, den schlechten Eindruck, den er mit Doug Clifford und Stu Cook auf der Platte „Mardi Gras" und auf der Tournee des Trios hinterlassen hatte, wieder wettzumachen. Das Bild, das er von den letzten Monaten von „Creedence Clearwater Revival" vor Augen hatte, war das einer in den Schmutz gezogenen, zerrissenen Fahne. „Wir hätten schon vorher aufhören sollen, dann hätte man sich wenigstens gern an uns erinnert!" Aber jetzt sah er die Chance, die Ereignisse der Jahre '71/'72 vergessen zu machen.

Die Euphorie hielt nicht lange vor. „Fantasy" warf ausgerechnet in diesem Jahr eine geballte Ladung an „Creedence"-LPs auf den Markt, die John Fogerty eigentlich hatte verhindern wollen. Vor allem die miserablen Aufnahmen der Europa-Tournee '71 schadeten nicht nur seiner Meinung nach dem Image der Band. Sie kamen gleich in zwei Versionen heraus: als Doppel-LP „Live In Europe" in Amerika und Europa und als LP „Live In Germany" in Deutschland. Weitere Veröffentlichungen: „Creedence Gold" und „More Creedence Gold" — zwei Hitkopplungen. Saul Zaentz, Tom Fogerty, Doug Clifford und Stu Cook konnten ihn bei jeder Entscheidung überstimmen. Die neue „Blue Ridge Rangers"-Platte, die ihm wichtig war, wurde dagegen auf Eis gelegt. Erst jetzt dämmerte es John Fogerty, daß nicht Tom, Doug oder Stu bei „Fantasy" die Zukunft verbaut war, sondern ihm selber.

„Wir kaufen Fantasy"

Noch einmal bäumte er sich auf, bevor er sich geschlagen gab. Die Single „Comin' Down The Road"/ „Ricochet" war ein Parforceritt, mit dem er seinen Untergang stoppen wollte. Auf dem Cover stand zum erstenmal in seinem Leben als Künstlerangabe „John Fogerty", dementsprechend gab er auf der Platte alles, was er mit Rock'n'Roll verband: ein kreischendes Gitarren-Riff, ein hämmerndes Klavier, ein treibendes Schlagzeug. Der Text von „Comin' Down The Road", das auf jede „Creedence Clearwater Revival"-LP gepaßt hätte, handelte von den Rock'n'Rollern der frühen Jahre, die ihm alle im Traum auf der Straße begegneten. Darunter „the fat man" Fats Domino, der ein „pumpin' piano" spielt. Im Grunde war es eine Vorwegnahme von „Rockin' All Over The World", eine fröhliche Hommage an den Rock'n'Roll. Auf der B-Seite, einem Instrumental, demonstrierte er seine Version des Memphis-Sound von „Booker T. & The M.G.'s". Beide Stücke stammten aus der Feder Fogertys, und auf beiden spielte er wieder alle Instrumente selbst. Das Coverfoto zeigte ihn bei einem Live-Auftritt in der blauen Jacke, die er auf der letzten „Creedence Clearwater Revival"-Tournee getragen hatte. Seine Pose: ganz das Rock'n'Roll-Idol, so wie die Sounds-Kritikerin ihn in Manchester erlebt hatte, gespreizte Beine, die Gibson-Gitarre auf den Oberschenkeln, eine aggressive, selbstbewußte Macho-Haltung.

Die Welt brach für ihn zusammen, als die Platte unbeachtet blieb. Zum Teil mag der verzerrte Sound der Aufnahmen an dem Mißerfolg schuld gewesen sein, zum Teil die mangelnde Unterstützung durch „Fantasy". Aber es mußte auch ihm aufgehen, daß er am Zeitgeist vorbei produziert hatte. Ironie des Schicksals: Ein Song mit einem düsteren, unheilvollen Text, der auch die Formulierung „Down The Road" im Titel hatte, brachte ihm zwölf Jahre später ein fulminantes Comeback. Jetzt aber war John Fogerty am Boden zerstört. Er verstieg sich sogar in dramatische Untergangsvisionen. War nicht Jimmie Rodgers 1933 gestorben und Hank Williams 1953? Jetzt, 1973, „glaubte ich, sei ich dran". Die Rettung kam von unerwarteter Seite.

Das Telefon klingelte, und David Geffen sagte am anderen Ende der Leitung: „Hi, John, ich bin es wieder!" Schon zu besseren Zeiten, als John mit „C.C.R." noch im Rampenlicht stand, hatte Geffen einmal angefragt, ob John und die Band nicht an einem Vertrag bei einem anderen Label interessiert seien. Damals hatte Fogerty ihn schroff abgewiesen: „Ich mag euer ganzes Gewerbe nicht!" Geffen war damals Manager bei der Agentur William Morris, die ihr Geld damit verdiente, die Interessen der Künstler gegenüber den Plattenfirmen zu vertreten. Ein Jahr älter als John, hatte David Geffen, der in ärmlichen Verhältnissen in Brooklyn aufwuchs, mehr Verständnis für Rockmusiker als Saul Zaentz. Er hatte sich ähnlich wie Fogerty nach oben gearbeitet und empfand viel Sympathie für die Aufsteiger-Band. Sein sanftes Auftreten und seine weichen Gesichtszüge täuschten anfangs viele, die bald erkennen mußten, daß er ein tougher Geschäftsmann war, der hart verhandelte. Und er war zäh. Im Herbst 1973 meldete er sich ein zweites Mal bei John Fogerty. Inzwischen hatte er das Label „Asylum" gegründet und hatte Laura Nyro und Joni Mitchell zu Weltstars gemacht. Er managte Crosby, Stills, Nash &

Young, entdeckte Jackson Browne und gab den völlig unbekannten „Eagles" eine Chance. Im Jahr 1972 verkaufte er „Asylum" für sieben Millionen Dollar an Warner Brothers und wurde im Gegenzug Chef von „Elektra-Asylum-Nonesuch". Schon bald war er dabei, die bedeutendsten Musiker der amerikanischen Popszene anzusprechen, um sie für eins seiner Label zu gewinnen. Bei Bob Dylan hatte er schon Interesse geweckt, warum sollte er bei John Fogerty weniger Glück haben? Das Gespräch verlief diesmal besser als beim ersten Mal. „Im Moment kann ich mich dazu nicht äußern, vielleicht in einem Monat", war Johns vorsichtige Reaktion.

Jetzt, als der Monat um war, konnte John sich nichts Besseres wünschen als diesen Anruf von Geffen. Er entschied über seine Zukunft. Bei ihrem ersten Treffen erklärte er dem Label-Chef, in welcher Lage er sich befand und warum er noch einen Monat Bedenkzeit gewollt hatte. Inzwischen hatte er nur noch einen Wunsch: weg von „Fantasy"! Geffen sah darin kein Problem: „Am besten kaufen wir Saul Zaentz 'Fantasy' ab…" John war verblüfft, doch er war mittlerweile so frustriert, daß er nichts mehr mit dem Namen „Fantasy" zu tun haben wollte: „Alles, was die anfassen, wird zu Blei. Ich will nur raus aus dem Vertrag!" Auch dafür hatte Geffen eine Lösung: „Wir kaufen den Vertrag."

Toms Tod

Als wir beide wußten, er würde sterben, habe ich versucht, unser Verhältnis wieder in Ordnung zu bringen. Es war zum Verrücktwerden. Tom reagierte nicht, statt dessen entwarf er seine eigene Version der Vergangenheit und was passiert war. Es war eine Scheinwelt. Ich hatte nur die Wahl, alles zusammenbrechen zu lassen oder freundlich zu sein. So starb er und ließ mich mit einem Ballon voller unverarbeiteter Themen zurück... Mom hätte es geliebt, wenn wir ins reine gekommen wären, aber unglücklicherweise ist es nicht so gekommen."

John Fogerty, Mai 1997

„Joyful Resurrection"

Am 6. September 1990 starb Thomas Richard Fogerty. Er war nur 48 Jahre alt geworden. Als offizielle Todesursache wurden die Folgen einer Tuberkulose genannt. Tuberkulose war in den 80er Jahren verstärkt bei Drogensüchtigen und AIDS-Infizierten als Krankheitsbild aufgetaucht. Zuvor hatte TB als weitgehend ausgerottet gegolten. Doug Clifford betont, daß Tom Fogerty tatsächlich an dieser Krankheit gestorben sei. Gleichzeitig bestätigt er eine Vermutung: „Letztendlich war es Tuberkulose, aber es war AIDS. Ich habe nicht darüber gesprochen. Ich habe es für mich behalten, weil er eine junge Familie hatte, zwei kleine Kinder. Damals war es noch nicht so üblich, darüber öffentich zu reden.

Aber Jeff, der jüngere Sohn aus erster Ehe, hat darüber gesprochen." Jeff Fogerty bemühte sich wohl deswegen auch in letzter Zeit darum, eine Tribut-Platte mit „Creedence Clearwater Revival"-Liedern — von anderen Künstlern eingespielt — zu veröffentlichen, deren Einnahmen AIDS-Hilfe-Projekten zugute kommen sollen.

Sogar in den Todesmeldungen der Presse spiegelte sich die schwierige Position wider, die Tom Fogerty zeitlebens hatte. Er wurde entweder mit seinem jüngeren Bruder John verwechselt oder einfach nur als „der Mann, der für den unverwechselbaren Rhythmus bei Creedence Clearwater Revival" verantwortlich war, bezeichnet. Das, was er sich gewünscht hatte, als eigenständiger Rockstar gewürdigt zu werden, blieb ihm noch im Tod versagt. Sein Versuch, sich als Solointerpret zu etablieren, nachdem er im Februar 1971 „Creedence Clearwater Revival" verlassen hatte, wurde höchstens beiläufig erwähnt: Er war gescheitert. Tom Fogerty ist neben John die tragische Figur des Dramas „Creedence Clearwater Revival". Er hat die letzten Jahre seines Lebens damit verbracht, Chancen nachzuweinen, die sein talentierterer Bruder John in seinen Augen verpaßt hat.

Immer wieder hat sich Tom als zwiespältige Person gezeigt: 1982, also etwa zehn Jahre nach dem Auseinanderbrechen der Gruppe, äußerte er sich in einem Interview mit dem „Rolling Stone" über seinen Bruder: „Ich verstehe das nicht, wie jemand, der so unglaubliche Lieder schreiben, so toll singen und solch eine Gitarre spielen kann, keinen Drang verspürt, etwas daraus zu machen." Er selbst hatte gerade das Solo-Album „Deal It Out" aufgenommen. Darauf sang er unter anderem zwei Stücke von Van Morrison. Pee Wee Ellis, der ehemalige Saxophonist von James Brown und Van Morrison, der ihn begleitete, sollte ihm bei dieser Produktion helfen, endlich doch noch den Durchbruch zu schaffen. Der „Rolling Stone" verglich Toms Gesang mit Johns Stimme. Das Album wurde als handwerklich gut gemacht beschrieben, dann ging es in dem Gespräch wieder um den über allem schwebenden Bruder. Natürlich wurde Tom ein weiteres Mal mit der Frage konfrontiert, warum er „Creedence Clearwater Revival" verlassen hatte. Er gab zu, aus der Band ausgestiegen zu sein, weil er die Dominanz von John nicht länger ertragen konnte: „'Creedence' gab es schon neun Jahre, bevor der große Erfolg kam. Sechzig Prozent der Zeit war ich der Leadsänger. Ich war kein Diktator, aber ich hatte mehr Verantwortung, als es später in den Augen unserer Fans aussah – wo ich nur der Typ war, der dastand und Rhythmusgitarre spielt. Als wir dann unser sechstes Platinalbum hatten, dachte ich, daß ich jetzt vielleicht auch ein bißchen singen könnte. Aber John wollte nichts ändern, also ging ich."

„I WISH I COULD HIDE AWAY!"

Als ich 18 war, haben John und ich einen Pakt geschlossen. Wir haben uns versprochen, uns immer die Wahrheit zu sagen, ohne emotional involviert zu sein. Es scheint zu funktionieren."

Tom Fogerty, 1970

War es wirklich nur der Wunsch, selbst zu singen, der Tom Fogerty bewegte, die Band seines Bruders zu verlassen? Tom Fogerty fand verschiedene Gründe. Mal wollte er sich mehr um seine Familie kümmern. Schließlich hatte er mit seiner ersten Frau vier Kinder. Bei einer Promotiontour durch England erzählte er Roy Carr vom „New Musical Express" davon, wie er sich als Solokünstler sah: „Ich hatte schon immer einen größeren

Plan vor Augen. Ich habe all die Jahre geschrieben. Bei 'Creedence' hatte ich keine richtige Gelegenheit, das umzusetzen." Und noch ein weiterer Grund fiel Tom Fogerty in diesem Gespräch ein: „Nun, ich wurde ein richtiges Arschloch. Plötzlich merkte ich, daß ich Sachen machte, die ich normalerweise nicht machen würde. Ich wurde zum Star... ein Rock'n'Roll Star, viel mehr als ein Musiker und ein vernünftiges Individuum." Er wollte endlich wieder ein freier Musiker sein, der durch kleine Clubs in der Bay-Area tingelt. Und voller naiver Begeisterung verkündete er seine neuen Errungenschaften, die sich eigentlich eher wie eine ernüchternde Bilanz anhörten: „Es ist der totale Wahnsinn — total verrückt — es ist Tom Fogertys-Ausflippsommer in Berkeley. Die Szene hier ist traumhaft, weil man jedes Wochenende in einem anderen Club spielen kann. Weißt du, es ist komisch, manchmal sind da nur 25 Leute in einem Laden, wenn es dann bekannt wird, daß ich spiele, kommen am nächsten Abend 400. Das ist schon etwas anderes, als vor einer halben Million Leute in Woodstock zu spielen."

Tom wollte einen anderen Eindruck machen, als sein akribisch, perfektionistisch arbeitender Bruder, der in seinen Augen nur verbissen war. Er wollte den freundlich lächelnden, gutmütigen Musiker verkörpern. Er behauptete, daß ihm nichts daran lag, ein Star zu sein. Im „Melody Maker" sagte er: „Vor zwölf Jahren habe ich alle Lieder geschrieben und die Leadvocals gesungen. Nichts hat funktioniert. Es war alles schlecht. Es ging alles nicht, bis John es in die Hand genommen hat. Jetzt werde ich es noch einmal versuchen, aber ich glaube nicht, daß es fair von mir wäre, John zu bitten, abzutreten und nicht mehr der Bandleader zu sein, nur damit ich etwas versuchen kann. Er hat seine Theorien mit Erfolg bewiesen. Jetzt muß ich herausfinden, ob meine eigenen Theorien funktionieren." Deshalb plante er, ein Album im totalen Alleingang aufzunehmen: „Ich habe all die Jahre mit kleinen Bruchstücken gelebt, aber ich habe es nie alles zusammengekriegt und aufgenommen, zumindest nicht auf dem Level von Kompetenz, das ich als Musiker erreicht habe."

Eine Begründung, die wichtigste, blieb immer die gleiche: John Fogerty hatte die absolute Führung der Band übernommen. Dieses Bild stimmt auch mit der oberflächlichen Biographie „Inside Creedence" von John Hallowell überein. In diesem Buch wird John Fogerty als absolutistisch regierender Diktator dargestellt, der auf Tourneen sogar die Bettzeiten seiner Kollegen bestimmte. Ein anderer Grund für Tom, die Band zu verlassen, klang gleich schon viel ehrlicher. Es war nicht so sehr der majorisierende Charakter John Fogertys, als vielmehr die Tatsache, daß Tom Fogerty sich in seinem eigenen Schaffen und seiner Bedeutung als Musiker unterschätzt sah: „Obwohl ich keine wirklich gute Gesangsstimme habe, weiß ich, daß ich singen und Lieder schreiben kann." Er wollte sich als Sänger profilieren, wie er es getan hatte, als ihn die „Blue Velvets" aufgenommen hatten und die Formierung sich daraufhin „Tommy Fogerty and the Blue Velvets" nannte. Da war Tom Fogerty mit einem Mal Leader der Band, die sein jüngerer Bruder ins Leben gerufen hatte. Und das lag vor allem am Altersunterschied zwischen ihm und dem Rest der Band: Die anderen, Doug Clifford, Stu Cook und John, sämtlich Jahrgang 45, waren Ende der fünfziger Jahre noch nicht mündig. Als es darum ging, den Vertrag mit „Fantasy" zu unterschreiben, kam nur Tom Fogerty in Frage. Außerdem hatte Tom sich schon seine ersten Sporen in der Musikwelt verdient, bevor er zu der Gruppe um seinen Bruder stieß.

Die ersten zehn Jahre zog er die Fäden, als die Band ihre Erfahrungen als erfolglose Barband in Nordkalifornien sammelte. In dieser Zeit war er auch das Vorbild seines jüngeren Bruders, der ihn bewunderte. Diese Situation wurde jäh beendet, als sich durch Johns Gesang der erste Erfolg der Band einstellte. John Fogerty war 1967 nicht nur volljährig. Mit seiner Stimme, seinen Liedern und unter seiner Führung endete die Zeit des Tingelns. Der Erfolg stellte sich sofort ein — eine bittere Niederlage für seinen Bruder. Wie bitter diese Entwicklung für Tom war, zeigt sich in der Beschreibung des langsamen Auseinanderbrechens der Band. Doug Clifford erklärt die Ereignisse aus seiner und Stu Cooks

Sicht: „Die Brüder kämpften. Er (John Fogerty) ließ Tom gar nichts machen. Tom war der Leader und Sänger und all das gewesen. Diese Schlacht lief also die ganze Zeit. Unentwegt. Wir haben versucht, uns so weit es ging da raus zu halten. Und dann ging es nicht mehr, denn Tom wollte die Band verlassen. Wir haben versucht, ihn zu überreden zu bleiben. Es war alles sehr angespannt." Auch John Fogerty beschreibt die Strukturen der Band als eine „Zeitbombe", ohne damit explizit das besondere Verhältnis der Brüder zu meinen. Für John gab es zwischen ihm und Tom schon immer den üblichen Neid unter Geschwistern: „Erst als Tom die Band verließ merkte ich, daß es da etwas gab: geschwisterliche Rivalität... Vielleicht war es Eifersucht... Ich glaube, Tom hatte das in enormen Mengen." Auf der letzten Platte, die die Band als Quartett aufnahm, sang John mit „(Wish I Could) Hideaway" ein Abschiedslied an seinen Bruder: „Denn du weißt, ich werde dich vermissen, wenn du gegangen bist. Ich wünschte, ich könnte mich verstecken. Warte! Gib' dir selbst noch eine Chance." Das Lied klang zugleich wie ein Requiem.

John Fogerty fand am Grab seines Bruders Worte, die das angespannte Verhältnis der ungleichen Brüder geschickt umschifften: „Wir wollten nicht die Wall Street erobern oder ganze Nationen. Wir wollten erwachsen werden und Musiker sein. Ich glaube, die Hälfte davon haben wir erreicht, indem wir Rock'n'Roll-Stars wurden. Wir sind nicht zwangsläufig erwachsen geworden." Wen er für nicht erwachsen hielt, darüber ließ er erst gar keinen Zweifel aufkommen: „Tom war der ewige Optimist, kindlich, immer positiv... ein Held." Schon 1970 hatte der „New Musical Express" eine Geschichte unter dem Titel „Tom Fogerty – Ein echter Gentleman" gebracht. Darin beschrieb das Blatt Tom, „den seine Freunde Crunchy nennen", als „immer positiven, lächelnden" und zugleich ernsthaften Gesprächspartner.

Tom Fogerty hat im Laufe seiner achtzehnjährigen Solokarriere eine ganze Reihe von LPs produziert. Berühmtes gelang ihm jedoch nicht, weder als Solokünstler noch mit seiner eigenen Band „Ruby". Und auch als Produzent eines Albums von Merl Saunders blieb der Erfolg aus. Trotzdem erklärte er, sich in seiner neuen Umgebung wohler zu fühlen. Er paßte mit seinen langen blonden Locken schon äußerlich eher in die Hippie-Gesellschaft der San Francisco Bay hinein als sein glattrasierter Bruder John, der seine Überzeugung nicht durch Äußerlichkeiten zur Schau stellen wollte. Bereits 1971 spielte Tom Fogerty mit Jerry Garcia. Er fand schnell Zugang zu der Szene, mit der „Creedence Clearwater Revival" nie etwas zu tun haben wollte.

Trotzdem hoffte Tom Fogerty den Rest seines Lebens immer auf eine Wiedervereinigung von „Creedence Clearwater Revival". Er glaubte, daß die Zeit die Wunden heilen könne. Diese Hoffnung erhielt bei seiner zweiten Hochzeit Nahrung. Um der Familie einen Gefallen zu tun, hatte John eingewilligt, die Band für einen Tag wieder aufleben zu lassen. 1980 war das. Da trat die Gruppe zum allerletzten Mal auf: Die vier spielten in Arizona vor rund 100 geladenen Gästen noch einmal die Stücke, die sie im Repertoire hatten, bevor ihnen der große Durchbruch gelungen war: „In The Midnight Hour", „Down Home Girl" und „Suzie Q.". Genauso wie Doug Clifford und Stu Cook wünschte sich Tom in diesem Moment, daß es wenigstens dazu käme, daß sie mit John über eine Wiedergeburt der Band diskutieren könnten. Aber: „John war ein paar Tage nach der Hochzeit einfach wieder von der Bildfläche verschwunden, ohne sich auf Diskussionen eingelassen zu haben." Tom war, elf Jahre nachdem er die Gruppe verlassen hatte, jederzeit bereit, wieder auf Johns alten Schaufelraddampfer „Proud Mary" aufzuspringen: „Ich glaube, auch Doug und Stu würden die Band in einer Sekunde wieder auf die Beine stellen." Diese Rechnung hatte er natürlich ohne John Fogerty gemacht.

An eine wunderbare Wiederauferstehung hatte er offensichtlich schon 1974 geglaubt. Damals, drei Jahre nach seiner Trennung von „Creedence Clearwater Revival", erschien auf seinem dritten Soloalbum „Zephyr National" der Titel „Joyful Resurrection".

Dieses Lied beschwört die Wiedervereinigung der alten Band. Eine Zeile darin, in der er die ersten beiden Gruppennamen und den Namen der Plattenfirma zitierte, bringt die Geschichte der vier Jugendlichen aus El Cerrito in Erinnerung: „The velvet vision's phantasy was growing..." Der Song war — wohl vor allem, weil er nach John Fogerty klang — Toms größter Soloerfolg. Das Gitarrenriff und der Sound der Gitarre hatten starke Ähnlichkeit mit den Stücken seines Bruders. Auch das „Fender Rhodes"-Klavier hatte bei einigen alten „Creedence Clearwater Revival"-Titeln für den unverwechselbaren Klang gesorgt. Sogar die Komposition war außergewöhnlich gut. „Joyful Resurrection" hätte durchaus auf „Pendulum" Platz finden können, der letzten „C.C.R."-Platte, an der er mitwirkte.

Auf dem Album gab es noch ein weiteres Stück, das klarmachte, daß Tom Fogerty sich John und der Thematik des amerikanischen Südens annähern wollte, mit der sein Bruder Erfolg gehabt hatte: „Goin' Back To Okeefeenokee", Toms Version des Swamp-Motivs, das „Creedence Clearwater Revival" so berühmt gemacht hatte. Okeefeenokee ist ein Sumpfgebiet im US-Bundesstaat Georgia in der Nähe der Stadt Waycross. Dieser Abschluß-Song von „Zephyr National" war jedoch wieder eine der vielen unbedeutenden und harmlosen Kompositionen, die Tom Fogerty so deutlich gegenüber seinem heimlichen Vorbild abfallen ließen.

Alle Mitglieder von „Creedence Clearwater Revival" sind sich als Musiker nie wieder so nah gewesen wie bei der Produktion von „Zephyr National". John kam seinem Bruder entgegen und begleitete ihn als Session-Musiker. Wie in alten Zeiten standen sie wieder zusammen im Studio — mit einem gravierenden Unterschied: Tom war der Star der Show, Tom hatte das Sagen, Tom sang seine eigenen Lieder, und die drei anderen machten, was er wollte. Die Eintracht unter den alten Rivalen war auch auf dem Cover des Albums zu sehen. In einer altmodischen Studio-Kulisse sitzt Tom am Klavier, auf einem

Schemel daneben John, der als Reporter den Künstler interviewt. Doug und Stu betätigen sich im Hintergrund als Vertriebs-Manager. Auf dem Teppich spielen Toms Zwillingstöchter Kris und Jill. Und wie früher bei den Plattencovers von „Creedence Clearwater Revival" hat Bob Fogerty das Foto gemacht.

Tom Fogerty merkte bald, daß der Vertrag mit „Fantasy" seine einzige Möglichkeit war, überhaupt noch Platten zu veröffentlichen. Deshalb, und auch nicht ohne einen Seitenhieb auf seinen erfolgreicheren Bruder, hob er in Texten auf seinen Alben sein freundschaftliches Verhältnis zu Saul Zaentz hervor. Anläßlich der Streitigkeiten zwischen John und „Fantasy" und kurz nachdem „Centerfield" erschienen war, schrieb Tom außerdem einen Leserbrief an den „San Francisco Chronicle". Hier betonte er: „Ich vertraue Saul Zaentz voll — bis zum Maximum." Zwischen Tom Fogerty und Doug Clifford und Stu Cook gibt es viele Parallelen, wenn es um das Verhältnis zu John Fogerty geht. Doug Clifford hat sich daher auch noch auf dem postum veröffentlichten Album „Sidekicks" von Tom Fogerty und Randy Oda zu seinem Mitstreiter aus alten Tagen geäußert: „Ich kannte Tom Fogerty dreißig Jahre lang, und wir teilten den Traum, in einer berühmten Rock'n'Roll-Band zu spielen. Wir erreichten dieses Ziel mit dem Erfolg von CCR. Tom hatte immer eine großartige Rock'n'Roll-Stimme, aber hatte keine Gelegenheit, sie bei CCR zu benutzen." Er hatte jedoch genug Gelegenheiten, sie als Solokünstler unter Beweis zu stellen.

Weil es nach Toms Hochzeitsfeier nie mehr zu einer Reunion von „Creedence Clearwater Revival" gekommen war, sagt Doug Clifford, hatte Tom noch einen letzten Wunsch an seinen Bruder: „Er wollte noch einmal mit der Band spielen, bevor er starb. Und John hat gesagt, er würde nicht mit Stu und mir spielen. Aufgrund dieser egoistischen Haltung hat Tom nie seinen letzten Wunsch von seinem Bruder erfüllt bekommen."

Statt mit ihm Musik zu machen, hat John Fogerty bis zum Tod seines Bruders versucht, sich mit ihm auszusprechen. In seinen Augen standen andere, persönliche Dinge im Vordergrund. Er wußte, daß Lucille, die im Dezember 1988 gestorben war, sich eine Versöhnung gewünscht hätte. Noch einmal „Creedence Clearwater Revival" zusammenzubringen wäre nur eine für die Außenwelt bedeutsame demonstrative Geste gewesen. Er wollte die zwischen ihm und seinem Bruder stehenden Mauern einreißen: „Tom und ich haben uns nie in einer sinnvollen Weise versöhnt. Natürlich war ich oft bei ihm in den letzten Wochen im Krankenhaus. Aber ich war nur der im Familiensinn korrekte Bruder." Doch Tom Fogerty ist ihm auf dem schweren Weg nicht entgegengekommen. Noch auf dem Sterbebett hat er zu ihm gesagt: „Saul Zaentz ist mein bester Freund."

IV.

PHÖNIX AUS DER ASCHE

DAS COMEBACK

Wer weiß, ich hätte es vielleicht noch mit 50 probiert. Ich habe Glück gehabt, daß es jetzt geklappt hat."

John Fogerty, 1976

ZURÜCK INS STUDIO

Es wäre naiv gewesen zu glauben, Saul Zaentz würde sich seinen Goldesel so einfach abkaufen lassen. Zwar hätte auch John sich damals nicht träumen lassen, daß sich „Creedence"-Hitsammlungen noch 25 Jahre später in den „Billboard"-Catalog-Charts wiederfinden würden. Aber alle Beteiligten wußten, daß es bei den Verhandlungen um sehr viel Geld ging. Saul Zaentz pokerte entsprechend hoch. Er hatte Tom Fogerty, Doug Clifford und Stu Cook schon längst abgeschrieben – sie wurden 1974 ohne weitere Forderungen und Verpflichtungen aus ihren Verträgen entlassen. Aber John Fogerty, den genialen Kopf von „Creedence Clearwater Revival", hatte er quasi als Geisel genommen, damit diese Geldquelle nicht versiegte. Die Ablösesumme, die er erwartete, ging daher in die Millionen. Da war selbst Geffen, der gewohnt war, große Summen auszugeben, nicht bereit mitzumachen.

Man einigte sich auf eine billigere, dafür komplizierte Variante: Geffen bekam für „Asylum" die Veröffentlichungsrechte in den USA und Kanada an allem künftigen Fogerty-Material. Ansonsten aber blieben die Rechte weltweit bei „Fantasy". Der Deal sollte Zaentz sofort eine Million Dollar bringen und nicht einzuschätzende Einkünfte für die Zukunft. Die Million für den Freikauf teilten sich Warner Brothers und John Fogerty, allerdings verpflichtete er sich, den Warner-Anteil aus seinen zu erwartenden Tantiemen der nächsten Platten zurückzuzahlen.

Während Bob Dylan schon längst mit „The Band" das Album „Planet Waves" bei „Asylum" herausgebracht hatte, brauchte John erst einmal Zeit, um wieder Kräfte zu sammeln. Seine Gedanken kreisten immer noch um die Vereinbarungen mit „Fantasy", die bei näherer Betrachtung gar nicht so ideal waren. Schließlich müßte er nach wie vor seine Masterbänder Saul Zaentz zur Auswertung überlassen. Seine künstlerische Zukunft würde weiterhin im Schatten seines größten Feindes stehen. Denn so sah er Zaentz mittlerweile. Der „Fantasy"-Chef hatte ihn kaltgestellt. Wenn er früher über Duke Ellington, Thelonius Monk oder Miles Davis gehört hatte, wie sie von Plattenfirmen reingelegt wurden, hatte John immer gedacht: Mir wird das nicht geschehen. „Und nun war mir das alles passiert…" Dafür, daß er in diese Lage geraten war, haßte er Saul Zaentz. Damit sein Widersacher nicht noch mehr Kapital aus ihm schlagen könnte, löschte er alle unveröffentlichten Gesangsparts der bei „Fantasy" zurückgelassenen Masterbänder. Schon früher hatte er alle zweiten Takes oder Alternativ-Versionen seiner „Creedence Clearwater Revival"-Songs vernichtet. Jetzt fiel ihm das schon deshalb nicht schwer, weil er für „Asylum" wieder aufnehmen konnte, was ihm erhaltenswert erschien, zum Beispiel „Almost Saturday Night". Der neue Vertrag, den er im Januar 1975 unterschrieb, ließ ihm jede Freiheit, bis auf die Verpflichtung, ohne Zeitlimit vier LPs abzuliefern.

Zu den Freiheiten zählte auch, daß er weiter sein Ziel verfolgen konnte, ganz ohne fremde Hilfe die perfekte Platte einzuspielen. Er fühlte sich mittlerweile so fit, daß er sich jedes im Rock'n'Roll relevante Instrument zutraute — sogar das Schlagzeug, bisher seine Schwachstelle. Aber er spielte die Tatsache, daß er wieder der einzige Musiker auf seiner Platte war, bewußt herunter. „Ich möchte daraus keine große Affäre machen. Der einzige Grund, warum ich das mache ist, daß es so leichter für mich ist, den Sound zu bekommen, den ich möchte. Es geht mir nicht darum, irgendwas zu beweisen wie: Das hab ich alles allein gemacht!" Im Grunde hatte er die Platte schon im Kopf, als er in die Krise mit „Fantasy" geriet. Von dem „Melody Maker"-Mitarbeiter Robert Hilburn befragt, was für ein Konzept er für seine erste Platte für „Asylum" hatte, hielt er sich ähnlich bedeckt: „Ich wollte nur, daß sie gut wird. Das beschreibt meine Stimmung am ehesten. Ich war glücklich, wieder arbeiten zu können. Ich hatte so lange gewartet, wieder ins Studio zu kommen. Jetzt ist da kein großes Loch mehr, wo die Zukunft ist." Die Zukunft sollte ihm die neue LP „John Fogerty" sichern, die er für sich „das Shep-Album" nennt. „Shep" war Johns Hund, den er nach dem Elvis-Song „Old Shep" (die Geschichte eines treuen Hundes) benannt hatte. Auf dem Cover der Platte liegt „Shep" zu Fogertys Füßen. Er selbst sitzt in Jeans und kariertem Hemd — einen knorrigen Stock in der Hand — auf einem Baumstumpf. Im Gras liegt der Stetson-Hut, den er zu „Blue Ridge Rangers"-Zeiten getragen hat. Das Bild, das sein Bruder Bob fotografierte, hat Symbol-Charakter. Er trägt wieder die Kleidung, die er in seiner besten Zeit als Rock'n'Roller anhatte, und hat den Cowboy-Hut abgesetzt — allerdings hat er ihn nur etwas abseits gelegt. Und natürlich hatte John Fogerty ein Konzept für die Platte — wer, wenn nicht er? Es hieß ganz einfach: erstklassiger Rock, 50er-Jahre-Originale und selbstkomponierte Stücke, gemischt mit Gospel und Country.

Bevor das „Shep-Album" herauskam, veröffentlichte „Asylum" die Single „Rockin' All Over The World"/ „The Wall". Die A-Seite war nach „Comin' Down The Road" der zweite Versuch, den Rock'n'Roll-Song der siebziger Jahre zu kreieren. Die B-Seite, ein Rhythm & Blues, der im Rhythmus an „Green River" erinnert, wurde allgemein als Abrechnung mit Richard Nixon interpretiert. Der Präsident, den John als seinen politischen Gegner sah, war 1974 über die Watergate-Affäre gestürzt. „The Wall" kann als Metapher für „Watergate" gelten. Grundtenor des Songs: Eine Mauer verwehrt den Menschen die Einsicht. Auf den Zusammenhang zu Nixon angesprochen, gab sich Fogerty versöhnlich: Er wolle den Typen, auf dem alle herumhackten, nicht schlechter machen als er sei. Anders als Zaentz war Nixon für ihn abgehakt. Der „Fantasy"-Chef hatte sich Anfang des Jahres noch einmal unangenehm in Erinnerung gebracht, indem er gegen jede Absprache die alten „Golliwogs"-Singles als Album veröffentlichte. Das empörte sogar Tom, Doug und Stu. Für John war es der Bruch „des feierlichen Versprechens" von Zaentz, das Material nicht wieder zu vermarkten: „Aber 'Fantasy' hat eben keine Ahnung von Popmusik — noch nie gehabt." Am liebsten hätte John auf die Hülle der „Golliwogs"-Platte einen Aufkleber gepappt: „Das ist nicht wirklich von mir!" Saul Zaentz' Kollege Ralph Kaffel gab sich, vom „Rolling Stone" darauf angesprochen, als Bewahrer kultureller Werke mit historischer Bedeutung: Man habe sich dazu entschlossen „wegen der Bedeutung von Creedence als zeitgenössische Rockband"! Es war wohl eher der Versuch, sich mit den an sich unverkäuflichen „Golliwogs"-Aufnahmen an Johns neue Karriere anzuhängen.

Damals dachte John noch nicht daran, wegen nicht eingehaltener Absprachen gegen „Fantasy" zu klagen. Er distanzierte sich jetzt aber obendrein auch öffentlich von den letzten Aufnahmen, die er für seine alte Plattenfirma gemacht hatte: „Ich bedaure nur, daß ich dort nicht eher aufgehört habe. Ich wünschte, ich wäre weggegangen, bevor ich die letzten beiden Singles machte. Es ist mir peinlich, daß ich zu spät aufgehört habe. Die beiden Platten haben eigentlich mit mir gar nichts zu tun. Sie stammen aus einer Zeit, als ich persönlich am Boden war." Die Rede ist von „Back In The Hills" und „Comin' Down The Road", die sich beide nicht in den Charts plazierten.

„Rockin' All Over The World" gelangte immerhin bis auf Platz 27. Das war zwar besser als Bob Dylans Einstand bei „Asylum", dessen „On A Night Like This" nur bis zur Position 44 kam. Aber es erfüllte nicht die hochgesteckten Erwartungen an den ehemaligen Hitmacher von „Creedence Clearwater Revival". Und es blieb weit hinter den Hoffnungen zurück, die er sich selbst gemacht hatte. Frustriert sah er, daß Ex-Beatle John Lennon mit seinem simplen Remake von Ben E. Kings „Stand By Me" mehr Erfolg hatte. Doch der Anfang war gemacht. John konnte wieder als Musiker arbeiten. „Platten zu machen war schon immer meine Absicht, seit ich zehn oder so war. Der große Schock kam für mich, als es mir versaut wurde und nicht mehr den richtigen Spaß machte. Der ganze Kram, der mir dazwischen kam. Aber jetzt ist es wieder interessant und macht Spaß. Jetzt ist da wieder diese Herausforderung. Auf das Wesentliche reduziert, geht es doch um die aufregende Tatsache, eine Hitsingle zu machen. Ich glaube, das steht für mich im Zentrum der ganzen Geschichte. Der Rest ergibt sich daraus. Ein Album ist für mich einfach der Ort, wo man Hitsingles unterbringt."

Als die LP „John Fogerty" in den Plattenläden stand, hatte der „Rolling Stone" die Erwartungen hochgepusht: „Hier kommt der funktionelle Fogerty, die Ein-Mann-Supergruppe". Die Kritik ließ nichts zu wünschen übrig: „brilliant präzise Selbstdarstellung; in Form und Geist fast identisch mit den besten 'Creedence'-Alben; er versöhnt die stürmische Heißblütigkeit des Rock'n'Roll mit der kühlen Distanz der Raumzeitalter-Technologie; Fogerty bewegt sich geschmeidig von den Mittfünfzigern zu den Mittsiebzigern, von einem Ende des Rock'n'Roll zum anderen; als Lyriker ist Fogerty einmalig — nicht nur wegen seiner Ausdrucksfähigkeit, sondern auch wegen seiner Verwandlung alltäglicher Begriffe, Sätze und Metaphern in vitale Elemente des persönlichen Bekenntnisses; so perfekt wie Fogerty sich den feurigen Geist des Rock'n'Roll zu eigen macht, steht er in einer Reihe mit den Rockern der Vergangenheit und Gegenwart…" Mit einem Wort: eine hervorragende Platte –, die in den Läden stehen blieb.

Auch bei uns, wo „John Fogerty" wieder von „Fantasy" an „Bellaphon" lizensiert wurde, fand sich die LP schon bald als Ramschware auf den Grabbeltischen der

Kaufhäuser. „Bellaphon" hatte sich sogar die Mühe gemacht, auch dieser ersten Soloplatte ein Poster beizulegen — so wie es früher bei „Creedence Clearwater Revival" verkaufsfördernd gewirkt hatte. Das Bild zeigte John im Gegenlicht aufgenommen mit seiner „Gibson Les Paul Custom"-Gitarre in einer Pose, die für jedes Denkmal eines Rock'n'Roll-Stars Vorbild sein könnte. Dasselbe Foto wurde für die Single verwendet, die im Oktober in Deutschland nur auf den 40. Rang kam. „Comin' Down The Road" war anderthalb Jahre zuvor sogar drei Plätze höher notiert worden. Es sah so aus, als habe John einen Fehlstart hingelegt. Daran änderte auch nichts, daß „Status Quo" in Europa „Rockin' All Over The World" zum Hit machte. Von den Rock'n'Roll-Stücken auf dem Album war es sicherlich die beste Wahl für eine Single-Auskopplung, wenn auch hier wieder technische Spielereien den Klang verzerrten. Die Coverversionen der 50er-Jahre-Standards wie „You Rascal You" (Louis Armstrong), das er mit dem Silvesterlied „Auld Lang Syne" einleitete, „Lonely Teardrops" (Jackie Wilson) und „Sea Cruise" (Frankie Ford) zeigen ihn als versierten Rock-Instrumentalisten. Besonders das Klavier auf „Sea Cruise", mit dem es ihm gelang, die Authentizität des Stils von Huey „Piano" Smith wie auf dem Original anklingen zu lassen, zeigt, wieviel ihm die New-Orleans-Musik bedeutet. Auch das Bild eines alten verstaubten Honky-Tonk-Pianos auf der Rückseite des Plattencovers, das in einer an die Bourbon Street erinnernden Spelunke steht, wirkt wie eine weitere Referenz an die Rock'n'Roll-Pianisten der Südstaaten.

„It's been a long, long time", singt er im selbstkomponierten „Travelin' High" und läßt keinen Zweifel an der Bedeutung der Rückbesinnung: „Ich dachte bei der Konzeption des Songs an die Geschichte des Rock'n'Roll. Ich spreche über die Musik, die ich wirklich mag. Und darüber, daß es schon sehr lange her ist, daß ich diese Musik gehört habe." Die Memphis-Hörner, mit denen er den Soundtrack unterlegt, klingen frisch wie aus einer Produktion von „Hi-Records"-Chef Willie Mitchell. „Travelin' High" vermittelt den

Optimismus, mit dem er an seine neue Plattenkarriere heranging. Zwar war sein letzter Auftritt schon lange her, aber jetzt meldete er sich zurück („We're back in business"), und er würde wieder Konzerte geben („Here comes that good old travelin' band once again"). „Natürlich bezieht sich das 'it has been a long, long time' auch auf mich. Und wenn ich wieder auf Tournee gehe, stelle ich mir eine neue Band zusammen. Ich habe mir schon ein paar Leute dafür überlegt."

„Travelin' High" ist nicht das einzige Highlight, das es auf „John Fogerty" wiederzuentdecken gilt. Dazu gehören auch das von den Doobie Brothers beeinflußte „Flyin' Away", das Gospelstück „Where The River Flows" und vor allem „Almost Saturday Night". Zusammen mit „Sea Cruise" machte es die zweite Single des „Shep-Albums" aus. Selbst Fogerty ist noch heute davon überzeugt, daß es Hitqualitäten hat, auch wenn es 1975 nur drei Wochen in die Charts kam. Für sein Live-Album „Premonition" grub er es 1998 wieder aus. Ricky Nelson und Dave Edmunds machten davon Cover-Versionen, Edmunds sogar mit besserem Erfolg. Aber irgendwie zündete der Song nicht richtig – vermutlich, weil er wie die letzte „Blue Ridge Rangers"-Single zu sehr von der Country-Musik beeinflußt war. „Es gibt immer Dinge, von denen man denkt, man hätte sie besser machen können", beurteilte John die LP, die seinen Namen trug, im Herbst '75. „Aber ich bin stolz darauf, so stolz wie auf die meisten der 'Creedence'-Platten. Sie reflektiert, was mir Musik zu der Zeit bedeutete." Aber wie es so üblich ist bei ihm, hielt diese Stimmung nicht an. Nachträglich hat er sich auch von „John Fogerty" distanziert: „Ich habe es nach meinen besten Möglichkeiten für 'Asylum' aufgenommen, aber wenn ich zurückblicke, muß ich sagen, daß viele der Schalter, die klick, klick, klick ausgegangen waren, auch ausgeschaltet blieben. Die Fähigkeit, sich selbst brutal ins Auge zu sehen, war weg. Es gibt zwar ein paar gute Songs auf der Platte, aber es ist keine gute Platte. Die Qualität des Songschreibens war nicht mehr so gut wie früher."

DER ZUSAMMENBRUCH

Ein halbes Jahr später bekam John Besuch in Troy, einem kleinen Nest in Oregon, in dem er mit der Unterstützung seines Bruders Bob ein Wochenendhaus baute. Seit 1974 zog es ihn hierher in die Wildnis, wo es neben ein paar Häusern, einer Kirche, Kneipe und einem Rathaus sonst nur Wald und Wiesen gab. Durch den Ort schlängelt sich ein Bach, und ein Grundstück am See entsprach genau den Vorstellungen des publicitymüden Künstlers. Die Frustrationen über „Fantasy" hatten Wirkung gezeigt, sie belasteten auch seine Beziehung zu seiner Frau. Sein Vater war an den Folgen des Alkoholismus gestorben. Sich zurückzuziehen und nur noch in der Natur und für die Musik zu leben, erschien Fogerty ideal. „Manchmal denke ich", eröffnete er Reporter Cameron Crowe und Fotograf Andy Kent aus der hippen Großstadt Los Angeles, „daß ich eigentlich zum Redneck geboren bin. Nicht, daß die Leute hier Rednecks sind …, aber für mich ist das hier eine großartige Therapie!" Sein einziger Auftritt nach dem Auseinanderbrechen von „Creedence Clearwater Revival" war ein Gig mit Tony Joe White im „Boarding House Nightclub" in San Francisco, ansonsten hielt er sich fern von den Leuten des Musikbusineß. In diesem Jahr fand bei „Asylum" ein folgenschwerer Wechsel statt. Johns Förderer David Geffen verließ das Label, weil bei ihm Krebs diagnostiziert worden war. (Als sich die Diagnose als falsch herausstellte, gründete er „Geffen Records". Später wurde er mit Steven Spielberg und Jeffrey Katzenberg milliardenschwerer Teilhaber von „DreamWorks".) Als Nachfolger trat Joe Smith an, der seit Ende der 60er Jahre die Band „Grateful Dead" für Warner Brothers betreute. Unter seiner Ägide hatte Fogerty gerade die Single „You Got The Magic"/ „Evil Thing" veröffentlicht, als die „Rolling Stone"-Reporter sich auf den Weg in den Norden nach Oregon machten, um zu beobachten, was aus dem Einsiedler geworden war. Er nahm sie mit zu einem Dorftanz im Rathaus, wo die Band allein aus John Fogerty bestand. „Der Junge, der 'Proud Mary' geschrieben hat", zählte hier zur Gemeinde dazu, wie seine größten Hits in die Jukebox von Troy gehörten.

Aus der Ferne sah Fogerty jetzt vieles sehr klar, was sich in seinem Musikerdasein in Kalifornien abgespielt hatte — das Verhältnis zu den anderen „Creedence Clearwater Revival"-Mitgliedern, die seine Philosophie nicht nachvollziehen konnten; die Differenzen mit Saul Zaentz und Ralph Kaffel von „Fantasy", deren merkantile Sicht des Musikgeschäfts ihm ein Greuel war. Er schien den Status quo zu akzeptieren, auch wenn er nicht mehr zu den Top-ten-Acts gehörte. „Ich fühle mich wohl, ein bißchen begierig, wieder voll dabei zu sein, aber wohl. Ich meine, wenn ich es nicht soweit geschafft hätte, dann würde ich es jetzt weiter probieren." Und mit geradezu prophetischem Weitblick ergänzte er: „Wer weiß, ich hätte es vielleicht noch mit 50 probiert. Ich habe Glück gehabt, daß es jetzt geklappt hat." Er nahm die Großstädter mit auf seine Spaziergänge durch Troy und Umgebung und genoß es, ihnen die dörfliche Atmosphäre vorzuführen. Und als ein Trojaner ihm im Vorbeifahren aus seinem Truck zurief „Wann fährst du wieder weg?", antwortete John: „Sonnabendmorgen, ich muß wieder Musik machen!"

Die LP „Hoodoo" stand kurz vor der Vollendung. Sie sollte kommerziell sein wie die Vorabveröffentlichung „You Got The Magic", laut John, die Aufnahme „eines Mannes, der mitten in der Disco-Bewegung lebte — wie ein Blatt im Wind". Die Single, deren Hülle ein altes Foto von John auf der '71er Tournee zierte, war tatsächlich eine Konzession an das Disco-Jahrzehnt: „Was soll das ganze Theater, daß Künstler sich für kommerziellen Erfolg schämen?" Diese Sorge mußte er sich bald nicht mehr machen, dafür begann eine Phase der tiefen Depression. „You Got The Magic" erreichte zwar die Top hundert, schnitt aber noch schlechter ab als „Almost Saturday Night". So verhieß der Anruf von Joe Smith, der ihn in Troy erreichte, nichts Gutes. Der „Asylum"-Label-Chef bat ihn, nach Los Angeles zu kommen. Die LP war bereits angekündigt, die Plattentasche schon vorbereitet. Das Coverfoto zeigte auf der Vorderseite Fogerty mit Gitarre und ausgestrecktem rechtem Arm, im Hintergrund die Ritterrüstung, die er auf der Europa-Tournee 1970 gekauft hatte. Auch auf der Rückseite war John mit der Rüstung abgebildet. Die hätte er gut für das

Treffen mit dem Verantwortlichen seiner Plattenfirma gebrauchen können. Smith wollte mit ihm noch einmal über das Album reden. In seinem Büro am Warner Boulevard in Burbank machte er dem verunsicherten Star ein fair klingendes Angebot: Er solle selber entscheiden, ob „Hoodoo" erscheine. Aus der Sicht der Plattenfirma biete sie nicht mehr Potential als das „Shep-Album".

Smith war durch seine Arbeit mit „Grateful Dead", deren mangelnde Disziplin im Studio ihn ständig zur Verzweiflung getrieben hatte, im Umgang mit Musikern geübt. Mit seinem kurzen Haar, dem dicklichen Gesicht und der biederen Miene wirkte er eher wie ein phantasieloser Controller — und nicht gerade wie der diplomatische Taktiker, als der er sich im Umgang mit Fogerty erwies. Der war fassungslos: Endlich hatte er sich am Ziel geglaubt, ein Label hatte sich ein Bein ausgerissen, um ihn zu verpflichten, sein Vertrag garantierte ihm die volle künstlerische Kontrolle — und jetzt das. Natürlich hatte Smith die Reaktion des als Perfektionist bekannten Fogerty richtig kalkuliert. Er würde nie mit einer Platte an die Öffentlichkeit treten, deren Qualität schon bei seinem Label auf Zweifel stieß. John: „Er sagte zu mir: 'Es ist keine gute Platte. Wir bringen sie raus, wenn du es unbedingt willst. Aber wir würden es lieber lassen. Du mußt keine Platte machen. Es wäre besser, du gingest nach Hause, um deine Blockade zu überwinden!' Er sagte das in einer echt freundlichen und sanften Weise. Das fand ich sehr nett. Ich fühlte mich nicht erniedrigt!" Nach einer Bedenkzeit schlug John vor, was ihm als die einzige Lösung erschien: Er würde „Hoodoo" noch einmal überarbeiten. In Wirklichkeit aber war er innerlich gebrochen. Er hatte keine Kraft mehr. Nur sechs Jahre waren seit seinen größten Erfolgen vergangen, und jetzt war mit einem Schlag alles vorbei. Was er für seine schrecklichste Zeit gehalten hatte, die langen Monate, als er von „Fantasy" unter Druck gesetzt wurde, erschien ihm jetzt als halb so schlimm. Zaentz hatte ja weiter Aufnahmen von ihm gewollt, sogar viel zu viele, aber Smith — und das war ihm inzwischen mit schrecklicher Sicherheit klar geworden — hatte nicht ernsthaft daran gedacht, seine Platte herauszubringen.

Ein Jahrzehnt später sprachen Joe Smith und John Fogerty noch einmal über diese Zeit. Smith interviewte die Stars der amerikanischen Popszene für sein Buch „Off The Record", und Fogerty – mit „Centerfield" wieder ein „global player" – gab bereitwillig Auskunft: „Als ich in die Dreißigerjahre kam, trocknete ich langsam aus. Ich versuchte alles, aber alles, was dabei herauskam, war lausig. Plötzlich hatte ich das Gefühl, daß meine Fähigkeit, einen Hit zu produzieren, nicht größer war als die eines Straßenarbeiters mit einem Preßlufthammer. Sie war weg, ich wußte, daß sie weg war, aber ich wußte auch, daß ich die Fähigkeit durch harte Arbeit wieder zurückbekommen würde."

Jenseits von Oregon

Unter diesen Umständen schien schon die Idee, noch einmal von vorn anzufangen, eine übermenschliche Herausforderung zu sein. Dennoch stellte John Fogerty sich ihr. Er ging pflichtbewußt ins Studio und probierte Alternativ-Versionen zu den „Hoodoo"-Songs, um Warner Brothers gerecht zu werden. Die Leute in Burbank hatten, anders als Zaentz, soviel in ihn investiert, und sie waren echte Profis, die ihr künstlerisches Gespür schon hundertfach bewiesen hatten. Nachts wachte er schweißgebadet auf und sah Joe Smith vor sich. Und er sah die unbewältigte Aufgabe. Wo sollte er anfangen? Was wäre, wenn er scheiterte? Bekäme er je wieder eine Chance? Es gab nur eine Möglichkeit, er mußte „Hoodoo" aufgeben. In einem Interview, das er 1990 Peter Koers vom „Worldwide CCR & John Fogerty Fanclub" gab, distanzierte er sich von dem Ergebnis seiner Bemühungen: „Ich sehe in 'Hoodoo' die Aufnahmen eines Musikers, der verwirrt war und nicht in der Lage war, etwas fertig zu machen." Ein cleverer Tontechniker hatte heimlich ein Tonband mitlaufen lassen, als die Platte bei „Asylum" vorgespielt wurde. Nach einer anderen Version war es Johns Bruder Bob, der ein Band davon bewahrte. So blieben die neun Tracks für die Nachwelt erhalten, obwohl Fogerty später persönlich dafür sorgte, daß das Masterband gelöscht wurde. Angeblich hatte er noch einen Moment mit dem Gedanken gespielt, „Hoodoo" der deutschen „Bellaphon" anzubieten, bei der er sich von Anfang an gut aufgehoben gefühlt hatte. Das aber hätte wieder Verhandlungen mit Zaentz bedeutet, und das war das letzte, was er wollte.

Trotz der nicht gerade berauschenden Qualität des Bootlegs und trotz elektronischer Elemente, kann man die Dynamik der Stücke erkennen: sieben Eigenkompositionen und zwei Coverversionen, die musikalisch dort anschließen, wo „Pendulum" aufgehört hatte. „You Evil Thing", die Rückseite des als Single veröffentlichten Stückes „You Got The Magic" erinnerte an Swamp-Blues-Songs wie „Born On The Bayou" oder „Run Through The Jungle". Das Stück, das dem Album den Titel gab, „Hoodoo Man", beschäftigt sich — wie später auch „The Old Man Down The Road" und „Eye Of The Zombie" — mit den Mächten der Nacht. „Hoodoo" wird in den Südstaaten als Variante von „Voodoo" gebraucht — allerdings mit negativer Bedeutung. Wenn Fogertys „Hoodoo Man" im Mondschein unterwegs ist, fürchten sich Kinder und Frauen. Musikalisch hat er hier schon dieselben Stilmittel angewandt, die er perfekt bei „Walking In A Hurricane" einsetzte. Die herausragende Aufnahme der unveröffentlichten Platte ist aber „Telephone": eins der seltenen Liebeslieder aus seiner Feder, das er mit positivem Drive singt und spielt. Sein Saxophon gibt „Telephone" eine emotionale Qualität, wie sie „Long As I Can See The Light" besaß. Auch „Between The Lines" und „On The Run" gehören zu den melodischsten Kompositionen aus dieser Schaffensphase, bei denen er begann, sich von seinen Vorbildern zu lösen. Den umgekehrten Weg ging er mit „Leave My Woman Alone" von Ray Charles (1956) und „Henrietta" des Texaners Jimmy Dee (1957), die dem Sound der Rock'n'Roll-Ära verpflichtet waren. Das einzige Stück, das nie hätte veröffentlicht werden dürfen, heißt „Marchin' To Blarney", ein volkstümelnder, instrumental gespielter Marsch, der bestenfalls als Referenz an seine irischen Vorfahren verziehen werden kann.

In dieser Zeit war er nicht der einzige, der mit dem musikalischen Trend nicht mithalten konnte. Van Morrison, der irische Rocksänger, der bei Warner Brothers seit seinen Chartserfolgen zu Beginn der 70er Jahre gehätschelt wurde, hatte ein Jahr zuvor dasselbe wie Fogerty durchgemacht, als seine LP „Stiff Upper Lip" gekippt wurde. Es war Joe Smith gewesen, der Morrison für Warner verpflichtet hatte. Und um den Stellenwert zu unterstreichen, den man dem als schwierig bekannten Musiker zukommen ließ, hatte Smith ihm den Hausproduzenten Ted Templeman an die Seite gestellt, der für kommerzielle Produktionen sorgen sollte. Aber der '75er LP fehlte diese Qualität. Auch Morrison blieb es freigestellt, das fertig produzierte Album herauszubringen, auch Morrison entschied sich dagegen. Aber anders als John Fogerty verschwand er nicht in der Versenkung, sondern stürzte sich in Aktivitäten mit anderen Musikern, trat in kleinen Clubs auf, beteiligte sich am „Last Waltz"-Abschiedskonzert der „Band" und ging mit Dr. John zusammen ins Studio, um eine neue Platte aufzunehmen.

Dem zur Selbstzerfleischung neigenden Fogerty stand dieser Weg nicht offen. Er konnte sich nur zurückziehen und an sich arbeiten. Schließlich hatte er versagt, also mußte er Schwächen haben, die ihm bislang nicht klar gewesen waren. Er mietete sich ein Studio im nahe gelegenen Albany (Kalifornien) und ging tagaus, tagein zur Arbeit. Wie ein Arbeitsloser, der sich nicht mit dem Verlust der Beschäftigung abfinden kann und nach wie vor mit der Aktentasche in der Hand das Haus verläßt, als ginge er zum Job, verabschiedete sich John jeden Morgen von seiner Familie, fuhr nach Albany und spielte die Instrumente, die er für seine One-Man-Rock'n'Roll-Band brauchte. Er würde nicht aufgeben. An neue Kompositionen war unter diesen Umständen nicht zu denken. Wenn er nach Haus kam, aß er mit seiner Familie und griff dann zur Gitarre. Damit er für seine Kinder nicht total zum Zombie wurde, setzte er sich dazu, wenn sie fernsahen, die Gitarre in der Hand. Die Tage ließen sich auf diese Weise bewältigen, aber die Nächte waren am schwersten. Es gab keine Nacht mehr, die er richtig durchschlafen konnte. Wo war der

Punkt in seinem Leben, an dem es begonnen hatte schiefzulaufen? Er hatte doch alles seinem Traum gewidmet, von den trostlosen Tagen im Keller des Elternhauses an bis zu den Stunden, die er allein im Plattenstudio zugebracht hatte, um den „Creedence Clearwater Revival"-Aufnahmen die Perfektion zu geben, die ihn und seine Band weltberühmt machten. Er hatte doch Erfolg gehabt, hatte das Rezept für Top-Hits gefunden.

Als die Besuche in einem Schlafstudio, das er ausfindig gemacht hatte, um endlich wieder zur Ruhe zu kommen, nichts gegen seine Nervosität ausrichteten, brach die Frustration aus ihm heraus. Er trat zu Hause gegen die Tür, wenn er sich nicht zu helfen wußte, schlug in wilder Wut mit der Faust gegen die Wand. Es dauerte nicht lange, da hatte das Folgen. Die Magenschmerzen, die ihn quälten, waren nicht mehr nur psychisch. Ein Arzt bestätigte ihm, was er befürchtete: Er hatte ein Magengeschwür, das behandelt werden mußte. Der Streß, der auf ihm lastete, hatte ihn körperlich krank gemacht. Es lag nahe, daß John sich wieder Saul Zaentz als Sündenbock suchte: Solange er noch in irgendeiner Weise mit dem „Fantasy"-Chef in Beziehung stand, würde er als Künstler blockiert sein. Das übermächtige Feindbild drohte, ihn zu ersticken.

Auch die Querelen mit Tom und den beiden anderen Bandmitgliedern waren längst nicht beendet. Je mehr die drei Ex-"Creedence Clearwater Revival"-Musiker feststellen mußten, daß sie ohne John keine Zukunft haben würden, desto einiger waren sie sich in der Meinung, daß er die Verantwortung für ihr Versagen trage. Doug machte auch klar, was sie von seinen Vorstellungen des Singer-Songwriter-Producer hielten: „John macht sein One-Man-Band-Ding, was für mich sehr kontraproduktiv ist. Man braucht andere Leute, das ständige Geben und Nehmen." Im Umkehrschluß gab es auch nur eine Lösung für ihre Probleme: Da es ihnen wenig aussichtsreich erschien, „C.C.R." ohne John wieder aufleben zu lassen, mußte er zu einem Revival der Band gebracht werden. Das war nun das letzte, was ihm in den Sinn gekommen wäre. Nie wieder würde John sich fest an andere Musiker binden, schon gar nicht an Tom, Doug und Stu. Die hielten — in Ermangelung anderer Einkünfte — die Geschäftsbeziehung mit „Fantasy" aufrecht. Wann immer von der alten Plattenfirma ein Angebot kam, die „Creedence"-Aufnahmen noch einmal zu verwerten, sei es für eine Hit-Compilation, sei es für einen Film-Soundtrack oder einen Werbespot, gaben sie zur Verärgerung Johns ihr O.K. Was ihn bewegte, der Wunsch, die Einmaligkeit seiner Kompositionen vor dem Ausverkauf zu bewahren, war ihnen keinen Penny wert. Unter diesen Umständen bedeutete es für John schon mehr als nur Überwindung, auf Toms Hochzeit mit den drei zu jammen.

STAR-ANWÄLTE UND BASEBALL-STARS

John Fogerty hatte die Schwierigkeiten, die zum Ende von „Creedence Clearwater Revival" führen sollten, schon frühzeitig vorhergesehen. Ein Teil dieser Probleme lag auch in der vertraglichen Bindung an Saul Zaentz und dessen Label „Fantasy". Anders als seine Mitstreiter der Band sah Fogerty, nachdem sich der erste Erfolg mit der Single „Suzie Q." einstellte, daß Zaentz nicht daran dachte, sich an seine Versprechen zu halten. Bei dem informellen Treffen im Privathaus von Saul Zaentz im Januar 1968 hatte der neue Label-Chef der Band einen größeren Anteil an den Gewinnen zugesagt, sollten sie jemals einen Hit haben. Zaentz hatte gerade erst die Plattenfirma gekauft. „Creedence Clearwater Revival" hatten mit Max Weiss, dem vorherigen Besitzer von „Fantasy" einen Vertrag über fünf Prozent der Einnahmen aus dem Verkauf ihrer Platten abgeschlossen. Zu diesem Zeitpunkt bestand „Fantasy Records" aus nicht viel mehr als einem VW-Bus, und das Label hatte nur Jazz-Musiker unter Vertrag, die finanziell nicht besonders erfolgversprechend waren. Über den genauen Verlauf des Gespräches haben sich alle Beteiligten unterschiedlich geäußert. Klar ist nur, daß „Creedence Clearwater Revival" zu einer der erfolgreichsten Bands des Jahrhunderts geworden ist, und daß Saul Zaentz sein Versprechen, mehr zu zahlen, gegenüber der Band nie eingelöst hat. Saul Zaentz hat vielmehr mit den Gewinnen in Berkeley ein zehnstöckiges verspiegeltes Glashochhaus errichten lassen. Das Gebäude ist bezeichnenderweise dort auch als „das Haus, das Fogerty gebaut hat" bekannt. Zaentz konnte aus den Erträgen der Plattenverkäufe seiner Erfolgsgaranten Filme wie „Einer flog übers Kuckucksnest", „Amadeus" und „Der Englische Patient" produzieren.

John Fogerty merkte nur in Etappen, in welchem Käfig er sich befand. Als es keine Aussicht mehr auf Nachbesserung des Vertrages gab, versuchte er zum erstenmal auszubrechen. Dazu engagierte er sogar den berühmten und ebenso berüchtigten Anwalt und Manager Alan Klein, der die „Beatles" aus ihrem Vertrag mit „Parlophone" geholt hatte. Auch der sah sich jedoch nicht in der Lage, der Band zu helfen. Der nächste Schritt war ein Finanzplan, den ein gewisser Burton Kantor für „Fantasy" und die Mitglieder von „Creedence Clearwater Revival" entwickelt hatte. In diesem Plan sollten die Mitglieder der Band ihr Geld bei einer Bank auf den Bahamas anlegen. Die gesparten Steuern sollten einer Erhöhung der Einnahmen für die Band auf zehn Prozent entsprechen. Niemand weiß genau zu sagen, wem die Bank gehörte. Auf die Frage eines der Bandmitglieder an den Kontaktmann der Bank, „Gehört die Bank Burt?", sagte der damals: „Wenn man das annehmen würde, läge man nicht falsch." Auf jeden Fall saß Burton Kantor später im Vorstand von „Fantasy". Von dem Geld sah die Gruppe nichts wieder.

Daß die Mitglieder der Band sich schließlich entschlossen, ihr Geld bei der „Castle Bank of Nassau" anzulegen, kann nur mit ihrer kindlichen Naivität erklärt werden. Schließlich hatte ein solcher Finanzplan nichts mit einer realen Aufbesserung ihres Vertrags zu tun. Wenn sie sich auf eine solche Bank hätten einlassen wollen, wäre es schließlich auch immer noch nach einer tatsächlichen Vertragsverbesserung möglich gewesen – und dann sogar mit noch mehr Gewinn. Dieser Schritt zeigt aber auch überdeutlich, wozu Zaentz bereit war, um nichts von der Sahnetorte abgeben zu müssen, die ihm John Fogerty frei Haus lieferte. Er selbst investierte eine halbe Million Dollar bei der Bank auf den Bahamas.

Mit der Wende der 70er zu den 80er Jahren kam auch für John die Wende zum Besseren. Er hatte Anwälte, die das auf den Bahamas verlorene Geld einklagen sollten. Daß sie eine Chance sahen, den Prozeß zu gewinnen, beflügelte Johns Phantasie. Und es riß ihn aus der Lethargie. Statt die Attacken seiner Gegner abzuwehren, lernte er, selbst anzugreifen. Wenn er nicht wollte, mußte er „Fantasy" keine Platte mehr für die Veröffentlichung in Übersee überlassen. Auch von dieser Verpflichtung konnte er sich mit der Hilfe von Anwälten freikaufen. „Fantasy" hatte mittlerweile den Eindruck gewonnen, daß die besseren Geschäfte mit Fogertys Vergangenheit zu machen seien und daß es kein Verlust wäre, auf seine künftigen Alben zu verzichten. Der letzte Deal, der zwischen den verfeindeten Parteien geschlossen wurde, besagte, daß John auf alle Tantiemen der bisherigen Aufnahmen verzichtete und dafür von nun an „Fantasy" nichts mehr schuldete. „Ich sagte meinem Anwalt: 'Ich kann einfach nicht mehr für Fantasy ins Studio gehen!' So habe ich von einem bestimmten Termin im Jahr 1980 an alle künftigen Tantiemen als Künstler aufgegeben. Ich werde für die 'Creedence'-Platten als Künstler nicht mehr bezahlt. Ich werde nur noch als Komponist der Songs bezahlt." Zwar konnte er von „Fantasy" wegen seiner geringen Beteiligung am Gewinn nicht viel erwarten, dennoch war es eine harte Entscheidung: „So wie wenn man ein Bein abschneidet, um den restlichen Körper zu retten." Die Songwriter-Tantiemen bekam er von BMI ausgezahlt und nicht von „Fantasy", obwohl er die Rechte an den Songs mit seinem Plattenvertrag an Saul Zaentz' Verlag „Jondora" abgegeben hatte. Erst 1971 gründeten John, Tom, Doug und Stu ihre jeweils eigenen Musikverlage, durch die sie sich das Copyright für ihre Kompositionen sicherten, statt es „Fantasy" zu überlassen. Und Zaentz ließ keinen Zweifel daran, daß er noch viel an „Creedence Clearwater Revival" verdienen wollte. 1980 vermarktete er ein weiteres Mal Live-Aufnahmen der Band, die bei dem 1970er Oakland-Konzert gemacht worden waren und jetzt fälschlicherweise als „The Royal Albert Hall Concert" bezeichnet wurden. 1981 folgte das „Fantasy"-Album „Creedence Country", eine Zusammenstellung, die nur mit sehr viel Phantasie als „Country" angesehen werden konnte. Der absolute Tiefschlag für John aber kam, als im selben Jahr Doug Clifford zusammen mit Phil Kaffel und Jeffrey Nead aus den Originalaufnahmen von „Travelin' Band", „Lodi", „The Midnight Special", „Born On The Bayou", „Proud Mary", „Looking Out My Back Door" und „Green River" ein sogenanntes „Medley U.S.A." zusammenschnitt, das auf einer Single mit der Rückseite „Bad Moon Rising" erschien. Er mußte sogar hinnehmen, daß er auf dem Label der ungewollten Verstümmelung seiner Songs als Produzent der Originale und als Songwriter namentlich erwähnt wurde. 1982 nahm „Fantasy" sich der Fogerty-Songs an, die wegen Überlänge nicht auf Singles gepaßt hatten, und nannte die neue LP mit alten Stücken „Chooglin'".

Während seine künstlerische Hinterlassenschaft in immer neuen Verpackungen feilgeboten wurde, machte John sich bewußt rar. Mit Joe Smith hatte er abgesprochen, daß er für niemand erreichbar sein würde, bis er wieder etwas als Musiker zu sagen habe. Er fürchtete zu einem zweiten Howard Hughes zu werden (in dem Film „Melvin And Howard", der sich 1980 mit dem zurückgezogenen Leben des Industriellen und Filmproduzenten beschäftigte, wurde „Fortunate Son" für den Soundtrack verwandt), dem die Presse auflauerte, um Klatschgeschichten über ihn zu verbreiten. Fogerty sah schon die Geschichten in „People" vor sich, die den Verfall des einstigen Genies genüßlich ausbreiteten. Dennoch gelang es Ben Manilla vom Sender „WLIR" in Long Island, am 28. Mai 1981 den Untergetauchten ans Telephon zu bekommen. Wie jeden Tag war John auch an seinem 36. Geburtstag ganz selbstverständlich ins Studio gegangen. Hatte er etwas Besonderes an diesem Tag vor? „Nein. Eigentlich nicht, nichts Besonderes." Was hatte er die letzten sechs Monate so gemacht? „Also, die letzten sechs Monate habe ich das gemacht, was ich die ganzen letzten Jahre gemacht habe: Ich bin musikalisch in mich gegangen, um mich wirklich anzustrengen und besser zu werden, um ein Musiker zu werden, statt ein musikalischer Star zu sein." Schrieb er auch wieder Lieder? „Ich habe erst gerade wieder damit begonnen." Die Frage, ob er glücklich sei, beantwortete er mit einem Bild vom Football: Er sei lange Zeit unglücklich gewesen, jetzt aber stehe er an der Fünf-Yard-Linie und sei im Besitz des Balls. Er wolle wieder eine zeitgemäße Platte aufnehmen, dafür gehe er jeden Tag ins Studio. Möglicherweise gebe es schon bald einen Titel für die LP. Eines Tages wolle er dann wieder mit einer Band auf Tournee gehen. Pikanterweise hatte Manilla durch die Unterstützung von „Jondora Music", also „Fantasy", herausgefunden, wo John zu erreichen sein würde. Wie fand er „The Royal Albert Hall Concert"-Veröffentlichung von „Fantasy"? „Ich kann nichts anerkennen, was mit 'Fantasy' zu tun hat!"

Zu Joe Smith von Warner Brothers' „Asylum"-Label hatte er dagegen ein ungebrochenes Vertrauensverhältnis. Smith war es auch, der ihm geraten hatte, sich an eine Steueranwalts-Kanzlei für die juristischen Auseinandersetzungen über die „Castle Bank"-Affäre zu wenden. Jetzt kam er sich nicht mehr ohnmächtig vor, denn auf seiner Seite waren Experten „aus einem großen Hochhaus", die gegen seine Feinde in „dem großen Hochhaus" antraten, das mit seinem Geld gebaut worden war. Das vermittelte ihm ein Gefühl der Sicherheit. Schließlich ging es um seine ganzen Ersparnisse. Er hatte schon befürchtet, wegen der anfallenden Steuerschuld, sein Haus in Troy zu verlieren. Und Oregon bedeutete ihm mehr als nur ein Freizeit-Domizil: „Wenn ich dorthin fahre, dauert es ein paar Tage, bis ich die Stadt einfach vergesse. Dann denke ich, ich könnte auch glücklich sein, wenn ich keine Musik mehr mache. Einfach so am Fluß sitzen — wie kann man da nicht denken, daß man inneren Frieden gefunden hat?" Seinen PR-Mann Jake Rohrer hatte er schon aus finanziellen Gründen entlassen müssen. Nur an Bob hielt er fest. Wer sollte sich sonst um die vielen Fans kümmern, die ihn nicht vergessen hatten? Fragen nach den Plänen seines Bruders beantwortete Bob zum Beispiel: „John geht es gut. Er lebt in der Umgebung von Los Angeles, und ich hoffe, daß er bald wieder Plattenaufnahmen macht."

John kam das traurige Schicksal des Boxers Joe Louis in den Sinn, dessen Schulden nur durch ein Extra-Gesetz vom Kongreß getilgt werden konnten. „Als kleiner Mann hast du in Amerika keine Chance, es sei denn, irgendein Super-Verfassungsding ist auf deiner Seite." Mit dem Schatten des Anwaltshochhauses in seinem Rücken nahm er die Herausforderung an. Als sichtbares Zeichen seiner Rückkehr in den Ring begann er, täglich zu joggen. „Ich glaube, das Laufen hat mein Leben gerettet." Langsam bewegte sich John wieder auf die Gesellschaft zu. Er, der lange Jahre keinen Schritt in ein Kaufhaus getan hatte, weil er fürchtete, dort als der Verlierer Fogerty erkannt zu werden, begleitete seine Familie zu J.C. Penneys. Wenn seine Söhne Josh und Sean in der Schule einen Wettkampf hatten, saß Vater John auf der Tribüne und sah zu. Er nahm sie mit zum Angeln oder zu Baseball-Spielen, all dem, was ihm als Kind soviel bedeutet hatte und wobei ihm der Vater gefehlt hatte. Ein unbezahlbares Erlebnis war ein „Def Leppard"-Konzert, von dem Josh ihm schon Monate im voraus vorgeschwärmt hatte. John müsse ihn unbedingt begleiten, damit er ihm seine Lieblingsband zeigen könne. „Du versprichst mir, daß du mitkommst!" Und natürlich kaufte John zwei Karten, als die Gruppe angekündigt wurde. Da standen sie nun beide nebeneinander und warteten darauf, daß die Heavy-Rocker aus England für eine Zugabe zurückkamen. Dann passierte das Unglaubliche: Die Band nahm sich wieder ihre Gitarren, der Drummer haute spielerisch auf die Felle. „Jetzt möchten wir einen Song bringen, den ein Typ geschrieben hat, der hier in der Gegend lebt: John Fogerty!" Vater und Sohn schwebten auf einer Wolke, während „Def Leppard" das Stadion mit „Travelin' Band" zum Beben brachten.

Nicht erst in diesem Moment wußte John, daß er selbst wieder in die Arena zurückkehren würde. Darauf arbeitete er schließlich jeden Tag hin. Doch er würde nie wieder etwas von „Creedence Clearwater Revival" singen. „Fantasy" hatte ihn so lange in einem Würgegriff gehalten, bis er ihnen seine Einkünfte überließ. Jetzt würde er Saul Zaentz nicht weitere Einnahmen bescheren, indem er auch noch Werbung für „Fantasy"-Platten machte. „Was das angeht, bin ich unerbittlich. Die alten Songs, die ich für Fantasy produziert habe, werde ich nie wieder in der Öffentlichkeit spielen." Am 24. April 1983 gewannen John, Tom, Doug und Stu in erster Instanz den Prozeß gegen die Berater, die sie in das „Castle Bank"-Abenteuer gestürzt hatten. Im Zuge dieser Verhandlungen stellten sie fest, daß der Name „Creedence Clearwater Revival" bisher als Markenzeichen gar nicht geschützt war. Das holten sie schnell nach. „Ich fühle mich erleichtert", erzählte John dem „Rolling Stone". Ihm waren über vier Millionen Dollar zugesprochen worden. Den anderen jeweils rund anderthalb Millionen. Jetzt sei er bereit, die Welt des Entertainments für sich zurückzuerobern, auch wenn er bisher beim Songschreiben nicht mehr die richtigen Worte gefunden habe. „Aber jetzt fühle ich, daß endlich ein neues Album entstehen kann!" Dann hatte er es eilig, zu einem Spiel der L. A. Dodgers zu kommen. Die Baseball-Cracks waren die Idole seiner Jugend. Und auch jetzt gaben sie ihm Kraft für das, was vor ihm lag: „Bei Baseball kann ein einzelner in einem dramatischen Moment mit der ganzen Verantwortung auf seinen Schultern dastehen. Und er kann die Zeit für einen Moment anhalten, und er kann es schaffen, daß etwas Wunderbares passiert. Es ist nicht sicher, ob er gewinnen wird – neun andere versuchen, das zu verhindern. Aber er schafft es."

„Der Triumph über das Böse"

Im Herbst 1983 feierte die Klasse der El Cerrito Highschool, in die John, Doug und Stu gemeinsam gegangen waren, ihr 20. Abschluß-Jubiläum. Für Doug und Stu gab es keinen Zweifel, daß sie ihre alten Schulfreunde wiedersehen wollten. Sie konnten ja auch etwas vorweisen: Schließlich hatten sie es zu Weltruhm gebracht. Aber würde auch John zum

Klassentreffen kommen? Der gemeinsam gewonnene Prozeß, die neue Zuversicht, bald wieder eine Platte in Angriff zu nehmen, ließen ihn seine Zurückhaltung aufgeben. Als ihm an diesem Abend immer wieder die Frage gestellt wurde: „Ihr spielt doch für uns?", war er sogar bereit, die „Blue Velvets" wiederaufleben zu lassen. „Wir spielen drei Stücke, als letztes 'Proud Mary', verabredete er mit seinem Ex-Schlagzeuger und seinem Ex-Bassisten. Daraus wurden anderthalb Stunden unbeschwerten Musikmachens, die mit „Hully Gully" anfingen und mit „Proud Mary" aufhörten.

In Los Angeles wartete man noch immer auf neue Bänder von John Fogerty. Seine neuen Ansprechpartner waren Mo Ostin und Lenny Waronker, denn die Label „Asylum" und „Elektra" hatten ihren Standort nach New York verlegt. Der Einfachheit halber übertrug man Fogertys Vertrag auf die Muttergesellschaft „Warner Bros." in Burbank, so daß für ihn alles in Kalifornien blieb. Das erste Gespräch mit Ostin und Waronker war von beidseitiger Nervosität geprägt. Fogerty: „Ich betrat demütig das Büro. Waronker fragte mich: 'Na, Fogerty, hast du wieder Lieder geschrieben?' Und ich antwortete: 'Nein, habe ich nicht!' – 'Und hast du noch welche von früher übrig?' – 'Nein, habe ich nicht.' – 'Was hast du denn die ganze Zeit gemacht?' – 'Ich habe mich an den Instrumenten perfektioniert und gesungen.' – 'Aber keine Lieder?'" Und der Vorstandsvorsitzende und der Präsident von „Warner" sahen sich vielsagend an. Auch weniger Sensible als John Fogerty hätten aus dieser Unterhaltung eine Herausforderung abgeleitet. So wie er sich herausgefordert fühlte, als er vor Jahren in Troy nach einer Hirschjagd mit einem der Teilnehmer zusammen „Roll In My Sweet Baby's Arms" auf der Gitarre spielte und feststellen mußte: „Hier lebt einer in den tiefsten Wäldern, und der ist mir Lichtjahre voraus!" Von da an ließ ihn die Gitarre nicht mehr los. Jetzt – sobald er Waronkers Büro verlassen hätte – würde er als nächstes die Blockade seiner Kreativität beseitigen, auch wenn das bedeutete, wieder genauso systematisch an sich zu arbeiten, wie er es die letzten Jahre mit den Instrumenten getan hatte. Damals hatte er sich mit einem Gewichtheber verglichen, der allmählich immer schwerere Eisen stemmt und dadurch stärker und stärker wird. „Ich bin kein Mensch, der schnell aufgibt, auch wenn ich nicht immer gewonnen habe!"

Der erste Song, der Gestalt annahm, war „I Saw It On T.V.". Der macht mehr als deutlich, mit welchen Dämonen John zu kämpfen hatte, um zurück zur Genialität zu finden. Der Ansatz wirkt sehr theoretisch: Die amerikanische Jugend der 50er Jahre lernte die Realität aus dem Fernseher kennen: Ike Eisenhower, Elvis, John F. Kennedy, die „Beatles", Vietnam, Watergate. Die Melodie klingt mit einem Zitat von „Who'll Stop The Rain" aus, seinem bekanntesten Vietnam-Song. Und die Absicht des Textes war jetzt ausdrücklich politisch. Kein Wunder, daß er damit „etwa drei Jahre gerungen" hat. „Es war eine der schwersten Aufgaben, die ich je zu bewältigen hatte, auch weil ich mich in die Zeit zurückversetzen mußte, als ich zwölf Jahre alt war." Dann, an einem schönen Mai-Tag, nahm er seine Angelrute und ruderte auf einen See hinaus. Er blieb den ganzen Tag dort, obwohl er keinen Fisch fing. Als er abends zurückkehrte, war „I Saw It On T.V." fertig: „Ich bin gut auf dem Wasser. Ich weiß nicht, warum. Vielleicht hat es etwas mit den negativ geladenen Ionen zu tun. Die Grundidee hatte ich schon fertig aufgeschrieben. Wenn es so weit ist, wird es ernst, wie im Literatur-Kurs in der Schule. Ich fange mit einer Zeile an, mit ein paar Worten. Dann ändere ich sie wieder, um sie zu verbessern. Abends um sechs hatte ich anderthalb Zeilen und wußte, wie der Rest laufen würde. Als ich endlich aus dem Boot kletterte, sagte ich zu mir: 'Ich hab's. Ich kann das jetzt schaffen.' Es war das erste Mal in den letzten neun Jahren, daß der Schalter wieder angeknipst war." Vorher hatte er sich an der Schreibmaschine gequält, gegen die Tür geschlagen, weil es so lange dauerte und nichts dabei herauskam. Aber an diesem Tag im Mai 1984 hatte er „wieder dieses Gefühl im Solarplexus". Bald darauf ging er ins Studio, aber nicht mehr, um zu üben, sondern um aufzunehmen.

Auch jetzt noch behielt er seine 9.30-Uhr-bis-18.30-Uhr-Routine bei. Der feste Arbeitsrhythmus gab ihm Sicherheit, wie ihm das Jogging — bis zu zehn Meilen täglich —

Energie gab. Allerdings gönnte er sich und seiner Familie jetzt einen freien Sonntag. Die zähe Verbissenheit führte zu schnellen Ergebnissen. Im August 1984 hatte er sechs der neun Songs fertig produziert: „I Saw It On T.V.", „The Old Man Down The Road", „Rock And Roll Girls", „Searchlight", „I Can't Help Myself" und „Zanz Kant Danz". Von der ersten bis zur letzten Note 100 Prozent Fogerty, alles selbst arrangiert, jedes Instrument — von der Gitarre bis zum Synthesizer — selbst gespielt. Die Idee der One-Man-Rock'n'Roll-Band hatte er elf Jahre nach dem Experiment der „Blue Ridge Rangers" noch immer nicht aufgegeben, und er würde sie auch nicht aufgeben, bis er damit eines Tages Erfolg hätte. Doch bei aller Besessenheit kamen ihm immer wieder Zweifel. Als abschreckendes Beispiel hatte er den Film „The Shining" (1980) von Stanley Kubrick (mit Jack Nicholson in der Rolle eines irre werdenden Schriftstellers) vor Augen: „Ich dachte: Ist es das wirklich wert, oder bin ich verrückt? Erinnern Sie sich an den Typen in 'The Shining', der sechs Monate lang an seinem Roman gearbeitet hat? Und dann kommt seine Frau vorbei und sieht, daß er nur eine Zeile geschrieben hat, immer und immer wieder ein und dieselbe Zeile!"

Die Stunde der Wahrheit mußte auch für ihn kommen, und so verabredete er sich für den 10. September mit Lenny Waronker in Burbank. Er fühlte sich nicht wie ein Rockstar, der sein nächstes Album abliefert, sondern wie ein Arbeitsloser auf dem Weg zu einem Vorstellungsgespräch. Er hatte Angst. „Ich war mit meinen Kräften am Ende." Der geplante Flug von Oakland aus hätte ihn in Zeitnot bringen können, also buchte er auf San Francisco um. Die Maschine nach Los Angeles stand am Gate 35. Fogerty: „35 ist meine Glückszahl. Es sah alles so aus, als würde es gut werden." Aber dann verfuhr er sich vor Aufregung und kam eine Stunde zu spät bei „Warner" an, wo Präsident Waronker schon ungeduldig wartete. Der locker wirkende, jugendliche Labelchef hatte sich — wie auch Ted Templeman — bei „Warner" einen Namen als geschmackssicherer Produzent gemacht. Er hatte nicht nur Maria Muldaur und Randy Newman für „Reprise" produziert, sondern auch dafür gesorgt, daß das „Warner"-Label zu den erfolgreichsten und modernsten

Plattenfirmen der Welt zählte. Auch Fogerty flößte das neue Label Vertrauen ein. In dem Branchenblatt „Billboard" hatte er eine Anzeige gesehen, in der berühmte „Warner"-Stars wie Prince und Rod Stewart und ihre Hits aufgezählt wurden. In dieser Reihe wollte er gern auch genannt werden. „Mein Gott", dachte er, „ich bin endlich bei der richtigen Plattenfirma." Als er das Gebäude am Warner Boulevard betrat, sang er vor sich hin, um seine Nervosität zu überspielen. Lenny Waronker, der ihn schon hörte, bevor er ihn sah, begann, sich zu entspannen. Er kannte die ganze Vorgeschichte, die Probleme mit „Hoodoo". Was wäre, wenn Fogertys neue Aufnahmen wieder nicht an den hohen Maßstäben zu messen wären, die er mit „Creedence Clearwater Revival" gesetzt hatte? Dann müßte ihm Waronker das ganz ehrlich sagen. Aber käme John singend an, wenn er seiner Sache nicht sicher wäre? Der Dialog zwischen den beiden klang schon entkrampft: „Na, Lenny, wie schafft es ein 39jähriger Ex-Rock'n'Roll-Star, dich dazu zu bringen, seine Platte anzuhören." — „Ich werde sie mir einfach anhören."

Als „The Old Man Down The Road" aus den Lautsprechern kam, überreagierte Lenny Waronker. Die ganze Anspannung machte sich mit einem Mal Luft. Er hob ab vor Erleichterung und schwebte nur noch über dem Boden: „Fogerty, du bist wieder im Rennen!" Der Rest ging in Euphorie unter. Waronker: „Ich hatte Jahre darauf gewartet, diese Platte zu hören. Ich meine nicht nur die Zeit, seit er bei 'Warner' engagiert war, sondern als Fan. Auf dem Gebiet des Rock'n'Roll mag ich ihn lieber als irgendjemand sonst. Ich weiß, was die 'Beatles' für die Musik getan haben, aber persönlich mag ich John lieber!" Mit im Raum waren Mo Ostin und Ted Templeman. Die „Warner"-Leute wollten schnell die noch fehlenden Aufnahmen von John nachgeliefert bekommen. „Mein Gott, du klingst so jung", bewunderte Waronker Johns Stimme. Und der erklärte mit dem Brustton der Überzeugung: „Ich mache nicht absichtlich auf jung. Aber es gibt nur einen Schauplatz, von dem der Rock'n'Roll ausgeht, und das ist ein junger Schauplatz. Von diesem Standort aus schreibt man Songs und singt sie. Es ist ein isolierter, naiver kleiner Schauplatz. Mein Lieblingsort!" Es war die unbekümmerte Szenerie seiner Jugend in den 50er Jahren und es war die Szenerie, die ihn Ende der sechziger Jahre zum Weltstar gemacht hatte.

Als John spät in der Nacht nach Haus kam, schlief seine Familie schon. Er überlegte einen Moment, ob er sie wecken sollte, dann nahm er einen Zettel, malte einen tanzenden Schimpansen und schrieb: „The monkey is off my back!" Er hatte nicht nur die Last von seiner Schulter, die Welt des Rock'n'Roll hatte ihn wieder. Zu dieser Rock'n'Roll-Welt gehörte für John das Radio, aus dem seine Musik im richtigen Klang im ganzen Land verbreitet würde. Sobald er eine Aufnahme für die neue Platte „Centerfield" fertig hatte, setzte er sich in seinen Wagen, stellte das Autoradio an und legte das Band in den Kassetten-Recorder ein. Sein Wunsch-Sound war der einer Vier-Leute-Band, wie „Creedence Clearwater Revival" es gewesen war und wie sie bei „Sun-Records" üblich gewesen waren. „Ich habe die Platte im Auto gemixt. Sobald ich eine Aufnahme annähernd fertig hatte, bin ich zum Auto gelaufen und habe sie gecheckt. Manchmal bis zu zwanzigmal. Wenn ich den richtigen Sound hatte, konnte ich das im Auto besser beurteilen als im Studio. Die Platte wurde quasi auf dem Vordersitz meines Autos abgemischt." Mitte der 80er Jahre, als die technischen Raffinessen nicht kompliziert genug sein konnten, entschied sich John Fogerty, eine Platte fürs Autoradio zu machen: „Die sind sehr einfach, weil man sich im Auto nur auf wenig konzentrieren kann. Den übrigen Kram braucht man da nicht."

Ende 1984 war er mit der Single „The Old Man Down The Road" wieder in den Top ten der US-Charts. Es gab sogar — trotz seiner Abneigung gegen Videos — einen Clip dazu, der mit einer langen Kamerafahrt durch einen Sumpf begann und schließlich auf einer Straße endete, auf der Fogerty mit Gitarre und Verstärker stand. Die Bayous hatten ihn wieder, und Amerika hatte wieder den Swamp-Sound entdeckt. Auch das Cover der Single (die in Deutschland auf Johns Wunsch bei „Bellaphon" statt bei „WEA" erschien) zeigte auf der Vorderseite die Schwarzweiß-Aufnahme einer Straße, auf der Rückseite ein Porträt Fogertys im Profil. Die Rückseite der Single, „Big Train (From Memphis)", ließ musikalisch Elvis Presleys „You're Right, I'm Left, She's Gone" von 1955 anklingen, das er schon für „Bad Moon Rising" als Vorbild verwandt hatte. Die Endakkorde zitieren Rusty Drapers „Freight Train" von 1957. Wie schon Elvis vor 40 Jahren, konnte sich jetzt Fogerty damit in den Country-Charts plazieren. Für „Warner" stellte Johns erklärter Wille, wie früher mit jeder Single zwei hitträchtige Songs herauszubringen, ein Problem dar. Für die nächste Single war „Rock'n'Roll Girls" ausgewählt, Fogerty bestand auf der B-Seite „Centerfield", die seine Plattenfirma gern für die nächste Veröffentlichung aufgehoben hätte. Er blieb hart: „Ich möchte wieder zweiseitige Hits haben. Mir geht es darum, den Leuten für ihr Geld so viel wie möglich zu geben. Das war auch früher bei 'Creedence' so, wo wir 'Who'll Stop The Rain' auf der einen Seite hatten und auf der anderen Seite 'Travelin' Band'." Wie vorhergesehen wurde „Rock'n'Roll Girls"/ „Centerfield", auf dessen Cover wie bei der LP nur ein Baseball-Handschuh abgebildet wurde, ein beidseitiger Hit (Platz 20 bzw. 44).

Die einzige Kritik, die er akzeptiert hätte, wäre der Vorwurf gewesen, daß er mit seiner Musik nicht auf der Höhe der Zeit war. Daß das alles leicht altmodisch klinge. Zwar setzte er Drum-Machine und Synthesizer ein, aber die analog aufgezeichnete Platte kam ihm selbst vor wie eine in einer Zeitkapsel aus den Siebzigern in die Achtziger transponierte Welt. Eine der wenigen negativen Besprechungen („Record") legte den Finger genau in diese Wunde: „Kindheits-Sehnsüchte, musikalische Selbstzitate, besessene Nostalgie — ein Paternoster der Zeit, begrenzt von den Wänden des Aufnahme-Studios, in dem sich Fogerty die letzten zehn Jahre verkrochen hat." Der „Rolling Stone" vergab vier von fünf Punkten: „Fogerty still hits with power". Aber Autor Kurt Loder, der von „Centerfield" begeistert war, entdeckte hier „Rock'n'Roll unter Glas" und empfahl Fogerty, das nächste Mal etwas frische Luft hineinzulassen. „Wie immer läßt Fogerty die ursprünglichen Bilder des Rock aufmarschieren — in einer deutlichen und zeitlosen musikalischen Sprache, die wundervoll schlicht und trotz ihrer offensichtlichen Vorbilder total überzeugend ist." Fogertys Anspielungen wurden von der Musikpresse sofort verstanden: „Big Train (From Memphis)" — Bedauern, daß die Zeiten von Elvis vorbei sind; „Centerfield" — eine Ode an den Baseball-Spieler Willie Mays und der Anspruch, in der Musikszene wieder im Zentrum zu stehen; „I Saw It On T.V." — die politische Abrechnung mit der Vergangenheit; „Zanz Kant Danz" - sein unaufhörlicher Haß auf Saul Zaentz. Die letzten beiden Lieder riefen Loders Kritik hervor: „Er ist immer noch sauer über Watergate, man wünschte ihm, er würde etwas häufiger mal aus dem Haus gehen." Und er war immer noch sauer über „Fantasy": „Ein persönlicher Rachefeldzug, der nahezu biblisch wirkt durch seine unbarmherzige Intensität."

Diesen Eindruck verstärkte Fogerty noch in einem Interview, das er im Januar dem „San Francisco Chronicle" gab. „Dies ist kein Comeback", sagte er, „dies ist der Triumph über das Böse!" Und in der „Los Angeles Times" rechnete er mit Doug und Stu ab, deren Beiträge zu „Mardi Gras" und deren Auftritte auf der letzten Tournee ihm noch immer zu schaffen machten: „Das schlimmste war, diese Lieder auch noch live zu bringen." Das rief nicht nur Doug und Stu auf den Plan, die sich in Leserbriefen bemühten, „Centerfield" als schlechte Kopie alter „Creedence Clearwater Revival"-Herrlichkeit zu diffamieren, sondern auch Tom, der sich öffentlich auf die Seite von Zaentz stellte („Ich vertraue Saul Zaentz"). Der „Los Angeles Times" teilte Stu Cook ungefragt über „The Old Man Down The Road" mit: „Verstehen Sie mich nicht falsch. Ich wünsche ihm (John) alles Gute. Aber wenn er schon ein altes 'Creedence'-Lied kopieren mußte, hätte er 'Proud Mary' nehmen sollen und nicht 'Run Through The Jungle'. Wenn wir ihm nicht gut genug waren, in seiner Band zu spielen — und das bedeutet es ja, daß er alle Instrumente selbst spielt —, dann bin ich froh, daß ich nicht auf diesem Album gespielt habe." Nach Jahren der versteckten Animositäten, brach der offene Krieg aus. Die Tatsache, daß John es tatsächlich allein geschafft hatte, daß sein Bild auf den Titelseiten von „Musician" und „Guitar Player" zu sehen war, riß die alten Wunden auf. Er hatte ihnen damit nur noch eine Rolle in der Vergangenheit gelassen. Und der Name „Creedence Clearwater Revival", der für zwei Brüder und zwei Jugendfreunde einmal für das größte Glück gestanden hatte, war jetzt zum Synonym für Haß geworden. Nicht nur das. Auch von den Illusionen, mit denen die vier Fans des Rock'n'Roll in El Cerrito angetreten waren, blieb nichts mehr übrig. „Man kann fast sein ganzes Leben — vom Alter von fünf an bis 25 — nur an Musik denken, nur Musik üben, nur für die Musik dasein", beklagte John sich in der Sendung „Musikszene '85" des WDR, „und dann, wenn man alles erreicht hat, wird man von Rechtsanwälten ruiniert. Man wächst auf mit Musik, und niemand sagt einem, daß 80 Prozent des Geschäfts die Anwälte bestimmen. Und das ist die traurige Seite des Showbusineß. In meinem Fall ist die Ironie auch noch, daß die Anwälte, die gegen mich klagen, von dem Geld bezahlt werden, das 'Creedence' verdient hat."

Vor Gericht

Es geht darum, ob eine Person ihren eigenen Stil beibehalten kann, während sie aufwächst und durchs Leben geht. Ich kann spüren wie Lennon, Dylan, Bruce Springsteen und Leiber und Stoller hinter mir stehen und rufen: 'Johnny, du darfst diesmal nicht verlieren.'"

John Fogerty, November 1989

Das Plagiat

Am 7. November 1989 machte sich John Fogerty auf den wohl beschwerlichsten Weg in seiner langen Karriere: Er hatte schon viele Gerichtssäle gesehen. An diesem Morgen war jedoch alles ein bißchen anders. In der einen Hand seine modifizierte Washburn und in der anderen einen kleinen Verstärker, ging er zu seinem Wagen und fuhr zum Gericht in Berkeley. Auf der Fahrt ging ihm alles mögliche durch den Kopf: Was würden all die anderen großen Komponisten des Rock'n'Roll jetzt machen? Wie soll ich den Laien vor Gericht klar machen, daß meine Musik gleichzeitig nach mir klingt und doch jedes Lied sich von den anderen unterscheidet? Was passiert, wenn ich heute verliere? Was er nicht mitbekam, war die Ankündigung seines einzigartigen Auftritts im Radio. San Franciscos kleine Station KFOG mobilisierte die Fogerty-Fans unter ihren Zuhörern mit dem Versprechen, daß John Fogerty heute im Gerichtsgebäude von Berkeley endlich wieder seine alten „Creedence"-Hits spielen würde.

Sein kariertes Holzfällerhemd und die Jeans hatte er gegen einen grauen Flanellanzug eingetauscht, um die Jury von seiner Seriosität zu überzeugen. So trat John Fogerty an, um für sein künstlerisches Überleben zu kämpfen. Es war der vorläufige Höhepunkt einer Reihe von Prozessen, die er gegen seine alte Plattenfirma „Fantasy" und deren Boß Saul Zaentz bestehen mußte. Die Anklage, mit der sich John Fogerty diesmal konfrontiert sah: Zaentz beschuldigte ihn, sich selbst plagiiert zu haben. Ein in der Musikgeschichte einmaliger Vorwurf. Zaentz behauptete, daß die beiden von Fogerty geschriebenen Stücke „Run Through The Jungle" (1970) und „The Old Man Down The Road" (1984) identisch seien.

Bis zu diesem Tag hatte es schon viele Plagiats-Prozesse gegeben. Normalerweise warf in solch einem Fall aber ein Autor eines Liedes einem anderen vor, dieser habe seine Melodie kopiert. Auch John Fogerty war schon einmal in den siebziger Jahren des Plagiats bezichtigt worden. 1970 hatte er, damals noch mit „Creedence Clearwater Revival", „Travelin' Band" aufgenommen. Das klang für Little Richard und den Musikverlag, der die Rechte besaß, zu sehr nach dem Hit „Good Golly, Miss Molly" von 1957. Diese Ansicht war nicht ganz abwegig. Immerhin gehörte Little Richard zu den großen Vorbildern Fogertys, und schließlich hatten „Creedence Clearwater Revival" 1969 auch schon eine Version von „Good Golly, Miss Molly" veröffentlicht. Besonders, wenn man diese mit Fogertys „Travelin' Band" vergleicht, sind Übereinstimmungen nicht von der Hand zu weisen. So kam es damals gar nicht erst zum Prozeß: Die beiden Parteien schlossen einen außergerichtlichen Vergleich.

Fogerty selbst hatte im April 1970 in einem Gespräch mit dem englischen Magazin „New Musical Express" Argumente für den Plagiatsvorwurf geliefert. In dem Interview hatte er offen über seine Absicht gesprochen, einen universellen Rock'n'Roll-Song zu schreiben — dafür hatte er nicht nur bei Little Richard Anleihen gemacht: „Als ich unsere gegenwärtige Single 'Travelin' Band' schrieb, beschloß ich zu versuchen, einen originären Song in dem wahren traditionellen Stil der großen Rock'n'Roll-Standards zu komponieren, denn mir war plötzlich klar geworden, daß es schon seit Jahren keinen neuen Song dieser Art mehr gegeben hatte. 'Hi-Heel Sneakers' war so ziemlich der letzte gewesen. Auf 'Band' verneige ich mich vor Chuck Berry, Little Richard, Elvis, bevor er zu RCA gegangen ist, und vielen anderen. Wenn man genau hinhört, sind da Anleihen von 'Too Much Monkey Business', 'Good Golly, Miss Molly', 'Jailhouse Rock' und sogar 'Rock Around The Clock' zu entdecken." All die genannten Stücke basieren auf dem Eight-Bar-Blues- oder Twelve-Bar-Blues-Schema — bis heute die häufigste Vorlage für den Rock'n'Roll. Ähnlichkeiten wie diese sind daher kaum zu vermeiden.

Wie aber ist es möglich, daß ein Komponist bei sich selbst abschreibt? Und wie konnte es dazu kommen, daß der Chef seiner ehemaligen Plattenfirma das zum Gegenstand einer Klage machte? John Fogerty hatte zu Beginn der „Creedence Clearwater Revival"-Zeit dem zu „Fantasy" gehörenden Musikverlag „Jondora" die Rechte an seinen Hits überlassen. „Proud Mary", „Born On The Bayou" und „Bad Moon Rising" zählten daher zum Besitz von Zaentz, ebenso wie „Run Through The Jungle". Eine Verzweiflungstat: Fogerty hätte damals alles getan, um einen Plattenvertrag zu bekommen. 1972 aber war der Vertrag für ihn zur strangulierenden Fessel geworden: Anders als seine ehemaligen Mitstreiter war der kreative Kopf verpflichtet, „Fantasy" jedes Jahr 36 Masterbänder abzuliefern. Das entsprach mindestens drei LPs. Eine Massenproduktion, die ihn für Jahrzehnte an das kleine Label gebunden hätte.

Als die Band zerbrach, war das Verhältnis zu Zaentz längst zerrüttet. John Fogerty kommunizierte mit dem Fantasy-Chef nur noch über Anwälte. Eine Basis für kreative Zusammenarbeit existierte nicht mehr. In späteren Interviews, die er zur Zeit seines Comebacks mit „Centerfield" 1985 gab, machte er die Absurdität seiner Lage noch einmal ganz deutlich: „Ich habe ernsthaft darüber nachgedacht, ein Album mit zwölf Versionen von 'White Christmas' aufzunehmen. Aber wie konnte ich so etwas meinen Fans zumuten? Das zerstört alles und ist trotzdem nur eine Platte! Ich hätte ihnen immer noch zwanzig Jahre geschuldet. Ich meine, Gott, ich hätte mich in irgendeiner Bar in Albuquerque umbringen müssen." Damals war er zum letztenmal zu Saul Zaentz in dessen Büro gegangen und hatte versucht, ihm seine Lage zu erklären. Unter diesem Druck und in dieser deprimierenden Situation war er einfach nicht mehr fähig, Lieder zu schreiben. „Und Saul hat mir in die Augen geschaut und gesagt: 'Das ist nicht wahr. Die ganze Geschichte der Kunst hat gezeigt, daß die größte Kunst unter Bedingungen der Repression und Depression entstanden ist.'" Sprecher von „Fantasy" sagen, daß so ein Treffen niemals stattgefunden habe. Dieser Form von Zynismus war Fogerty nicht mehr gewachsen. Er stand vor dem künstlerischen Aus. Depressionen hinderten ihn, klaren Kopfes etwas aus seinem Talent zu machen.

Von dem Moment an, als John sich aus allen Verpflichtungen gegenüber „Fantasy" freikaufte, kassierte Zaentz jedesmal, wenn ein von John Fogerty geschriebenes Stück als Platte oder CD verkauft wurde, und der Autor ging leer aus. Doch das reichte Zaentz noch nicht. Als Doug Clifford ihn auf die angebliche Ähnlichkeit von „Run Through The Jungle" und „The Old Man Down The Road" aufmerksam machte, witterte Zaentz eine weitere Gelegenheit, seinen ehemaligen Schützling zu melken. Nicht nur Fogerty war von der Anklage überrascht. In der ganzen Branche fragte man sich, wohin der Plagiatsvorwurf führen könnte, wenn das Gericht ihn akzeptieren sollte. Ein Vergleich aus der Malerei macht das Unsinnige von Zaentz' Ansinnen deutlich: Mit demselben Recht hätte ein Galerist Picasso eine Selbstkopie vorwerfen können, denn der Maler hat viele Variationen über ein und dasselbe Thema gemalt.

Saul Zaentz war das alles offensichtlich egal. Er erhoffte sich — frei nach Mark Twains: „Kreativität ist unentdeckter Diebstahl" — eine Chance vor Gericht. Im September '85 klagte er. So kam es, daß John Fogerty an jenem Novembertag in Berkeley, der Heimatstadt von „Creedence Clearwater Revival", vor einem Gericht einen in der Musikgeschichte einzigartigen Beweis antreten mußte. Vor einer Laien-Jury hatte er seine Kreativität unter Beweis zu stellen und seine musikalische Arbeitsweise zu erklären.

Für die Platte „Cosmo's Factory" war 1970 der Hit „Run Through The Jungle" entstanden. Mit der Rückseite „Up Around The Bend" war die Platte eine der neun beidseitigen Hitsingles gewesen, die „Creedence Clearwater Revival" zu einer der erfolgreichsten Bands der Popmusik machten. Saul Zaentz' kleines Jazz-Label war durch die Hits aus der Feder von John Fogerty zu einer der fünf größten Plattenfirmen in den USA geworden und ihr Besitzer zu einem reichen Mann. Über ein Jahrzehnt später hatte John Fogerty dann „The Old Man Down The Road" geschrieben, das bei „Warner Bros." veröffentlicht wurde und nahtlos an die Erfolge mit „Creedence Clearwater Revival" anknüpfte. Saul Zaentz selbst hatte keine Ähnlichkeit der Stücke bemerkt. Es mußte erst der Schlagzeuger Doug „Cosmo" Clifford kommen und ihn darauf stoßen, daß die Melodie von „The Old Man Down The Road" mit der von „Green River" beziehungsweise „Run Through The Jungle" identisch sei. Auch wenn Doug eine eidestattliche Erklärung abgegeben hatte, seine Äußerung nicht in der Absicht gemacht zu haben, Fogerty in Schwierigkeiten zu bringen, oder sogar in einen Rechtsstreit zu verwickeln. Das scherte Saul Zaentz wenig: Im Plagiatsverfahren erschien der kleine dicke Mann selbst, um seine Klage zu begründen. Weißhaarig, sein Gesicht von einem dichten Bart umrahmt, glich er eher dem Weihnachtsmann als einem toughen Manager. Seine Tränensäcke, die durch die dicke Brille zu sehen waren, verstärkten den bärbeißigen Ausdruck seines Gesichts. Er nutzte die Gelegenheit, um zu beschwören, daß er die Idee zu klagen von einem der ehemaligen Bandkollegen von Fogerty bekommen hatte. Im Gerichtssaal kam der bullige Mann ins Schwitzen, und sein sonst sehr blasses Gesicht lief rot an. „Er besitzt so viel Energie und Kraft, daß er ein Stier ist, den man nicht auf sich zukommen sehen möchte", beschrieb ihn einmal Anthony Minghella, der Regisseur von „Der Englische Patient". Und John Fogerty verglich ihn mehrmals mit dem Monster „Jabba the Hutt" aus „Krieg der Sterne".

Jetzt saß John Fogerty im Zeugenstand, um zu beweisen, daß er zwar er selbst geblieben war, die beiden Stücke, die er im Abstand von mehr als 14 Jahren geschrieben hatte, sich jedoch nicht glichen. Seine künstlerische Identität stand zur Disposition. Die Veranstaltung im Gerichtssaal wurde zu einer Feierstunde des Rock'n'Roll. Die Ankündigung des Senders KFOG aus der Bay-Area hatte ihre Wirkung getan. Die Fans drängten sich in das kleine Gerichtsgebäude in Berkeley.

Immer wieder stimmte er die beiden Stücke an und erklärte die Unterschiede in den Melodien und Rhythmen. Außerdem spielte er auch Stücke wie „Proud Mary" oder „Fortunate Son", um die Jury von der Einfachheit und Authentizität seiner Lieder zu überzeugen. Die Zuschauer genossen jede Sekunde des Privatkonzertes. Besonders „Fortunate Son" hinterließ in dem nüchternen Gerichtssaal eine nostalgische Stimmung. Unwürdig allein war die Situation, in der der Künstler die Geheimnisse seiner Kunst offenbaren mußte. Die bedrohliche Melancholie von „Run Through The Jungle" bekam im Gerichtssaal eine neue Bedeutung: Sie symbolisierte die Ungerechtigkeit, die John Fogerty widerfuhr. Und „The Old Man Down The Road" wurde zum Triumph, bevor sich die Jury für drei Stunden zurückzog. Der Mann hatte um sein Leben gespielt.

Die Entscheidung der Jury fiel nach dreistündiger Beratung einstimmig zugunsten des Künstlers John Fogerty aus. Eine 52jährige Schöffin machte deutlich, worum es eigentlich ging. Sie sagte, daß kreative Menschen die Möglichkeit haben müßten, sich zu verwirklichen, ohne daß ihnen ständig Geschäftsleute ins Handwerk pfuschten. Und Bob Robertson, der 37jährige Sprecher der Jury, war sogar davon überzeugt, daß, sollte es überhaupt Ähnlichkeiten zwischen den beiden Titeln geben, diese nicht von substantieller Bedeutung seien. Nachdem die Juroren ihn von seiner „Schuld" freigesprochen hatten, sagte John Fogerty: „Die Welt konnte nicht so verdreht sein, daß die Jury hätte anders entscheiden können." Der „Fantasy"-Anwalt Norman Rudman, der Computermodelle der Songs aufgefahren hatte, um Recht zu bekommen, gab der Jury die Schuld daran, daß er den Prozess verloren hatte: „Daß er für die Jury gespielt hat, hat sie überfordert. Nicht viele Menschen bekommen die Gelegenheit, über jemand zu urteilen, der so überlebensgroß ist." Saul Zaentz hatte verloren, und John Fogerty triumphierte noch im Gerichtssaal. „Wenn das durchgegangen wäre, hätte es jede kreative Energie erstickt. Jeder Songwriter hätte alles in den Computer geben müssen, um zu überprüfen, ob er sich nicht selbst kopiert. So kann man nicht schreiben!" Tantiemen, die ihm noch aus seinem alten Vertrag mit „Fantasy" zustanden, hatten Zaentz und seine Firma von 1985 an einfach als Kompensation zurückbehalten. Fogerty forderte seine Fans deshalb scherzend auf: „Hey, laßt uns jetzt alle zusammen rüber zu 'Fantasy' gehen und es holen!" Und er setzte nach: „Creedence hätte noch viel länger existiert, wenn sich nicht ein einzelner Mensch die goldene Gans geschnappt hätte, um sie zu killen!"

Der Prozeß hatte ihn 400 000 Dollar mehr gekostet, als ihm der Song „The Old Man Down The Road" eingebracht hatte. Trotzdem war dieses Urteil ein riesiger Erfolg für die Gerechtigkeit, für alle Musiker und natürlich für John Fogerty.

„ZANZ KANT DANZ"

Saul Zaentz hatte jedoch noch einen weiteren Prozeß gegen den Mann ins Rollen gebracht, der mit seiner Kreativität sein Leben und seine sämtlichen Aktivitäten finanzierte. Nur wenige Monate nach dem Erscheinen des sensationell erfolgreichen Albums „Centerfield" versuchte er alles, um nun endgültig das Schaffen seines ehemaligen Schützlings zu unterminieren. Es reichte ihm auch nicht, die Tantiemen für „The Old Man Down The Road" zu fordern. In den Stücken „Zanz Kant Danz" und „Mr. Greed", die Fogerty ebenfalls auf „Centerfield" veröffentlicht hatte, sah er eine Verunglimpfung seiner Person und wollte dafür 144 Millionen Dollar Entschädigung haben. Zwar war es nicht gerade abwegig, daß sich Saul Zaentz beleidigt sah, doch wäre seine Forderung erfüllt worden — so etwas ist in Amerika möglich —, hätte das den Ruin für Fogerty bedeutet. Niemals hätte er sich wieder von einer solchen Schuldenlast erholen können.

„Zanz Kant Danz" — eine in der Schreibweise kaum verborgene Spielerei mit dem Satz „Zaentz can't dance" — handelt von einem auf das Stehlen von Geld trainierten Schwein namens Zanz. In dem Video, das begleitend zu dem Stück erschienen war, tanzte John Fogerty wie eine Marionette umgeben von Figuren, die ein Künstler aus Knetmasse geschaffen hatte. Am Ende stand er halbnackt da, seine Cowboy-Stiefel, das karierte Hemd und seine Jeans waren ihm von einem Schwein gestohlen worden. Bei seinem Auftritt bei Willie Nelsons „Farm Aid" wählte John Fogerty dieses Stück als einen der drei Songs aus, die er vor den 80 000 Fans spielte. Und wieder geriet das ganze zu einer Demonstration seines Unmutes. Mitten im Stück, dessen typisches 80er-Jahre-Synthesizer-Solo er durch ein wunderschönes Gitarren-Solo ersetzte, lief ein rosafarbenes Plüschschwein über die Bühne. Es zog Fogerty, der ganz in Schwarz gekleidet war, ein rotes Halstuch aus der Hosentasche.

„Mr. Greed" heißt „Mr. Gierig". In diesem Lied, das auf einem Heavy-Metal-Riff basiert, klagt John einen Nimmersatt an. „Warum mußt du alles besitzen, was du siehst?" fragt er und wird noch deutlicher: „Warum legst du jedem Ketten an, der frei lebt? Ich hoffe du erstickst!" Saul Zaentz mußte sich selbst wiedererkannt haben.

Der Streit wurde außergerichtlich beigelegt. Auf dem Cover der zweiten Auflage von „Centerfield" wurde „Zanz Kant Danz" in „Vanz Kant Danz" geändert. Bei dem Rest der ersten Auflage, die sich noch in den Lagern befand, wurde der Titel auf dem Cover mit dem neuen Namen überklebt: „Mr. Greed" blieb „Mr. Greed", und Saul Zaentz blieb Saul Zaentz.

DER OHRRING

Als „Centerfield" 1985 die Charts eroberte, mischte sich auch Tom Fogerty in den Streit zwischen „Fantasy" und seinem Bruder ein: „Wissen Sie, wie can't in „Zanz Kant Danz" geschrieben wird?" fragte er einen Reporter und gab die Antwort gleich selbst: „Kant steht als Kurzform für Kantor." Burt Kantor war der Vertraute von Saul Zaentz, der die Band zu der Investition auf den Bahamas verleitet hatte. Tom Fogerty, der Zaentz bei jeder Gelegenheit als seinen Freund bezeichnete, erzählte von noch einem weiteren Plan zur Aufbesserung der Einkünfte der Band, der jedoch nie in die Realität umgesetzt wurde. Warum er nicht verwirklicht wurde, wußte er auch zu berichten. Zaentz habe der Band zehn Prozent am Kapital von „Fantasy" angeboten. Er wollte mit der Firma an die Börse gehen. John Fogerty und Barry Engel, der damalige Anwalt von „Creedence Clearwater Revival", waren laut Tom Fogerty daran schuld, daß das Vorhaben scheiterte. „Creedence" lehnte angeblich auf ihr Anraten das Angebot ab. „Ich bin mir nicht sicher, ob John überhaupt weiß, was das bedeutete, aber ich weiß es. Wir wären von einer Minute zur nächsten reich gewesen," sagte Tom 1985 — noch immer verbittert über diesen vermeintlichen Fehler seines Bruders. Auch dieses Angebot hatte einen entscheidenden Haken: „Fantasy" ist nie an die Börse gegangen.

John Fogerty hatte noch einen vergeblichen Versuch gemacht, sein Geld abzuziehen, bevor die „Castle Bank" von den Bahamas nach Panama umzog und sich schließlich 1977 einfach auflöste. 8 Millionen Dollar von „Creedence Clearwater Revival" waren damit verschwunden. Über 4 Millionen Dollar, alles Geld, das Fogerty bis dahin verdient hatte, waren bis auf ein paar kleine Reserven verloren: „Der Tag an dem ich herausfand, daß es weg war, das ist der Tag, an dem ich mir den Ohrring gekauft habe. Als alles ganz sicher weg war, nichts mehr da, die 'Castle Bank' verschwunden, blickte ich zurück auf die vergangenen acht Jahre — und ich mußte nicht weit schauen, nur nach Berkeley zu all diesen Leuten in ihren Mercedes-Limousinen, großen Gebäuden und ihrer Plattenfirma — das war es: 'Damit kommt ihr nicht davon, damit könnt ihr nicht davonkommen.' Ich brauche ein Symbol, sagte ich mir. Irgendwie bedeutete 'Ohrring' für mich Stärke und Integrität, vielleicht kommt das von 'Captain Hook' aus meiner Kindheit. Ich gebe nicht auf."

Die Leute von „Fantasy", die ihn beraten hatten, hatten nicht nur seine Kreativität ausgebeutet, sie hatten ihm auch noch mit ihrem Finanzierungsmodell seinen verschwindend geringen Anteil am Gewinn genommen. Er stand plötzlich vor der Frage, wie er die nächsten Jahre finanziell bewältigen sollte. In Kanada lagen noch 1,5 Millionen Dollar bei einer Bank, die er als Songwriter verdient hatte. Die BMI („Broadcast Music Incorporated") weigerte sich, die Gebühren, die für die Aufführungsrechte seiner Lieder anfielen, an die „Castle Bank" zu zahlen. Das war eine kluge Entscheidung. Grundsätzlich werden die BMI-Gelder nur an Individuen überwiesen, nicht an Gesellschaften. John Fogerty wußte jedoch nicht, ob die 1,5 Millionen Dollar nicht allein für Steuernachzahlungen draufgehen würden. Natürlich kam es, wie es kommen mußte: Das Finanzamt verlangte die ganze Summe als Steuer für das Geld, das mit dem Verschwinden der „Castle Bank" verloren war. Klar, daß John beschloß zurückzuschlagen. Wie sich das auf den Musiker und einstigen Superstar auswirkte, hat seine Tochter Laurie aus erster Ehe Reportern des „Time"-Magazins beschrieben: „Und dann wurde Papa sauer. Aber eigentlich war er immer sauer."

Immerhin: 1982 gewann John Fogerty den ersten Prozeß, in dem es um das Geld ging, das mit der „Castle Bank" verschwunden waren. Es wurden ihm 4,1 Millionen Dollar zugesprochen. Mit dieser Sicherheit im Rücken ging er an die Produktion seines ersten Comeback-Albums „Centerfield". Als die Platte schon erschienen war, befand sich der Prozeß in der Revision. Fogerty hatte immer noch keinen Cent ausgezahlt bekommen, aber er war zuversichtlich: „Wir haben noch nichts von dem Geld gesehen, aber der Wind bläst in unsere Richtung." Der Talisman in seinem Ohr war für ihn das sichtbare Symbol dafür, daß er die Wende in der Auseinandersetzung gegen „das Böse" geschafft hatte.

Der Supreme Court

Beide Gegner hatten sich so sehr in ihrem Machtkampf verbissen, daß keine Gerichtsentscheidung ausgesprochen wurde, ohne daß der Verlierer sofort in die Berufung ging. So wurde das Duell zwischen David und Goliath schließlich vor dem Supreme Court in Washington, dem höchsten amerikanischen Gericht, ausgetragen. Zum letzten Mal ging es um die angebliche Urheberrechts-Verletzung durch die Komposition „The Old Man Down The Road". Noch immer war eine riesige Summe zwischen den Parteien strittig. Obwohl die Plattenfirma mit ihrer Klage nicht durchgekommen war, blieb Fogerty auf den Anwaltskosten sitzen. Die über 1 Million Dollar hatte er sich mit seiner neuen Plattenfirma

„Warner Bros." geteilt, allerdings mit der Zusage, alles zu übernehmen, wenn „Fantasy" nicht zur Zahlung verurteilt würde. Jetzt mußte er sehen, wie er zu seinem Geld kam. Er sah sich in seinen schlimmsten Befürchtungen bestätigt: „Der Musiker gräbt das ganze Gold aus, und schließlich endet es irgendwo in den Taschen von ein paar Anwälten in Beverly Hills."

Das Oberlandesgericht, die nächste Instanz, half ihm keinen Schritt weiter. Im Gegenteil: Es bestätigte „Fantasy", daß die Klage nicht unberechtigt gewesen war. Auch wenn Fogerty Autor beider Lieder war, hätte er das Copyright an „Run Through The Jungle" verletzen können. Dabei sei gleichgültig, daß die Plattenfirma mit seiner Kreativität — d. h. seiner Art, Songs zu schreiben — bestens vertraut war. Schließlich habe dem Komponisten das Unterbewußtsein einen Streich spielen können, so daß er völlig unbewußt sich selbst kopiert und damit die Rechte von „Fantasy" verletzt hätte. Um diese Frage aber ging es bei den Anwaltskosten: In Copyright-Verfahren erhält in Amerika nur der siegreiche Kläger das Geld für die Rechtsvertreter vom Gegner zurück, nicht aber der siegreiche Angeklagte. Es liegt allein im Ermessen des Gerichts, ob es von dieser Regelung eine Ausnahme macht. Dafür gibt es eine Richtlinie: Nur wenn der Kläger den Streit in böswilliger Absicht angezettelt hat, kann der Angeklagte auf Kostenerstattung hoffen. Aber so sehr John Fogerty auch die Hinterhältigkeit seines Erzfeindes Saul Zaentz betonte, so wenig schlossen sich die Gerichte dieser Ansicht an.

So blieb David nur eine Chance, Goliath zur Strecke zu bringen: der Oberste Gerichtshof. Und der Wind wehte in den neunziger Jahren tatsächlich günstig für John. Am 8. Dezember saßen Amerikas höchste Richter zusammen, um „Fogerty v. Fantasy Inc." zu beraten. So kam Fogerty nicht nur in den Hitparaden an die Spitze, sondern erreichte mit seinem Rechtsstreit auch den Gipfel der Gerichtspyramide. Wie Tausende von Verfahren zuvor ging sein Prozeß als Präzedenzfall in die juristische Literatur ein.

Am 1. März 1994 entschied der Supreme Court in der neunten und letzten Instanz mit einer Gegenstimme zu seinen Gunsten. Das entscheidende Argument für Fogerty war, daß dem amerikanischen Volk ein wichtiges Kulturgut vorenthalten geblieben wäre, hätte er das Lied „The Old Man Down The Road" nicht geschrieben. Der Vorsitzende William H. Rehnquist, der noch von Nixon ins Amt berufen worden war, verkündete die Meinung, die sechs weitere der acht Richter teilten: „Es liegt im öffentlichen Interesse, daß Literatur, Musik und andere Kunst der Öffentlichkeit zugänglich gemacht werden. Das Copyright-Gesetz existiert, um Autoren zu ermutigen, kreative Arbeit zu leisten und dafür eine faire Belohnung zu erhalten. Auf diesem Wege schützt das Copyright-Gesetz das öffentliche Interesse an der Weiterentwicklung von Wissenschaft und Kunst."

In den Fußnoten des „Opinion" genannten Urteils wurde Fogertys Leistung als Bandleader „einer der größten amerikanischen Rock 'n' Roll-Gruppen aller Zeiten" gewürdigt. Seine besondere Leistung sei es gewesen, „einen einmaligen Stil, den 'Swamp-Rock' geschaffen zu haben, der das Country- und Blues-Feeling der Südstaaten ausdrückt"! Sein Werk dient also nach dem Urteil des höchsten Gerichts dem amerikanischen Volk und muß vom Staat geschützt werden. Endlich hatte Fogerty auch in letzter Instanz Recht bekommen. Seine künstlerische Bedeutung war jetzt offiziell aktenkundig geworden.

Einer der acht Richter widersprach dem Urteil. Für den konservativen Juristen Clarence Thomas, den einzigen Schwarzen am Supreme Court, stand nicht die kreative Leistung John Fogertys im Vordergrund, sondern allein die Frage danach, ob „Fantasy" den Copyright-Rechtsstreit in böser Absicht veranlaßt hatte. Das verneinte er. Für ihn wäre nur dann eine Ausgleichszahlung durch „Fantasy" gerechtfertigt gewesen. Trotzdem mußte „Fantasy" endgültig zahlen. John Fogerty konnte nach einem Jahrzehnt der Gerichtsverfahren aufatmen. Er erklärte sofort, daß er jetzt wieder das tun wolle, was ihm gerichtlich verboten werden sollte: Musik machen, die nach ihm selbst klingt, „was soviel bedeutet wie nach 'Creedence Clearwater Revival'".

FOGERTY LIVE

CHAPLIN STAGE

Seine alten „Creedence"-Hits waren 1985 noch tabu. In den ersten Januartagen war er unterwegs gewesen: Er war Gast in Talkshows und gab Interviews, die sich fast alle im Wortlaut glichen. Auffallend war, daß er seine Musik bisher überhaupt nicht live präsentierte. Er hatte eben alles alleine gemacht und dementsprechend keine Band. Also mußte er sprechen, und er sprach über seinen größten Feind, über seine musikalischen Wurzeln, über sein Equipment, die Jahre im Studio und über seine Musik.

24 Tage waren vergangen, seit die LP „Centerfield" auf den Markt gekommen war und sich in Windeseile den ersten Platz der Charts erobert hatte – wie zuletzt „Cosmo's Factory" 15 Jahre zuvor. Jetzt wollte er zeigen, daß er noch immer ein Performer war und „nicht irgendein verrücktes Studiotier".

Am 20. Januar begannen die Proben für John Fogertys ersten öffentlichen Auftritt seit 1972. Und er hatte sich genau überlegt, wie er sein Live-Comeback inszenieren wollte. „Duck Dunn war der erste, den ich anrief. Ich hatte überlegt, Booker anzurufen. Aber wie ruft man eine Legende an?" Zu den Proben kamen die erlesensten Musiker der Zeit. Jeder für sich eine Legende, nicht nur der Organist Booker T. Jones und der Bassist Donald „Duck" Dunn von „Booker T. & The M.G.'s", die sämtliche Soul-Größen von Otis Redding bis Sam & Dave begleitet hatten. Der Brite Albert Lee, der bereits bei der Comeback-Tour der Everly Brothers dabei gewesen war, der in Eric Claptons Band mitmachte und der auch eigene Platten aufgenommen hatte, spielte neben Fogerty

Gitarre: „An der Gitarre wußte ich, daß ich jemand brauchte, der den Crossover aus R&B und Country verstand — so wie Curtis Mayfield immer gespielt hat — und der außerdem eine gute Technik hat. Ich hatte keine Ahnung, wie unglaublich Albert war."

Auch für die wenigen Stücke, bei denen John ein Saxophon brauchte, schöpfte er aus dem vollen: „Steve Douglas war eindeutig der beste, den ich am Saxophon haben konnte. Er hat mir mein altes Duane-Eddy-Album signiert. Ich habe einen kleinen Traum erlebt." Douglas spielte bereits seit den Fünfzigern mit allem, was Rang und Namen in der Musikbranche hatte: Duane Eddy, Phil Spector und Bob Dylan. Außerdem arbeitete er als Produzent von „Mink DeVille". Lediglich der junge Schlagzeuger Prairie Prince stand noch relativ am Anfang seiner Karriere. John erzählte, warum er ihn ausgewählt hatte: „Prairie Prince hat einem Reporter erzählt, 'Ich glaube nicht, daß John schon jemals Musik von den 'Tubes' gehört hat', und er hat recht. Aber ich habe ein neues Album namens 'Silvertone', das bei 'Warner Bros.' erschienen ist, von einem jungen Typen: Chris Isaak — das mochte ich sehr. Und der Schlagzeuger ist Prairie Prince — speziell wie er mit Besen spielt, hat mich beeindruckt." Prairie setzte seine Karriere später bei „Jefferson Starship" fort. Das männliche Gesangsquartett, das die Band vervollkommnete, hatte bereits mit der Tex-Mex-Legende Ry Cooder Musikgeschichte geschrieben, und zwei der Sänger, Bobby King und Terry Evans, starteten eine Karriere als Duett, die ihnen viele Auszeichnungen einbrachte.

Zehn Tage, sechs Stunden täglich, probten „John Fogerty's Allstars" ein Programm, das alle Zuschauer überraschen sollte. Endlich, am 31.Januar, war es soweit: John Fogerty war zurück auf der Bühne. Noch im Backstageraum ließ er sich von allen Musikern Autogramme geben, und Lenny Waronker besuchte ihn, um ihm Glück zu wünschen: „Du wirst es großartig machen, John. Das ist dein erstes Konzert in den letzten zwölf Jahren, stimmt's? Sei nicht nervös." John erzählte dem „New Musical Express" lachend von dieser Begegnung mit seinem Boß: „Ich habe nie Lampenfieber. Ich mußte lachen, als wir dieses TV-Special aufgezeichnet haben. Die Jungs in der Band waren auch nicht nervös — sie sind alle Profis. Aber die großen Bosse von 'Warner Brothers' waren etwas angespannt."

John hatte zweihundert Zuschauer eingeladen — alles Leute von „Warner", die er in den letzten Jahren kennengelernt hatte: „Sie haben mir jahrelang gezeigt, was sie machen, jetzt will ich ihnen zeigen, was ich in den letzten Jahren gemacht habe." Veranstaltungsort war der „Chaplin Stage" von „A&M Records" in Los Angeles. Fogerty ließ das ganze Konzert auf Video mitschneiden, um es später für sein „Showtime"-TV-Special zu verwenden. Ausgerechnet an diesem Tag hatte John seine Stimme verloren. Die langen Proben hatten ihn heiser gemacht. So waren sich die Kritiker später einig, daß der erste Set, den er spielte, enttäuschend war, weil er seine Stimme schonte. Doch nach einer kurzen Erholungspause kehrte die Band zu ihrem Publikum zurück und spielte die ganze Reihe der Gospel-, R&B- und Rock'n'Roll-Klassiker noch einmal. Mit dem „Swan Silvertones"-Gospel-Hit „Oh Mary Don't You Weep" eröffneten sie. Fogerty war in seinem Element. Unter anderem interpretierte er Ray Charles' Klassiker „Leave My Woman Alone", den er schon im Alleingang für „Hoodoo" aufgenommen hatte, neu. „Mannish Boy" von Muddy Waters war ebenso ein Teil von Fogertys Gang durch die Geschichte der Popmusik wie „Let's Go, Let's Go, Let's Go" von „Hank Ballard And The Midnighters". Natürlich spielte er kein einziges Lied aus der Zeit mit „Creedence Clearwater Revival". Aber auch von seinem neuen Erfolgsalbum „Centerfield" zeichnete er für das „Showtime"-Special nur „Rock'n'Roll Girls" auf. Als die Kameraleute nach dem zweiten Set genug Aufnahmen gemacht hatten, hatte John sich bereits freigespielt. Jetzt begann der ungezwungene Teil des Abends. Bis Mitternacht rockte sich die Band durch die Musik, die Fogerty als Kind gehört hatte, zu der Zeit, als er beschloß, Musiker zu werden. Jetzt wurden die Stücke auf Zuruf gespielt: „Blue Suede Shoes", Carl Perkins' Superhit,

„Knock On Wood", mit dem Eddy Floyd den Höhepunkt seiner Karriere erreicht hatte, ebenso wie „Honky Tonk Women", das die „Rolling Stones" 1969, im Jahr von „Proud Mary", ihrem verstorbenen Gitarristen Brian Jones gewidmet hatten. Nach „Hi-Heel-Sneekers" kehrte die Band noch einmal zu Johns neuer Platte zurück: Das Publikum tanzte, als er mit geschlossenen Augen das Riff von „The Old Man Down The Road" anstimmte.

Der Kritiker Joel Sevin vom „San Francisco Chronicle" verglich die Magie und die Atmosphäre des Abends mit Elvis Presleys TV-Comeback von 1968. Damals hatte Elvis, ganz in schwarzes Leder gekleidet, ebenfalls auf einer kleinen runden Bühne in familiärer Atmosphäre ein Konzert gegeben: „Die Parallelen enden hier nicht. Elvis Presley war der letzte Rock'n'Roller, der tatsächlich die Rückkehr zur Popularität geschafft hatte, bevor Fogerty sein Hit-Album „Centerfield" anfang letzten Monats veröffentlicht hat." Dan Forte vom Musikmagazin „Record" fragte in seinem Artikel über den denkwürdigen Abend: „Würde der wahre König des Rock bitte aufstehen?" Und dann lästerte er: „Nicht so schnell, Bruce."

Die Aufnahme von „Rock'n'Roll Girls" wurde als Schwarzweiß-Videoclip aus dem TV-Special ausgekoppelt. Bei der Ausstrahlung auf „Showtime" wurden die Ausschnitte des Konzertes durch ein Interview unterbrochen, das der Bluesrocker George Thorogood mit John Fogerty in Florida geführt hatte, als sie sich gemeinsam das Frühjahrstraining der New Yorker Baseballtruppe „Mets" anguckten. Ein ernsthafteres Interview führte Jerry Kramer mit John, das ihn in seinem Privatstudio und beim Lenken seines blauen Allrad-Toyota-Landcruisers zeigte. Zusätzlich wurden kurze Aufnahmen von „Creedence Clearwater Revival" bei der Jamsession mit „Booker T. & The M.G.'s" 1970 in der Factory gezeigt. Die 45 minütige Sendung endete mit dem Video von „My Toot Toot", das John mit dem Autor des Stückes, Rockin' Sidney, in „Crowley" in Louisiana aufgenommen hatte. Der Titel erschien ein Jahr später auf der Rückseite der Single „Change In The Weather".

Anders als bei Elvis Presleys Comeback 1968 wurde das Konzert nie als Album veröffentlicht, und es gibt auch kein Kaufvideo von dem Event. Zum zweiten Mal nach Woodstock vertat Fogerty eine Chance, seine Position als einer der Größten in der Geschichte des Rock'n'Roll für die Nachwelt zu dokumentieren.

Der Absturz

„Centerfield" übertraf kommerziell alle Erwartungen. War es schon unwahrscheinlich genug, daß ein Sechziger-Jahre-Sänger in den Achtzigern noch einmal eine Chance bekam, grenzte es an ein Wunder, daß die LP auf Platz eins der Charts gelangte. „Warner Bros." und John Fogerty hatten keine Probleme, sich auf ein Nachfolge-Album zu verständigen. Dem Künstler wurde dafür ein „Swamp" genanntes Studio in der „Warner"-Zentrale zur Verfügung gestellt. In Rekordzeit schrieb er sein neues Material und suchte sich Musiker, die seine Vorstellungen umsetzen konnten. Der Zwang, alles allein machen zu müssen, war gebrochen: Was ihm mit „The Blue Ridge Rangers" und „John Fogerty" nicht gelungen war, hatte er mit „Centerfield" vollbracht. Er hatte der ganzen Welt gezeigt, daß er mit einer Platte, für die er jeden Song selbst geschrieben, jedes Instrument selbst gespielt und alles arrangiert und produziert hatte, an der Spitze stand. Er war „Creedence Clearwater Revival" gewesen, und jetzt war er John-Fogerty-Superstar. Der Absturz kam mit dem nächsten Album.

„Eye Of Zombie" hatte alles, was „Centerfield" fehlte: von moderner Technologie bis zu modernen Themen, von einer Spitzenband bis zur direkten Förderung durch sein Label. Natürlich hatte es an ihm genagt, daß ihm das Etikett des Ewig-Gestrigen angehängt worden war. Bei dem Song „Centerfield", den er als seine persönliche Hymne geschrieben hatte, hielt ihm die Kritik nicht nur den auf die Kindheit fixierten Blick zurück vor, sondern auch die nostalgischen Zitate von Chuck Berry und Ritchie Valens. Was lag näher, als zu zeigen, daß er auch anders konnte. „Centerfield" war ein Schnappschuß des Jahres 1984 mit einer Siebziger-Jahre-Kamera. „Eye Of The Zombie" sollte ein nach allen Regeln der Kunst gemachtes digitales Porträt von 1986 sein. Das zeigte schon die Auswahl der Musiker: John Robinson (Schlagzeug), Neil Stubenhaus (Bass), Alan Pasqua (Keyboards) und als Background-Sänger Bobby King und Terry Evans, die schon bei seinem Fernseh-Special dabei gewesen waren. „Das sind alles Weltklasse-Musiker. Es wurde schon nach den ersten drei Minuten, die wir zusammenspielten, klar, daß ich quasi den Präsidenten der Vereinigten Staaten gebeten hatte, zur Eröffnung eines K-Mart-Supermarktes zu kommen." Robinson und Pasqua hatten unter anderem zusammen mit Quincy Jones und Bob Seger im Studio gestanden, Neil Stubenhaus mit Barbra Streisand, Neil Diamond und Patti Labelle.

Die Texte machten klar, daß hier die 80er-Jahre-Jugend angesprochen werden sollte: Wiedergänger- und Science-fiction-Phantasien, wie sie in Filmen und im Fernsehen gerade „in" waren, mußten schließlich auch in der Popmusik („Eye Of The Zombie", „Sail Away") angesagt sein. Dazu ein bißchen Zeitkritik („Headlines"), eine politische Anklage („Violence Is Golden") — und fertig war die zeitgemäße Fogerty-Platte, die bis an den Rand mit Elektronik angefüllt war. Der Kritiker des „Rolling Stone" fragte sich, nachdem er die Platte mit der gespenstischen Cover-Gestaltung zu Ende gehört hatte, „ob der berühmte Swamp-Rocker vielleicht Wasser ins Gehirn" gekriegt hat. „Während wir noch immer rätseln müssen, 'who'll stop the rain', macht dieses enttäuschende Album 'Eye Of The Zombie' deutlich, daß es Fogerty nicht sein wird." Der Hauptvorwurf: „Mit 'Creedence Clearwater Revival' hatte er die Fähigkeit, die sozio-politische Realität mit unprätentiösen Begriffen aus Fleisch und Blut zu dramatisieren. Natürlich schadete auch nicht sein sicherer Instinkt für unwiderstehliche Aufhänger. Jetzt sind Fogertys Personen aus Fleisch und Blut zu Zombies und Karikaturen geworden." Seit der katastrophalen „Mardi Gras"-Veröffentlichungen hatte John nicht solch einen Verriß hinnehmen müssen. Und er wußte, daß er zu Recht niedergemacht wurde. Wenn „Warner" jemals eine Platte nicht hätte herausgeben dürfen, dann war es diese. „'Eye Of The Zombie' war deprimierend. Aber ich konnte nichts dagegen tun, ich war selbst deprimiert!" Während der Studio-Aufnahmen hatte er seinen Toningenieur gefragt: „Denkst du, daß ich ein Anarchist bin?" Es gab da Songs, die er für das Album geschrieben hatte, die furchterregend waren. Und er wollte auch nicht direkt fragen, ob er vielleicht durchgedreht sei. Die Songs seien von einem sehr zornigen Menschen gemacht worden und er verstehe, wenn man die Platte nur einmal anhöre und sie dann in dem Stapel ganz nach unten tue, urteilte er später.

Das Titelstück kam als erste Single heraus, auf der Rückseite eine Studio-Version von „I Confess", das er in seinem Fernseh-Special live gesungen hatte und das auf der LP nicht enthalten war. Nach vier Wochen hatte sie mit Platz 81 die höchste Position in den Charts erreicht. Das Album kam immerhin unter die ersten dreißig. Die zweite Single „Change In The Weather"/ „My Toot Toot", die als einzige entfernt an die Musik von „Creedence Clearwater Revival" anklang, schaffte es gar nicht mehr unter die Top hundred. In Deutschland machte „Bellaphon" mit „Sail Away" einen dritten Versuch. Der musikalisch interessante Song, der an Neil Young erinnerte, ging ebenso unter. Daran konnte auch die soulige Rückseite, Wilson Pickets „I Found A Love", nichts ändern. John Fogerty war zum zweiten Mal für lange Jahre aus den Hitparaden abgemeldet. Und diesmal konnte er nur sich selbst dafür verantwortlich machen.

„Rockin' All Over The World"

Die Single „Eye Of The Zombie" war gerade auf dem Markt, da startete John Fogerty zum ersten Mal seit 1971 endlich wieder zu einer Tournee. „Ich wollte immer touren. Ich habe 15 Jahre darauf gewartet, und ich wußte, daß ich mich erst dann ganz fühlen würde. Es ist ein Teil des Lebens eines aktiven Musikers. Aber ich wollte nicht gleich nach 'Centerfield' auf Tournee gehen, weil ich da noch nicht genug Repertoire hatte. Aber jetzt bin ich ganz wild darauf, da draußen zu sein." Als Eröffnungsort hatte er sich Memphis ausgesucht. Und er wurde nicht müde, zu betonen, warum: „Es ist für mich offensichtlich, daß dieser Teil des Landes meine Musik sehr beeinflußt hat." Ein Jahr zuvor hatte er einen Anruf aus Tennessee bekommen, weil Produzent Chips Moman diese musikalische Nähe Fogertys zu Memphis nutzen wollte. Er war gerade dabei, die Tribut-LP „Class Of '55" zum Gedenken an das „Million-Dollar-Quartett" aus dem „Sun"-Studio vorzubereiten. Im Mittelpunkt standen natürlich die vier überlebenden „Sun"-Stars Carl Perkins, Jerry Lee Lewis, Roy Orbison und Johnny Cash. Jetzt suchte Moman ein Stück, mit dem er die Platte beenden konnte. Da war ihm Fogertys „Big Train (From Memphis)" in den Sinn gekommen.

Am 20. September versammelten sich in Momans Studio „Sun"-Gründer Sam Phillips, Jack Clement, The Judds, June Carter Cash, Dave Edmunds, Rick Nelson und John Fogerty, um eine Acht-Minuten-Version von „Big Train" mit Perkins, Lewis, Orbison und Cash aufzunehmen. Sie endete in einem wilden Medley von „Sun"-Hits — von „Mystery Train" über „Whole Lot Of Shakin' Going On" bis „Ooby Dooby" -, bei dem Jerry Lee Lewis die Führung übernahm. „Rick sang Harmonie mit Dave Edmunds und Carl Perkins. Das klang echt cool", erinnert sich John an Nelson, der bald darauf bei einem Flugzeug-Absturz ums Leben kam. Während Fogerty vor der Session aufgeregt hin- und herlief, um jeden der Memphis-Clique zu begrüßen, hielt sich Rick Nelson schüchtern zurück.

Bewundernd beobachtete er Carl Perkins, dem er zum erstenmal leibhaftig begegnete. „Rick war Fan, kein Star", faßt Fogerty zusammen, der sich ebenso wie Nelson schon als Kind Perkins zum Vorbild erwählt hatte.

Am 25. August 1986 kehrte John mit seiner neuen Live-Band nach Memphis zurück. Wie schon bei den Konzerten 15 Jahre zuvor begleitete ihn sein Bruder Bob als „Mädchen für alles". Noch während John in Los Angeles für die „Rockin' All Over The World"-Tournee probte, hatte er dem „Commercial Appeal" in Memphis ein Telephon-Interview gegeben. Die wichtigste Frage: Würde er die „Creedence Clearwater Revival"-Lieder singen? „No!" Was dann? „Wir werden viel von dem neuen Album bringen. Ich weiß, daß das etwas riskant ist, aber ich hoffe, das Publikum wird das akzeptieren, auch wenn es die Stücke noch nie gehört hat. Nach einer Minute oder zwei ist man drin. Die Platte unterscheidet sich von 'Creedence' oder 'Centerfield', ist moderner, mehr die Richtung 'R&B'. Das heißt nicht, daß ich mich geändert habe, es ist nur eine andere Richtung." Memphis hatte seit Elvis' Tod nicht mehr solch einen Medienrummel wegen eines Popstars erlebt. Die Fernsehsender holten John in ihre Morgensendungen, Zeitungen und Zeitschriften berichteten über jeden Schritt, den er vor dem großen Abend unternahm. John nutzte die Gelegenheit, seinen Frust über die Presse loszuwerden: „Die Presse hat geschrieben, daß ich in Oregon mit einer Frau zusammenlebte, die halb so alt ist wie ich. Und dann haben sie berichtet, daß ich in einem Irrenhaus sei. Sie schreiben, was sie wollen!" Bis kurz vor Mitternacht probte er dann noch einmal mit seinen Begleitmusikern — John Robinson, Alan Pasqua, Neil Stubenhaus, Bobby King, Willie Greene jr. und Donny Gerrard — auf der Bühne des „Mud Island Amphitheatres", das am Rand der City auf einer Insel im Mississippi liegt. Am nächsten Tag sah er sich die Beale Street an und auch den „Lansky Bros. Men's Shop", wo sich einst Elvis für seine Auftritte einkleidete, und kaufte sich ein schwarzes Outfit für die Bühne.

Zum Konzert kam „Warner Bros."-Vorsitzender Mo Ostin und brachte eine ganze Crew des Labels mit. Rund 5000 Zuschauer harrten trotz leichten Regens im Amphitheater aus. Nach Bonnie Raitt, die das Vorprogramm bestritt, wurde John mit frenetischem Beifall begrüßt. Wer im Publikum seine Geschichte kannte, wußte, welch bewegender Moment das für den als verschollen gegoltenen Star war. „Mr. Greed" und „Vanz Kant Danz", die beiden Stücke, mit denen er einstieg, machten von seiner Seite klar, was ihn die Jahre über beschäftigt hatte. „Hier am Ufer des Mississippi nicht 'Proud Mary' zu singen ist etwa so, als würde man bei einem Clark-Gable-Festival in Atlanta nicht 'Vom Winde verweht' zeigen", war die Reaktion von Robert Hilburn, der für die „Los Angeles Times" in Memphis im Publikum saß. Er zählte sechs Standing Ovations, während die Band sechs Stücke von „Centerfield" und acht Stücke von „Eye Of The Zombie" brachte. Dazu ein an das Fernseh-Special angelehntes Soul-Programm: „Knock On Wood", „I Found A Love", „Mary Don't You Weep". Für „Centerfield" spielte er zum erstenmal in der Öffentlichkeit die als Baseball-Schläger geformte Gitarre, die er seither immer dabei einsetzt. Sein „Big Train (From Memphis)" versöhnte viele Zuschauer damit, daß sie nicht mit ihm „Rollin' on the river" anstimmen konnten.

Einige Monate zuvor hatte Sam Phillips dem „Rolling Stone" auf die Frage, welche aktuelle Musik er bewundere, geantwortet: „Sie erinnern sich an 'Creedence' und Fogerty, nicht wahr?" Jetzt hatte er die Gelegenheit, es John direkt zu sagen. Auf der Party im „Peabody Hotel" machte der Elvis-Entdecker nach dem Konzert John das denkbar größte Kompliment: „Ich wünschte, du wärst vor 30 Jahren so in mein kleines Studio hereinspaziert, wie Elvis es getan hat." Auch Carl Perkins war da, um Fogerty zu gratulieren. Als John nach dem Konzert die Lobby des Hotels betrat und an der Bar vorbei zum Fahrstuhl ging, in dem Tag für Tag die prominenten Enten hoch- und runtertransportiert werden, spendeten ihm die Barbesucher spontan Beifall. Alle, die ihn an diesem Abend gehört hatten, stimmten darin überein, daß seine Stimme gereift war. Robert Palmer, der für die „New York Times" nach Memphis geflogen war, entdeckte in ihm „einen der wenigen Rock-Sänger, die ein echtes Verhältnis zu den Finessen schwarzer Soul-Musik und des Gospel-Stils entwickelt haben". Das Lob von Sam Phillips aber war es, das Fogerty an diesem Abend „zum glücklichsten Mann der Welt" gemacht hatte. „Ihn das sagen zu hören beinhaltet alles, was mich bewegt hat, die Tour in Memphis zu starten. Es hat mich glücklich gemacht, und es ist viel besser, als 15 Jahre im Winterschlaf zuzubringen. Wenn ich mit Sam Phillips rede, denke ich immer daran, was er Monumentales vollbracht hat." Ein Schatten allerdings fiel auf die Party-Stimmung: „Ich habe den Tourneebeginn so früh gelegt (vor Erscheinen der neuen Platte), weil ich mich auf die nächste Gerichtsverhandlung mit 'Fantasy' vorbereiten muß. Wenn ich das hinter mir habe, geht's weiter."

Der Name „Rockin' All Over The World" war etwas vollmundig gewählt, denn die Tournee kam über die Vereinigten Staaten nicht hinaus. Immer häufiger verlangten die Konzertbesucher die alten „Creedence"-Songs, immer weniger konnten sie mit „Eye Of The Zombie" anfangen. Ein Stück dieses Albums erwies sich jedoch als sehr lebensnah: „Wasn't That A Woman". Darin heißt es: „Was für eine Frau, sie hat mich genau zwischen die Augen getroffen, einen kleinen Schuljungen aus mir gemacht, was für eine Frau, ist sie nicht klasse? Reinster Cadillac …" Nach einem Konzert in Indiana stand Julie Kramer in der Reihe der Bewunderer, und John hatte nur noch Augen für sie. Seine Ehe mit Martha war am Ende — trotz aller Versuche, sie noch in Beratungsgesprächen mit einem Therapeuten zu retten. Auch Julie hatte eine gescheiterte Ehe hinter sich. Ihr Interesse an Johns Musik war es nicht allein, was sie auch zu anderen seiner Konzerte gehen ließ. Und John machte schnell klar, daß er an ihr interessiert war. 1991 heirateten die beiden.

ROCK & ROLL HALL OF FAME

DER GIPFEL DES RUHMS

Selten sah man John Fogerty so ausgeglichen und glücklich. Die kleinlichen Streitigkeiten, die großen Auseinandersetzungen, die ihn sonst bedrückten: Alles schien er abgelegt zu haben, wenn er Jeans und Flanellhemd gegen den schwarzen Anzug eintauschte, um bei einer der jährlichen Feiern der Rock & Roll Hall of Fame — zunächst in New Yorks Waldorf Astoria, später in Cleveland (Ohio) — dabei zu sein. Hier fühlte er sich unter seinesgleichen, genoß die Anerkennung der größten Rockstars unserer Zeit. Mit jedem Atemzug durchströmte ihn das befriedigende Gefühl, einer der ganz wenigen zu sein, die es im Rock'n'Roll geschafft hatten, ein Kapitel Musikgeschichte zu schreiben.

Um den bedeutendsten Künstlern der Rock-Ära ein Podium und eine Gedenkstätte zu geben, hatten Veteranen des Musikbusineß wie Ahmet Ertegun und Al Teller und Rockfans wie Jan Wenner und Jon Landau 1984 eine Foundation gegründet, deren Ziel es war, ein Rock & Roll-Museum zu bauen. Das Ziel der Institution erklärte „Atlantic"-Gründer Ertegun: „In vielen Fällen haben die Künstler, die die Wurzeln des Rock'n'Roll geschaffen haben, wenig Anerkennung für ihre Leistung gefunden. Wir wollen den Künstlern, Komponisten und Produzenten, die dafür verantwortlich sind, daß er (der Rock'n'Roll) die beliebteste Musik in der ganzen Welt wurde, diese Anerkennung geben." Bei der ersten Zeremonie 1986 galt diese Anerkennung Elvis Presley, Ray Charles, Fats Domino, Buddy Holly, Chuck Berry, Jerry Lee Lewis, Sam Cooke, den Everly Brothers, Little Richard, James Brown, Jimmie Rodgers, Robert Johnson, Jimmy Yancey, Sam Phillips, Alan Freed und John Hammond.

Neben den zahlenden Gästen, die zwischen 300 und 1000 Dollar pro Ticket ausgeben mußten, hatte die Foundation für den 23. Januar 1986 eine Reihe von Rockstars in das historische Hotel geladen. Keith Richards, Neil Young, John Fogerty, Steve Winwood, Quincy Jones und Billy Joel gaben der Veranstaltung schon allein durch ihre Anwesenheit den Glamour des 80er-Jahre-Rock. Fogerty hielt die Rede zur Aufnahme Buddy Hollys in die Ahnenreihe der Rock-Stars. Absoluter Höhepunkt des an Glanzlichtern reichen Abends: die Jam-Session, bei der Jerry Lee Lewis, Billy Joel, Neil Young, Keith Richards und John Fogerty den neu gekürten Hall of Famer Chuck Berry bei „Roll Over Beethoven", „Little Queenie" und „Johnny B. Goode" auf der Bühne begleiteten. Womit niemand gerechnet hatte: Nach einem Zwischenspiel mit Steve Winwoods „Gimme Some Lovin'" brach es plötzlich aus John Fogerty heraus wie aus einem Bekehrten, der vor der Gemeinde Zeugnis ablegen will — „Left a good job in the city, workin' for the man ev'ry night and day…" Zum ersten Mal seit 1972 bekannte er sich wieder öffentlich zu „Proud Mary", seiner Komposition, die seinen Ruhm begründet hatte. Und weil der Erfolg so berauschend war, wiederholte er das noch einmal einen Monat später bei einem Konzert in Hollywood. Angeblich hatte ihn Bob Dylan, mit dem er zusammen auftrat, dazu angestachelt. Die Argumente, die Fogerty nicht entkräften konnte: „Proud Mary" sei eins von Dylans Lieblingsstücken, und wenn er es nicht endlich wieder singe, glaube alle Welt, der Song stamme von Ike und Tina Turner.

FRIEDE SEINER ASCHE

Von 1986 an wurde John Fogerty Dauergast der Rock & Roll Hall Of Fame Festivals. Sei es, um die Aufnahmerede für Rick Nelson zu halten („mein großes Vorbild"), sei es, um gemeinsam mit Bruce Springsteen „Long Tall Sally" zu singen. Ausgerechnet die

Aufnahme seiner Band „Creedence Clearwater Revival" in die Reihe der geehrten Rock'n'Roller beendete aber den Eindruck von Harmonie, den seine bisherige Teilnahme bei den Zeremonien vermittelt hatte. Die Ehrung galt der ganzen Band, und das bedeutete, daß sie gemeinsam die Trophäe überreicht bekämen. Könnte da nicht mit einem gemeinsamen Auftritt der Groll zwischen den ehemaligen Bandmitgliedern begraben werden? Die Eloge, die Bruce Springsteen auf „Creedence Clearwater Revival" hielt, bereitete den Boden für eine Reunion vor. Zwar machte er klar: „Man kann nicht über 'Creedence' sprechen, ohne über John Fogerty zu sprechen." Schließlich war er der Sänger, Songwriter und Gitarrist. Aber: „Mit Doug, Stu und Tom hatte er die Band, die dazu den Hintergrund bilden konnte: Tom Fogertys harte Rhythmus-Gitarre, Doug und Stus großartige Rhythm-Section." Und er erinnerte an die Zeit, in der diese einmalige Musik aufkam, die Zeit, in der das Alter, mit dem man Alkohol trinken durfte, auf 18 gesenkt wurde, weil schließlich 18jährige auch schon nach Vietnam in den Tod geschickt wurden. Die Zeit, zu der Bands im Schwange waren, deren Name schon Programm war: „The Grateful Dead", „Jefferson Airplane", „Moby Grape", „Strawberry Alarm Clock" und „The Electric Prunes". Angesichts dieser psychedelischen Übermacht „bekam 'Creedence'", so Springsteen, „nicht die Anerkennung, die sie verdient hatten. Sie begingen die Sünde, zu populär zu sein. Ende der sechziger, Anfang der siebziger Jahre waren sie nicht die hippste Band der Welt, aber einfach die beste!"

Die Aufzählung der Gründe für ihre Bedeutung geriet „C.C.R."-Fan Springsteen dann wieder zu einer einzigen Lobrede auf John Fogerty: „Ich stehe hier heute abend immer noch voller Neid angesichts der Power und der Gefühlsintensität dieser Musik — einfach großartige Songs, die alle mochten. Hits voller Poesie und Schönheit." Und dann stellte er John Fogertys Kunst als Songwriter in die amerikanische Tradition des Blues. „Nur wenige haben in drei Minuten so viel gesagt. Clint Eastwood meinte einmal, ein Mann muß seine Grenzen kennen. Aber ich habe nie jemand getroffen, der ihn so ernst nahm!

Er war streng, präzise, sagte einfach, was er zu sagen hatte, und das war es auch schon. Seine Lyrik war einfach und schön und schuf eine Welt der Kindheitserinnerungen. 'Creedence' machte Musik für all die aus der Bahn geworfenen Tom Sawyers und Huck Finns und für eine Welt, die sie nie wieder aufnehmen können wird mit einer so eleganten Einladung wie dieser: 'If you get lost, come on home to Green River'!"

Allen im Saal des Century Plaza Hotels in Los Angeles, wo die Veranstaltung 1993 ausnahmsweise stattfand, war klar, daß die Aufnahme in die „Rock & Roll Hall Of Fame" vor allem John Fogerty galt. Als die Bandmitglieder und Tom Fogertys Sohn Jeff ans Podium traten, ergriff Doug Clifford als erster das Wort. Zunächst dankte er Tom Fogerty und blickte dabei nach oben, dann überwand er sich, auch John Fogerty zu nennen, „der seine immensen Talente mit uns geteilt hat", hob die Freundschaft zu Stu Cook hervor, „die 34 Jahre gehalten hat", und gedachte schließlich der Plattenfirma „Fantasy". Es gelang ihm kaum, die Tränen zu unterdrücken, als er seiner Frau für die Treue dankte, mit der sie seit den Tagen der „Blue Velvets" zu ihm gestanden hatte. Die ganze Zeit, während Doug Clifford gesprochen hatte, war John Fogerty im Hintergrund unruhig auf und ab gelaufen. Stu Cook ging auf Doug Clifford zu und gab ihm die Hand, John Fogerty dagegen nahm den freien Platz am Mikrophon ein und verschwieg nicht, was zu so viel Spannung auf der Bühne führte: „Ich danke meinen früheren Bandmitgliedern. Wir haben über die Jahre viele Meinungsverschiedenheiten gehabt, aber es gab eine Zeit, da machten wir wirklich großartige Musik zusammen!" Und dann erwähnte er nur noch zwei Menschen, die in diesem Moment Bedeutung für ihn hatten: seinen Bruder Bob, „der durch dick und dünn mit mir gegangen ist, meistens durch dünn", und seine Frau Julie, „the joy of my life". Der Dramaturgie des Abends zufolge war jetzt Stu Cook an der Reihe, der auch zuerst Tom Fogertys gedachte („Ich weiß er ist hier bei uns"). Kein Wort von John, und als gelte es, seinem früheren Bandleader noch eins auszuwischen, hob er besonders die Bedeutung der Plattenfirma „Fantasy" hervor,

„die da war, als wir sie brauchten, und uns einen Verstärker kaufte". Ohne einen Blick zu John, lagen sich Stu und Doug darauf in den Armen. Toms Sohn Jeff würdigte zum Schluß noch einmal seinen Vater: „Dad, wo auch immer du bist, wir lieben dich und vermissen dich." Wie Jeff blickten in diesem Moment alle zum Himmel. Doch zumindest er hätte wissen müssen, daß sein Vater im Auditorium war. Toms Witwe hatte die Asche ihres Mannes in ihrer Tasche mitgebracht.

Die bisher mühsam verborgene Feindschaft in der Band kam am selben Abend deutlich zum Vorschein, ohne daß noch ein Wort zwischen den dreien gesprochen wurde. Schon vor der Ehrung hatte John Fogerty klargemacht, daß er nicht gemeinsam mit Doug Clifford und Stu Cook aufzutreten gedenke. „Sie wollten ihren dramatischen Moment haben. Ich hatte keine Absicht, sie bloßzustellen. Aber es war von Anfang an klar, daß ich nicht mit ihnen spielen würde." Alle Versuche der beiden, ihn umzustimmen („Mach eine Ausnahme, dies ist doch unser Abend"), bewirkten nichts: „Ihr habt mich hängen lassen, als ich die Auseinandersetzungen mit 'Fantasy' hatte!" Die „Creedence"-Hits „Born On The Bayou", „Green River" und „Who'll Stop The Rain" gab er statt dessen mit Bruce Springsteen, Don Was und Robbie Robertson zum besten. Doug Clifford und Stu Cook bekamen die Standing Ovation der Zuschauer nicht mehr mit. Sie hatten den Saal schon vorher verlassen. Doug, dem das Ganze sichtlich nahe ging, empfand Johns Absage als die „größte Beleidigung", die er je erlebt hatte. Dem „Rolling Stone" teilte er noch vor Ort mit, was ihn bewegte: „Ich fühle mich sehr leer. John hat sich geweigert, mit Stu Cook und mir zu spielen, weil er uns nicht mag. Was soll ich sagen? Es waren 'Creedence', die in die Hall Of Fame aufgenommen wurden, nicht John Fogerty." Für alle, die noch auf eine Reunion gehofft hatten, war nichts mehr zu beschönigen: Das Verhältnis der drei Ex-„C.C.R."-Mitglieder zueinander ließ sich nicht mehr retten. Zum zweiten Mal wurde die Trennung der Band vollzogen. Diesmal vor den Augen der ganzen Branche.

Doug und Stu setzten sich anschließend hin und schrieben an die Hall Of Fame: „Was zum Teufel habt ihr Leute dabei gedacht, daß ihr ein Mitglied der Band auf die Bühne gelassen habt, um die Stücke zu spielen, die die Band berühmt gemacht hat, während die anderen Mitglieder im Publikum sitzen mußten?" Was Stu Cook besonders erregte: „Habt ihr euch mal überlegt, daß ihr die anderen Band-Mitglieder und ihre Familien damit verletzt habt, indem ihr den Abend, der für 'Creedence' gedacht war, zu einer John-Fogerty-Show gemacht habt?" Die Argumente verfehlten nicht ihre Wirkung, aber ausschlaggebend war das Wort von Vizepräsident Jann Wenner: „Es ist nicht unsere Aufgabe, Gruppen zu versöhnen. Unser Job ist es, zu nominieren, zu wählen und in die Hall of Fame aufzunehmen, und das haben wir nach unseren Regeln und Vorschriften gemacht. Wenn wir eine Hardliner-Position eingenommen hätten, hätte niemand John Fogerty da oben gesehen. Und ich glaube, niemand wäre damit zufrieden gewesen, wenn die beiden Mitglieder der Rhythm-Section 'Born On The Bayou' dargeboten hätten." Denn das wäre die Konsequenz gewesen, wenn man den Drummer und den Bassisten auf die Bühne gelassen hätte. Fogerty hatte beiden ins Gesicht gesagt: „Wir sind keine Freunde, und es ist lächerlich, zu glauben, daß wir zusammenspielen könnten." Und selbst wenn das bedeutet hätte, daß er nicht aufgetreten wäre. John blieb hart, und die beiden durften selbst für die Jam-Session nicht auf die Bühne.

DIE EINWEIHUNG

Für John Fogerty gab es jetzt nur noch den Blick nach vorn. Er arbeitete an seinem neuen Album „Blue Moon Swamp" und war sich sicher, noch einmal den Kraftakt der Rückkehr in die Charts zu schaffen. Ein Erdbeben in Los Angeles verhinderte 1994, daß er sein Idol Duane Eddy für die Hall Of Fame begrüßen konnte. Sein Haus war zum Teil zerstört worden, so daß er absagen mußte, obwohl er sich persönlich dafür eingesetzt hatte, daß der Rock'n'Roll-Gitarrist endlich geehrt wurde.

Seine Zuversicht, wieder eine Rolle im Rock'n'Roll zu spielen, merkte man ihm bei der Einweihung der Rock and Roll Hall Of Fame in Cleveland an, die 1995 endlich am Ufer des Erie Sees nach einem Entwurf des chinesischen Architekts I.M. Pei gebaut worden war. Auf fast 5000 Quadratmetern hatte das Management des Museums 4000 Exponate zusammengetragen – von Roy Orbisons Gibson-Gitarre bis zu Dave Bartholomews Trompete. Für Pei, der so bedeutende Gebäude wie die Louvre-Pyramide in Paris und die Myerson Symphony Hall in Dallas gestaltete und von der deutschen Bundesrepublik für einen Anbau des Deutschen Historischen Museums in Berlin gewonnen wurde, war die Rock & Roll Hall Of Fame eine besondere Herausforderung. I.M. Pei: „Ich habe diese Musik gehört, aber nicht mit Freude, sondern gezwungenermaßen, weil meine Kinder sie immer zu Hause spielten. Ich konnte ihr gar nicht entkommen." Als das Angebot an ihn herangetragen wurde, bat er sich Bedenkzeit aus. Freunde empfahlen ihm, nach Memphis und New Orleans zu fliegen, um der Musik dort auf den Grund zu gehen. „Verstanden habe ich sie erst, als ich nach New Orleans kam." Dort wurde ihm der Zusammenhang von Jazz, Rhythm & Blues und Rock'n'Roll deutlich.

Für die Gründer der Hall Of Fame waren die 46 Millionen Dollar gut angelegt. Die Zusage I.M. Peis war ein Glücksfall, – nicht nur, weil der legendäre Architekt die bedeutendsten Museen für den Kulturbetrieb geschaffen hatte, sondern auch, weil ein Gebäudekomplex nach seinen Plänen auf jeden Fall einen futuristischen Aspekt haben würde. Jede Anmutung von Fünfziger-Jahre-Look wurde vermieden. Die Pyramide, die das Bild von der Landseite dominiert, erinnert zudem an den Louvre, läßt also den Rock'n'Roll auf einer Ebene mit der etablierten Kultur erscheinen.

Am 2. September war es soweit: Die jahrzehntelang geschmähte Rock-Musik konnte ihren gesellschaftlich anerkannten Tempel beziehen.

„From El Cerrito, California: everybody welcome John Fogerty!" So kündigte Johnny Cash den Hall-Of-Fame-Star bei der Einweihung ein. Nachdem John Fogerty zwei Jahre zuvor mit der demonstrativen Zurückweisung von Doug Clifford und Stu Cook seinen Ex-Bandmitgliedern nur eine Rolle in der Vergangenheit zukommen ließ, zeigte er jetzt, daß er für sich wieder eine Zukunft sah. Als Begleitband hatte er sich Booker T. & The M.G.'s ausgewählt. Mit den Musikern aus Memphis, die ihn schon in den 60er Jahren faszinierten, führte er jetzt vor, daß „Born On The Bayou" und „Fortunate Son" ihren Platz auch in den 90er Jahren haben. Und er vergaß nicht, dem begeisterten Publikum zu sagen, daß es die Treue der Fans war, die ihn wieder auf die Beine gebracht hatte: „Ihr seid es, denen ich danken muß!" Die Hall Of Fame, das wußte er, würde immer sein Forum bleiben. Und er würde sich immer dann zu Wort melden, wenn es um die klassischen Rocker geht. So wie er 1998 seine Version von „Be-Bop-A-Lula" („einer der größten Rock'n'Roll-Songs") zum besten gab, als Gene Vincent in die Reihe der Geehrten aufgenommen wurde: „Gene Vincent gab mir das Image des Rock'n'Roll – laut, selbstsicher und schmierig."

Der Künstler, den man „C.C.R" nannte

Zurück zum Geldverdienen

Noch ehe „Eye Of The Zombie" seinen Ruf ruinieren konnte, hatte John eine Reihe von Events organisiert, die ihn in dieser Zeit beschäftigt hielten. Diesmal fiel er, blieb aber nicht am Boden. Das „Farm Aid Festival" mit Willie Nelson war 1985 nur ein Auftakt. Schon im Februar 1987 korrigierte er seine fatale Entscheidung, keine „Creedence-Clearwater Revival"-Stücke mehr zu singen, als Bob Dylan ihn dazu überredete, sich wieder zu „Proud Mary" zu bekennen. Es folgte das „Welcome-Home"-Konzert für die Vietnam-Veteranen. In dieser Zeit wurde auch New Orleans immer häufiger Station für den nach Inspiration Suchenden. Von hier aus hatte er einen Trip nach Crowley ins Cajun-Land gemacht, um dort „My Toot Toot" aufzunehmen. Hierher kam er als Zuschauer zum „Jazz and Heritage Festival", weil Dave Bartholomew auftrat. Und hier hörte er, daß Zachary Richard in Baton Rouge ein Konzert geben würde. Sein Interesse an Cajun-Musik ließ ihn zu Richards „Breaux Bridge Crawfish Festival" fahren. Dort sah er einen Bassisten, den er noch aus „Creedence"-Zeiten kannte. „Ich beobachtete Zach und erkannte den Bassisten, und er erinnerte sich an mich. Da haben wir besprochen, daß die Band auf die Bühne gehen würde und den Anfang von 'Born On The Bayou' spielen sollte. Und ich stand da mit dem Rücken zum Publikum, das da so rumhing. Und dann drehte ich mich um, da hätten Sie die Gesichter sehen sollen. Es war, als wäre ein Außerirdischer gelandet, sie machten Riesenaugen und zeigten alle auf mich. Das war cool!"

Vom Cajun-Country war es nicht weit ins Mississippi-Delta. John suchte dort nach Spuren und wollte Spuren hinterlassen. Er sorgte dafür, daß für Robert Johnson und

Charley Patton Denkmäler errichtet wurden. Wo immer er aber auftauchte, lautete die Frage: Wann kommt endlich wieder ein Fogerty-Album? Doch er wehrte jedesmal ab und machte klar, daß er erst seine neu gewonnenen Eindrücke verarbeiten müsse: New Orleans, Memphis und auch Chicago. Hatte er es noch 1986 für ausgeschlossen gehalten, als Produzent für einen anderen Musiker zu arbeiten, zog er das jetzt einer eigenen Veröffentlichung vor. Zunächst ging er mit seinem Freund Duane Eddy in Hollywood ins Studio und nahm für dessen 87er Album gemeinsam mit James Burton und Steve Cropper das Stück „Kickin' Asphalt" auf. Dann, im Februar 1988, erschien in Chicagoer Zeitungen eine Anzeige, die alle Fans von Duke Tumatoe aufforderte, an der Entstehung einer Live-Platte des weißen Blues-Sängers in der Bar „DeSalvo's" teilzunehmen. Produzent des für „Warner Bros." geplanten Albums: John Fogerty. Der Laden war brechend voll, als die Blues-Band den ersten Durchgang spielte. John saß mit Julie im Hintergrund und ließ die Annäherungsversuche der Fans geduldig über sich ergehen. Zum Schluß ging er auf die Bühne und stieg mit „Long Tall Sally" ein. „Born On The Bayou", „Rock'n'Roll Girls", „Before You Accuse Me", „Bad Moon Rising" , „Proud Mary" und „Centerfield" folgten. Am zweiten Abend hofften alle auf eine Wiederholung der Fogerty-Show. Die Show bekamen sie zwar, aber nicht so, wie sie es sich gewünscht hatten: Diesmal mußte John lange gebeten werden, stürzte dann beinah, als er fluchend in Richtung Band schwankte. Bei „Long Tall Sally" hatte er seine Stimme nicht unter Kontrolle und spielte erbärmlich Gitarre. Bei „Born On The Bayou" brachte er den Text durcheinander, murmelte vor sich hin und verließ die Bühne, nachdem er kurz Duke Tumatoe mit der Gitarre begleitet hatte. Zum ersten Mal bekamen seine Fans einen John Fogerty zu sehen, der eine menschliche Schwäche zeigte — und sei es nur die, zuviel getrunken zu haben.

Stand er selbst auf dem Programm, war er immer der kontrollierte und professionelle Musiker: so bei einem Tribut an Buddy Holly, für das er mit seiner kurzfristig engagierten Band „The Boneshakers" die Holly-Titel „It's So Easy" und „Rave On" zum besten gab. Als Sänger der Songs, die „unsere Hymnen wurden", hatte ihn Kris Kristofferson aus diesem Anlaß angekündigt. Wenn es nicht darum ging, die alten Rock'n'Roll-Größen zu ehren — bei der „Grammy"-Verleihungsfeier 1990 sang er zum Gedenken an Roy Orbison dessen „Ooby Dooby" —, engagierte er sich für soziale Anliegen. Sensibilisiert durch Toms Erkrankung machte er in Oakland bei einer von Bill Graham organisierten Benefiz-Veranstaltung für AIDS-Kranke mit, bei der „Grateful Dead" die Headliner waren. Er rockte für Erdbeben-Opfer und Tierfreunde, für Farmer und für Don Henleys „Walden"-Intiative, mit deren Hilfe der Schauplatz des Thoreau-Klassikers vor Immobilien-Haien gerettet werden soll. Nur für sich selbst trat er gar nicht mehr auf, wie Julie feststellte, die ihn ermahnte, „auch mal wieder Geld zu verdienen".

Mit „Blue Moon Swamp" eröffnete sich schließlich auch diese Perspektive wieder. Zwar zeigten die beiden CD-Singles „Walking In A Hurricane" (mit „Endless Sleep" und „Just Pickin'") und „Blue Boy" (mit „Bad Bad Boy" und „Searchlight") nur kurze Zeit Wirkung in den Charts, aber das Album kam bei den Fans an. Gelohnt hat es sich für Fogerty vor allem künstlerisch: „Nach 'Eye Of The Zombie' hatte ich das Gefühl, daß ich als Musiker das Ziel nicht erreicht hatte, daß ich als Dreiundzwanzigjähriger dichter dran war. Ich hatte die Erkenntnis, daß ich etwas verfehlt hatte. Von da an tat ich nur noch Dinge, von denen ich glaubte, daß sie mir zu künstlerischer Tiefe verhelfen würden. Das war eine lange Evolution. Und erst durch dieses Album habe ich es erreicht." Und er ist zu seinen Wurzeln zurückgekehrt. Der Titel „Blue Moon Swamp" deutet nicht nur darauf hin, daß er wieder „Swamp"-Musik macht, die Bayous wiederentdeckt hat, er drückt auch seine Verehrung für den Rockabilly-Sound der „Blue Moon Boys" aus dem „Sun"-Studio aus. So nannten sich Elvis Presleys Begleitmusiker Scotty Moore und Bill Black auf den Plakaten, die für ihre Live-Auftritte mit dem King warben. Noch deutlicher weist der Song „Blue Moon Nights" auf diese Quelle seiner Inspiration hin. „Er handelt von der magischen Zeit des frühen Rock'n'Roll, als 'Sun-Records' auf dem Zenith war, als Elvis großartige Platten machte, als Carl großartige Platten machte, und die andern Leute von 'Sun' machten ihr Ding. Und wenn 1955, 1956 noch einer durch die Tür gekommen wäre mit einer kleinen Tasche voller Songs und seiner alten Gitarre und Sam zu ihm gesagt hätte: 'Spiel mir doch ein paar deiner Songs!', dann wäre 'Blue Moon Nights' einer der Songs gewesen." Hatte nicht Sam Phillips zu John gesagt: Ich wünschte, du wärst vor dreißig Jahren in mein kleines Studio gekommen!? John hatte eine lange Reise hinter sich. Jetzt war er angekommen. Dazu gehörte auch, daß er 1996 mit Carl Perkins das Stück „All Mama's Children" für dessen CD „Go Cat Go!" aufnahm.

„You are my light!"

John hatte 1986 erst gewartet, bis er genug neues Material aufgenommen hatte, damit er die alten „Creedence"-Songs nicht mehr live spielen mußte. Die „Rockin' All Over The World"-Tour wurde dementsprechend zum Desaster. Seine Fans wollten „Proud Mary", „Born On The Bayou" und „Green River" hören. Eine Europatournee kam da gar nicht erst in Frage.

Das sah 1997 schon anders aus, nachdem „Blue Moon Swamp" die Erwartungen zu erfüllen schien. Die wichtigsten Musiker, die auf dem Album mitgearbeitet hatten, lud John zu seiner Tour ein. Der Bassist Bob Glaub hatte früher bei der Country-Chanteuse Linda Ronstadt gespielt, und auf Fogertys neuestem Album war er bei fast allen Titeln zu hören. Bei „Blueboy", wo „Duck" Dunn von „Booker T. & The M.G.'s" den Bass bediente, klatschte Glaub zusammen mit einigen anderen den Rhythmus. Kenny Aronoff hatte 1985 zum ersten Mal für Fogerty am Schlagzeug gesessen. Damals spielte er noch fest in der Band von John Mellencamp, die John Fogerty bei Willie Nelsons „Farm Aid"-Konzert begleitete. Nur Gitarristen waren auf „Blue Moon Swamp" nicht zum Zuge gekommen. Daher brauchte John jetzt noch Rhythmusgitarristen, die ihn auf der Tour begleiten sollten. Mit Johnny Lee Schell und Michael Canipe fand er zwei integrationsbereite Musiker, die sich im Hintergrund hielten. Die fünf Sänger von der Gospeltruppe „The Fairfield Four", die ihn anfangs durch die USA begleiteten, um „A Hundred And Ten In The Shade" den authentischen Klang der Südstaaten zu geben, stiegen nach einer Zeit aus, weil sie selbst auf Tour gingen.

Da die Resonanz auf seine Auftritte in den USA hervorragend war, plante Fogerty wieder eine Europatournee. Um seine Platte und die anschließende Tour richtig zu vermarkten, wollte er hier zunächst ein paar Promotion-Gigs machen. Die Europavertretung von „Warner-Records" in Hamburg übernahm die Planung. John Fogerty sollte in London und Hamburg Interviews geben und beim Festival von Roskilde in Dänemark auftreten. Für Deutschland waren ebenfalls zwei öffentliche Auftritte vorgesehen: „Gottschalks Hausparty" und ein Konzert im legendären Hamburger „Grünspan".

Noch ein paar Wochen davor wollte allerdings die Promotion-Abteilung von „WEA" nichts von John Fogertys Besuch des „Grünspan" am 27. Juni wissen: „Wer hat Ihnen denn das erzählt?" Eine Promoshow unter größter Geheimhaltung also. Schließlich lud „WEA" 300 Presseleute ein, und 400 Karten wurden exklusiv über den Kartenservice am HEW-Brunnen in Hamburg vertrieben. Der Stichtag für den Kartenverkauf war Donnerstag der 19. Juni. „VH-1" und die „Hamburger Morgenpost" präsentierten das Konzert. Die „MoPo" kündigte am Mittwoch den Kartenverkauf für den nächsten Tag an und wies darauf hin, daß jeder Kunde maximal zwei Karten kaufen könne.

In den frühen Morgenstunden — bei grauem, kühlem Wetter — warteten fast 100 Fans darauf, daß ihr Traum in Erfüllung gehen sollte. Als die Theaterkasse öffnete, händigte die junge Frau hinter dem Tresen jedem, der den Laden betrat, ungefragt zwei Karten für John Fogerty aus, weil sie jeden für einen potentiellen Fan hielt. Bis zum Mittag reichte das Kontingent: Das Konzert war ausverkauft. Mit 33 Mark waren die Tickets ungewöhnlich günstig. Einige der Fans waren schließlich schon so weit gegangen, extra in die USA zu fahren, um eins der zweieinhalbstündigen John-Fogerty-Konzerte zu erleben. Fogerty stellte fest, daß er etliche Fans bei Konzerten auf verschiedenen Kontinenten immer wieder sah. „Warum machen Leute so etwas?" fragte er den Hamburger „Welt"-Reporter Stefan Krulle halb scherzhaft bei einem der wenigen Interviews, die er gab. Denn natürlich wußte er, wie lange er seine Fans in Europa auf die Folter gespannt hatte. Viele hatten einen Tag vor dem Hamburger Gastspiel zumindest die Strapaze auf sich genommen, zum „Roskilde-Festival" zu fahren, um ihn dort mit 90 000 anderen Musikfans im strömenden Regen zu sehen.

Eine Woche vor dem Hamburger Auftritt hatte John mit seiner Frau eine Suite im „Hotel Atlantic" an der Außenalster bezogen. Dort empfing er die Presse. Das Nachrichtenmagazin der „Spiegel" und auch die Tageszeitung die „Welt" gehörten zu den Auserwählten. Nachdem Fogerty seine Presse-Termine in Hamburg hinter sich gebracht hatte, flog er für einen Tag nach London. Ohne seine Musik live zu präsentieren, sprach er auch dort mit wenigen Journalisten. Zurück in Deutschland hatte er allerdings noch eine Verpflichtung auf sich genommen. Thomas Gottschalk, der bekannteste deutsche Showmaster, hatte ihn zu seiner Sendung in die „Sat 1"-Studios nach München eingeladen. Bei „Gottschalks Hausparty" kam Fogerty mit seinen deutschen Fans in Berührung. Eine halbe Stunde vor Beginn der Sendung traf er sich mit Peter Koers vom „weltweiten Creedence Clearwater Revival und John Fogerty Fan-Club". Koers: „Es war schon toll — nach ein paar Minuten hat er mich wiedererkannt, und dann haben wir darüber gesprochen, warum ausgerechnet 'Walking In A Hurricane' als erste Single ausgekoppelt worden ist. John hätte auch lieber 'Blueboy' genommen, aber die Plattenfirma wollte etwas Modernes."

Am Abend des 22. Juni wurde er vom sichtlich nervösen Thomas Gottschalk empfangen. Der stimmte sein Publikum auf seinen Gast mit einem Gewinnspiel ein. Eine Anruferin gewann ein Auto, weil sie trotz des hilflosen Gesangs des Moderators, der unterschiedliche Lieder anstimmte, erkannt hatte, daß „Looking Out My Backdoor" von John Fogerty stammte. Ihre Freude übertrug sich im Handumdrehen auf das rhythmisch klatschende Publikum, als ein Stück des Videoclips von 1970 eingespielt wurde. Dann war es endlich soweit. Gottschalk: „Im Herbst geht er auf Tour. Bei uns macht er Premiere. John Fogerty: He is back! 'Walking In A Hurricane'." Im ersten Moment war nur ein Schlagzeuger zu sehen. Dann kam John Fogerty selbst ins Bild. Ganz in Schwarz spielte er auf einer „Gibson Les Paul Standard" seinen aktuellen Hit. Die Begleitband bestand aus Statisten, und statt live zu singen, trug Fogerty das Lied playback vor.

Gottschalk bekannte, daß „Creedence Clearwater Revival" seine Lieblingsband gewesen sei, weshalb er jetzt John Fogerty überredet habe, zwei Titel von damals live zu spielen. Auf seiner akustischen Gitarre stimmte John eine Strophe lang „Bad Moon Rising" an, und Gottschalk hampelte hinter ihm auf der Bühne umher und grölte mit. Außer dem Moderator tanzten noch ein paar kleine Kinder, und unter einem Sonnenschirm aus Stroh bewegten sich mehrere hawaiische Schönheiten dazu im Rhythmus. Fogerty fühlte sich sichtlich unwohl, machte aber gute Miene zum bösen Spiel des deutschen Dauerjugendlichen. Auch der zweite Versuch, „Proud Mary", wurde zu einer besonders kurzen Version: Gottschalk merkte nicht, wie er mit seinem Gehopse und „Mitsingen" störte. Dieser Auftritt war eine der Konzessionen, die Fogerty an die deutsche Vertretung seiner Plattenfirma machte. Viel motivierter war er bei seinem Konzert fünf Tage später in Hamburg.

„Aufgeregt wie ein Pennäler wartete ich auf der Empore des kleinen Musiktempels 'Grünspan' auf John. Auf mein Idol der 60er Jahre", beschreibt der NDR-„Golden Memories"-Moderator Rüdiger Syring die Minuten vor dem Auftritt. Er war nicht der einzige, dem es so erging. Auf dem großen, hölzernen, hufeisenförmigen Balkon herrschte Hochbetrieb. An der Bar drängelten sich die Pressevertreter wie immer um ihre Freigetränke. Doch anders als bei vielen PR-Präsentationen gab es tatsächlich nur ein Thema: John Fogerty. 26 Jahre waren vergangen, seit er mit „Creedence Clearwater Revival" zum letzten Mal in Hamburg gewesen war. Nicht von ungefähr hatte „WEA" das „Grünspan" für seine Rückkehr gewählt. Nachdem die „Beatles" 1960 ihre ersten Auftritte im benachbarten „Indra" absolviert hatten, spielten sie sich langsam die „Große Freiheit" in Richtung „Reeperbahn" hinunter. Ihr erster Zwischenstop zum berühmten „Starclub" war damals das „Grünspan". Die Disko an der Ecke „Simon von Utrecht Straße" und „Große Freiheit" steht seit ein paar Jahren unter Denkmalschutz. Fogerty mußte die historische Bedeutung des alten Gemäuers kennen, sonst hätte er diese kleine Location wohl kaum für seinen einzigen Comeback-Auftritt in Deutschland akzeptiert.

NDR-Moderator Peter Urban kündigte den „Warner Brothers recording artist John Fogerty" an. Sein Kollege Rüdiger Syring konnte das alles kaum fassen: „Ich hätte niemals geglaubt, John je einmal live zu erleben. Und nun stand der Meister aus Kalifornien leibhaftig vor mir." Der trat ganz in Jeans gekleidet, mit einem roten Halstuch an und eröffnete den Abend wie immer mit „Born On The Bayou", das er auf einer alten „Gibson Les Paul Goldtop" spielte. „Ich ich bin wirklich glücklich, daß ihr hierher zurückgekommen seid. Und ich bin sehr froh, daß ich wieder hier bin in Hamburg, nach 26 Jahren", begrüßte er sein Publikum. Was folgte, waren zwei Stunden feinsten Rock'n'Rolls. Zwischendurch nahm John noch einmal Bezug auf seine Vergangenheit. Ohne pathetisch zu wirken, sagte er, nachdem er eine wunderbare neue Version von „Long As I Can See

The Light" vorgestellt hatte: „You are my light!" Viele Jahre waren es auch die Gedanken an seine treuen Fans, die ihn vorm Durchdrehen bewahrt hatten.

Noch am Nachmittag war er nicht so guter Stimmung gewesen. Beim Soundcheck bekam er einen Wutausbruch. Der Sound in der hohen Halle mit den rostfarbenen Wänden gefiel ihm überhaupt nicht. Später stellte er sich gemeinsam mit seiner Frau geduldig den wartenden Fans. Vor der gelb-rot gestreiften Fassade des „Grünspan" gab er Autogramme, lächelte freundlich und nahm Glückwünsche der treuesten Fans entgegen, bevor er noch einmal in sein Hotel zurückgefahren wurde.

Die musikalische Präsentation war etwas kürzer als noch bei seinen Konzerten in den USA, denn Johns Stimme hatte unter der langen Tour gelitten, und auch der Vortag beim Festival in Roskilde hatte seinen Tribut gefordert. Wenn Fogerty die hohen Passagen bei „I Heard It Through The Grapevine" in New York noch problemlos gemeistert hatte, blieb seine Stimme in diesen wenigen Momenten einfach weg. Doch selbst die vielen Kritiker, die sich dieses Ereignis nicht hatten entgehen lassen, waren uneingeschränkt begeistert. Das „Hamburger Abendblatt" titelte: „Comeback nach zehn Jahren des Schweigens. Besser denn je — John Fogerty im Grünspan". Und die „Weltwoche" schrieb: „Bruce Springsteen muß sich bald um seine Rente kümmern". Nach dem Konzert kam John Fogerty mit Julie und Schlagzeuger Kenny Aronoff noch zu einer Autogrammstunde in den VIP-Bereich. Dort wurde er von rund 200 Journalisten mit einer Standing Ovation begrüßt. Trotz oder gerade wegen des stürmischen Empfangs war Fogerty wieder ganz der alte. Scheu wahrte er Distanz und beschränkte sich im Gespräch auf ein paar Höflichkeitsfloskeln. Artig stellten sich viele mit alten „Creedence"-Platten oder der neuen CD an. Nachdem John sämtliche Hände geschüttelt und alle Autogrammwünsche befriedigt hatte, zog er sich bald wieder zurück. Vorher wurden noch eine Reihe von Fotos für die Familienalben der Journalisten geschossen: John Fogerty und ich! Es war ihm anzusehen, daß ihm das Aufheben, das um seine Person inszeniert wurde, unangenehm war. Doch die Gäste waren glücklich, und Rüdiger Syring fand Worte, die die Gefühle der meisten an diesem Abend treffend beschrieben: „Ich kannte nahezu all seine Stücke, hatte die Aufs und Abs seiner Karriere mehrfach durchlebt. Zugegeben, auch er ist etwas in die Jahre gekommen. Aber da war seine Stimme, die ihn unvergessen macht, kantig, rustikal, präsent vom ersten bis zum letzten Ton. Als nach etlichen Zugaben John und seine Mannen die Gitarren einpackten, war klar: Er ist zurück, 'lebendig' und genial wie in seiner besten Zeit. John Fogerty in Hamburg – für mich das eindrucksvollste Comeback seit Jahren."

Dabei blieb es dann auch. Die erhoffte Tournee fiel aus. Der deutsche Veranstalter Marek Lieberberg hatte zwar versucht, die Konzerte in München, Offenbach und Berlin am 21., 23. und 26. Oktober zu garantieren. Es gab bereits Karten im Handel. Doch schließlich mußte auch Lieberberg die Tickets wieder zurücknehmen. John wollte für seine Auftritte 100 000 Dollar haben, sonst hätte er seine hochkarätige Band nicht bezahlen können. Julie Fogerty erklärte die Misere: „Der Grund, warum drei deutsche Tourdaten in Berlin, Offenbach und München erst später als die anderen abgesagt wurden, ist, daß John sich bemüht hat, einen Deal mit Warner Brothers Deutschland auszuhandeln, demzufolge man sich die Kosten geteilt hätte. Die wären nämlich weit in den negativen Bereich gegangen. Aber unglücklicherweise hat das nicht funktioniert." Die ersten Termine hatte das englische Tourneemanagement vereinbart, ohne Rücksprache mit John Fogertys Management in Los Angeles zu halten. Als klar war, daß die deutschen Tourdaten ausfallen würden, rief Julie Peter Koers an und lud ihn und fünfzehn weitere Fans zu dem Göteborger Termin am 1. November ein: „Nachmittags waren wir dann beim Soundcheck dabei, und John ist auch zu uns rübergekommen und hat mit uns gesprochen." Eine Hoffnung blieb den vielen deutschen

Fans jedoch noch: Julie kündigte an, daß John sich bemühen wolle im Sommer 1998 eine Konzertreise nach Deutschland zu machen, „da ist bisher noch nichts geplant". Auch daraus wurde nichts.

EIN STERN IN HOLLYWOOD

In Amerika bekam er die Anerkennung, die ihm lange Zeit verwehrt worden war. Nachdem er 1985 („Centerfield") und 1986 („Eye Of The Zombie") bei den Grammys leer ausgegangen war, klappte es für das Jahr 1997. Im Februar 1998 bekam er die Auszeichnung für „das beste Rock-Album" zuerkannt. Er selbst übergab Bob Dylan dessen Grammy mit den Worten: „Er beeinflußte ganze Generationen von Menschen — Philosophen, Musiker und Songschreiber." Schon früher hatte er darauf hingewiesen, wie sehr Dylan ihn beeindruckt hatte („Er hat den Vietnam-Krieg beendet!"). Zu seiner eigenen Auszeichnung fiel ihm nur ein: „Ich war überrascht, daß ich nominiert wurde, ich war überrascht, daß ich gewonnen habe. Ich freue mich sehr darüber." Stolz stellte er sich mit Trisha Yearwood, Will Smith, Tony Bennett und anderen Grammy-Gewinnern für ein Gruppenfoto auf. Wichtiger aber war, was er über seine Songs sagte: „Es ist ein tolles Gefühl, die alten 'Creedence Clearwater Revival'-Songs wieder zu bringen. Und jetzt, wo ich wieder im Rampenlicht stehe, möchte ich die falsche Vorstellung korrigieren, daß es 'Creedence'-Songs sind. Es sind Fogerty-Songs!" Die Reihe der Ehrungen war lang: Die „National Academy Of Songwriters" verlieh ihm den „Lifetime Achievement Award". Der Gitarren-Hersteller Gibson erkannte ihm den „Orville H. Gibson Lifetime Achievement Award" zu, für den ihn eine Jury aus Musikkritikern ausgewählt hatte. Präsident

Bill Clinton lud ihn ins Weiße Haus ein. Und schließlich wurde ihm am 1. Oktober 1998 ein Stern auf dem „Walk Of Stars" in Hollywood gewidmet.

Noch im Dezember 1997 hatte John auf Wunsch des „Warner"-Vorstandsvorsitzenden Russ Syrette eine „Live"-CD aufgenommen: „Premonition". Das war das erste Mal, daß er nach all den „Fantasy"-Ramschplatten zu einer „Live"-Aufnahme stand. Allerdings hatte er sich ausbedungen, das Ergebnis nachträglich zu bearbeiten. Ort der Konzerte: der „Warner Bros. Studios Sound Stage" in Burbank. Zeit: 12. und 13. Dezember. Das Programm: das neue „Premonition", „Creedence"-Songs, Songs von „Blue Moon Swamp" und zwei Stücke von „John Fogerty". Es nagte noch immer an ihm, daß diese Aufnahmen aus dem Jahr 1975 nie richtig den Durchbruch schafften: „Ich war immer der Meinung, daß sie zu meinen allerbesten Songs zählen: 'Almost Saturday Night' und 'Rockin' All Over The World'. Beim ersten Mal machte ich einfach keine guten Platten daraus. Das Live-Album gab mir jetzt die Gelegenheit, ihnen gerecht zu werden."

Vor allem ging es ihm aber darum, sich auch auf einer Platte zu seiner Vergangenheit zu bekennen: „Ich hoffte immer, daß ein Live-Album mir die Chance gäbe, meine alten Sachen auf neue Art wiederzugeben, die Sachen, die ich zu 'Creedence'-Zeiten gemacht habe. Ich bin ja auf seltsame Weise zweigeteilt in meiner Existenz. Ich drücke das so aus: Ich bin 'The Artist Formerly Known As Creedence Clearwater Revival' (der Künstler, den man „Creedence Clearwater Revival" nannte — in Anlehnung an „den Künstler, den man früher 'Prince' nannte"). Ich habe mich damit arrangiert, aber andere versuchen immer, John Fogerty gegen den Typen von 'Creedence' auszuspielen, was Quatsch ist. Es ist ein und derselbe. Er singt die Songs, die er geschrieben hat, und ich bin schon lange der Meinung, daß ein Live-Album die beste Art ist, sie wieder für mich zu beanspruchen!" Mit „Premonition" hat er seinen Vertrag mit „Warner Bros." erfüllt.

Das Label hält weiterhin eine Option auf ihn. Noch einmal kann er nicht zehn Jahre warten, denn im Jahr 2008 wird es kein Medienereignis mehr sein, daß der verschollene Rocksänger aus dem letzten Jahrtausend mit 63 Jahren wieder aufgetaucht ist, wenn es dann überhaupt noch eine Plattenfirma für ihn geben sollte. Zwischenzeitlich hat er schon wieder Fats Dominos „Sick And Tired" (1958) und Cleveland Crochets „Sugar Bee" (1960) im Studio aufgenommen — zwei Stücke aus dem „Bayou-Staat". Als Headliner auf dem „Jazz And Heritage Festival 1998" in New Orleans hat er „Jambalaya" angestimmt und wie beim „Mardi Gras", dem Südstaaten-Karneval, bunte Ketten in die begeisterte Menge geworfen. „Ich habe jetzt vor, endlich wieder ein funktionierender Musiker zu sein, der tourt, Platten macht, im Fernsehen auftritt und Konzerte gibt."

Und wie immer, wenn er etwas will und wenn er etwas plant, ist er 150prozentig davon überzeugt. Es wird keinen John Fogerty mehr geben, der sich im Studio vor der Welt verkriecht, weil sie ihm so übel mitgespielt hat. Er hat noch einiges zu beweisen, als Songschreiber und als Performer. Da sieht er sich in der gleichen Lage wie Muhammad Ali, der jahrelang nicht in den Ring durfte, „aber als er zurückkam, war er in großartiger Verfassung". Die Anerkennung für seine Platten ist ihm sicher. Im Januar 1999 wurde er in der Kategorie „Rock" mit „Almost Saturday Night" als „Male Vocal" und mit „Premonition" als Album-Künstler für den Grammy 1998 nominiert. Und er wird aufpassen, daß er nicht einer dieser traurigen Fälle wird, ein Opfer des Tourneebetriebs, das vor Tausenden von Leuten auf der Bühne steht, sich miserabel fühlt und auch jedem erzählt, wie schlecht es ihm geht. „Mein Privatleben ist sehr stabil und stark. Ich habe eine großartige Frau, die mich unterstützt und die wirklich versteht, wer ich bin, und sie sagt immer: 'Mach was draus'. Sie ermuntert mich, mein Talent und mein Können einzusetzen und abzuheben. Und das werde ich tun. Ich fühle den Drang, so viel Musik wie möglich zu machen. Es ist mein Schicksal, meine Verpflichtung, der Welt zu zeigen, worum es wirklich geht!"

Epilog

John Fogerty ist durch und durch amerikanischer Künstler, in seinem Fatalismus und seiner Alltagsethik verwandt mit solchen erklärten, aber brillianten Exzentrikern wie Mark Twain und Joseph Cornell."

Dave Marsh, 1985

Der Songwriter

Das Ringbuch mit dem braunen Einband hat die Größe eines Taschenkalenders. Auf einem der linierten weißen Blätter steht mit Schönschrift in Versalien: „Song Titles". Blättert man um, tut sich die Phantasiewelt des jungen John Fogerty auf. Wann immer er eine Idee für ein Lied hatte, schrieb er sie hier auf. „Proud Mary" ist der erste Titel, den er eintrug. Aber auch „Sinister Purpose" und der nie realisierte Song „This 'N That" finden sich hier auf der ersten Seite – genauso wie „Bad Moon Risin'" und „Riverboat". Als Dokument wäre das Notizbuch bei einer Auktion von Sotheby's ein begehrter Artikel: Es enthält die Grundlage seiner Millionseller. Ursprünglich sollte „Proud Mary" von einer Frau handeln: „Einer Haushaltshilfe bei reichen Leuten, die jeden Tag mit dem Bus zur Arbeit fährt. Sie ist der Mittelpunkt des Familienlebens, bis sie abends wieder zurück muß…" Aber erst als John die beiden Stichworte „Riverboat" und „Proud Mary" miteinander verband, kam der Durchbruch. Es war im Herbst 1968, und er war gerade von seinem Tankstellen-Job nach Hause gekommen, hatte den Briefumschlag mit der Nachricht seiner Entlassung aus der Reserve geöffnet und vor Freude zur Gitarre gegriffen. Spontan sang er „Left a good job in the city". Er erinnert sich: „Und dann sprudelten einige gute Zeilen aus mir heraus: 'Big wheel keep on turnin, Proud Mary keep on burnin" oder 'boinin" in der Aussprache, die ich von Howlin' Wolf hatte. Als ich bei 'Rolling, rolling, rolling on the river' ankam, wußte ich, daß ich meinen besten Song geschrieben hatte. Ich vibrierte innerlich. Ich fühlte mich wie einer der großen Schreiber Irving Berlin und Stephen Foster!" Bestätigung bekam er von einem Roadie, der sich, als er „Proud Mary" hörte, an die Mills Brothers erinnert fühlte. In der Band galt das Stück immer als der „Tin-Pan-Alley-Song" — eine Anspielung auf die New Yorker Songwriter-Fabrik, aus der die populärsten Standards hervorgingen. Und populär wurde „Proud Mary" tatsächlich: Noch in den neunziger Jahren kann Sammy Kershaw in „Honky Tonk America" singen: „We want to hear 'Proud Mary'" — und davon ausgehen, daß sein Publikum ihn versteht.

Bei den vielen Cover-Versionen von Fogerty-Songs nimmt „Proud Mary" eine Spitzenposition ein. Seine Kompositionen haben so unterschiedliche Interpreten angesprochen wie „Alabama" und die „Stray Cats", Solomon Burke und Emmylou Harris, Bob Seger und Johnny Cash, Bruce Springsteen und Rick Nelson, Jerry Lee Lewis und Def Leppard, Tom Jones und „Status Quo", Elvis Presley und Dave Edmunds. Von „Hey Tonight" machte die Gruppe „Helicopter" sogar eine Disco-Version. Die „Brandos" und auch „Nirvana" haben als „Creedence Clearwater Revival"-Coverband angefangen, und der Sänger der holländischen Gruppe „The Walkers" versuchte sich lange Zeit als Stimmenimitator von John Fogerty. Die Hollies schließlich gelangten 1972 mit dem Titel „Long Cool Woman (In A Black Dress)" auf Platz 2 der Billboard-Charts, einer typischen „C.C.R."-Nummer, von der John Fogerty scherzhaft sagte, sie sei das beste „Creedence Clearwater Revival"-Stück überhaupt. Da verwundert es, daß das Original so lange um Anerkennung in der eigenen Gruppe ringen mußte. Und daß Tom, Doug und Stu glaubten, ihn übertreffen zu können. Allerdings hat John es ihnen auch leicht gemacht, sich gegen ihn aufzulehnen. Er übernahm schon mit Anfang zwanzig die Rolle des Zielstrebigen und Vernünftigen, und er spielte sich nicht in den Vordergrund. Der Song „Lodi" gibt in lyrischer Form die Auseinandersetzung wieder, die er mit den anderen über die Anforderungen an eine Spitzenband führte. John erinnert sich an die Zeit, als sie sich gerade „Creedence Clearwater Revival" genannt hatten: „Ich habe sie immer aufgebaut. Wenn ich ihnen dann meine Sprüche sagte, haben sie meist gelacht und geantwortet: 'Laß uns doch aufhören!' Wir waren uns alle einig, daß wir nicht mehr als eine einzige gute Platte brauchten, aber sie waren nicht wirklich überzeugt davon." Im Jahr 1967 hatten sie einen Gig in dem Nest Patterson in Kalifornien. Es war eiskalt – sogar Minusgrade. Für die lange Fahrt samt Auftritt bekamen sie 150 Dollar. Davon gingen 30 Dollar Fahrtkosten ab, und zwei Agenturen kassierten mit, so daß für jeden nur 20 Dollar übrig blieben. „Ich wurde richtig sauer", erinnert sich Fogerty an die ungemütliche Rückfahrt im Dunkeln. „Ich wußte, wenn wir zu Hause wären, würden wir am Montag wieder anfangen zu üben, so als wäre nichts geschehen, als wäre der Auftritt in Patterson nicht eine Katastrophe gewesen. So wurde ich richtig wütend und wartete gar nicht bis Montag. 'Wollt ihr das für den Rest eures Lebens machen? Oder wollt ihr endlich mal was tun und euch bemühen, etwas zu lernen?" Denn ihm war klar, daß die Fähigkeiten der Band gar nicht für mehr als Patterson ausreichten. In Lodi selbst haben „Creedence Clearwater Revival" dagegen nie gespielt, der Ortsname ist nur ein Synonym für all die Pattersons, in denen sie aufgetreten sind. Und „Lodi" stand schon lange in Johns kleinem Notizbuch. Ihn faszinierte der Name, ohne daß er wußte, warum. Entsetzt hörte er deshalb 1966, wie die Band „Quicksilver Messenger Service" bei einem Live-Auftritt den Refrain „Lodiiii, Lodiiii" zu singen schien. Es ließ ihm keine Ruhe, deshalb sprach er die Band an. Aber die hatten etwas ganz anderes im Sinn als einen kalifornischen Ort. Ihr Refrain hieß „Codeine"!

„Lodi" war für John „der am coolsten klingende Name", und er hob den Titel auf, bis er den Song dazu hatte. „Dieses Stück hat etwas mit der Gabe zu tun, Songs schreiben zu können. Wenn man diese Gabe hat, in sein Zimmer geht, um so etwas wie 'Lodi' zu schreiben, heißt das die Götter herausfordern, damit sie dir etwas zukommen lassen.

So setzte ich mich hin und schrieb darüber, wie es ist, 'on the road' zu sein, ein Musiker zu sein, nicht der fröhliche glamouröse Teil davon. So wurde aus 'Lodi' der Refrain 'Oh Lord, stuck in Lodi again'. Kein schöner Gedanke." Schon zu Zeiten der „Golliwogs" hatte John einen Ortsnamen zum Titel eines Stückes erhoben: „Porterville". Er hatte den Namen ein paarmal gehört, als er bei der Reserve war, und sich ein Bild davon gemacht. Für das Lied selbst gab Porterville nur den Titel ab. Erwähnt wird es darin nicht. „'Porterville' ist voll von Teenage-Angst, ein Junge, der die Schuld bezahlen muß, die sein Vater ihm aufgebürdet hat. Es geht darum, daß man nicht in der Stadt sein möchte, in der man lebt, daß man weg möchte. Als Songwriter hat 'Porterville' mich dahin gelenkt, wo ich jetzt bin: starke Bilder beschreiben, die Zuhörer in die richtige Richtung steuern mit den eigenen Bildern und so ihre Phantasie beflügeln."

Songs zu schreiben lief bei ihm gewöhnlich nicht so ab, daß er sich an seinen Schreibtisch setzte und wartete, bis die Inspiration über ihn kam. Meistens stand ein zündender Titel am Anfang. Ihn begeisterten die Namen, die Duane Eddy für seine Instrumentals ausgewählt hatte: „Ramrod", „Rebel Rouser", „Forty Miles Of Bad Road". Oder Elvis Presleys „Heartbreak Hotel" und Fats Dominos „Let The Four Winds Blow". Solche „Aufhänger", z. B. „Bad Moon Rising", trug er manchmal jahrelang in Gedanken mit sich herum. Ehe er den Text aufschrieb, mußte er den Song erst einmal zusammen haben. Das Instrument zum Schreiben war meist die Gitarre. „Oder ich bin im Auto rumgefahren, oder ich habe nachts stundenlang im Bett wachgelegen. Und dann mache ich immer all die Geräusche, so als säße ich am Schlagzeug oder am Baß. Normalerweise sind Schlagzeug und Baß die Grundlage. Erst habe ich den Beat, dann kann ich mir die Melodie vorstellen. Manchmal bin ich so laut, daß die Nachbarn sich beschweren." Wenn er die Melodie hat, fügt er den Text hinzu — manchmal auch anders herum. Ähnlichkeiten zu Elvis' „You're Right, I'm Left, She's Gone" bei „Bad Moon Rising" oder Little Richards „Long Tall Sally" bei „Travelin' Band" erklärt er aus dem gemeinsamen „Rock'n'Roll-Idiom":

„Was ich bewußt mache, ist, die Platten möglichst einfach zu halten. Nicht überarrangiert und überproduziert. Aber natürlich bemühe ich mich, jede Platte anders zu machen, insofern wird schon ein großes Areal abgedeckt." Das Geheimnis seines Erfolgs sieht er in der Einfachheit der Lieder: „Ich glaube, sie sind so populär, weil sie so einfach anzuhören sind, so leicht zu spielen. Sie klingen richtig gut in dieser Einfachheit. Sie klingen sogar in einer Bar in Winnemucca magisch — das habe ich selbst erlebt."

Vorbilder für die Texte sind oft Geschichten, die er gelesen hat, Filme, die er gesehen hat: So war es auch bei „Bad Moon Rising". „Die Bilderwelt stammt aus dem Film 'The Devil And Daniel Webster' mit Walter Huston in der Rolle des Teufels. Daniel Webster schließt einen Pakt mit dem Teufel, damit seine Farm vor einem gewaltigen Sturm beschützt wird. Das Maisfeld des Nachbarn wird total verwüstet, aber Daniels Ernte bleibt stehen. Das war ein sehr starkes Bild. Das habe ich biblisch verstanden: 'Don't go round tonight, it's bound to take your life, there's a bad moon on the rise'. Ein angsteinflößender, gespenstischer Stoff!" Weil „Bad Moon Rising" 1969 herauskam, als Richard Nixon zum Präsidenten ernannt wurde, war es nicht schwer, den Song als politische Warnung vor einer kommenden Katastrophe zu interpretieren, so wie es Dave Marsh in „Fortunate Son" tut. Die Ambivalenz vieler Texte von John Fogerty läßt unterschiedliche oder sogar falsche Interpretationen zu. Bei „Up Around The Bend" verstanden konservative Kritiker „Come on arise and win" statt „Come on the risin' wind" und legten das zusammen mit der Zeile „Leave the sinking ship behind" als Aufruf zum Aufruhr aus. Jay Cocks vom „Time"-Magazin sah in „Run Through The Jungle" und „Fortunate Son" die ersten „Songs über Vietnam, die sowohl von den Soldaten als auch von Friedensmarschierern gesungen werden konnten".

Was vielen seiner Songs zugrunde liegt, ist die Vorahnung des Unheils: „Have you ever seen the rain coming down a sunny day?" Für Dave Marsh ist Fogertys Fatalismus deshalb so vollkommen „wie je bei einem amerikanischen Künstler seit Mark Twain".

Dennoch gelang es Fogerty meist, seinen pessimistischen Stücken eine heitere Melodie zu unterlegen. „Bad Moon Rising" klingt, als sei eine fröhliche Party geplant. „Don't Look Now" könnte genausogut die Zugabe einer Country-Band am Samstagabend sein. Das mystische Element aber, das seine besten Songs zeitlos machte, entstand immer dann, wenn Text und Melodie zu einer atmosphärischen Einheit verschmolzen — bei „Proud Mary" etwa oder bei „Born On The Bayou". Sie sind Ausdruck der amerikanischen Identität, die er „tief im Herzen, tief in der Seele" spürt. „Ich wollte keine Lieder darüber schreiben, wie high man sein kann, oder im anderen Extrem: 'Yummy, yummy, yummy, I've got love in my tummy'! Ich habe versucht, geradlinige Rock-Songs zu schreiben, die amerikanisch waren." Als „Born On The Bayou" Gestalt annahm, saß er in seinem Zimmer und starrte an die Wand. „Ich blieb bis spät in die Nacht auf und vollendete das Stück. Das Gefühl, das ihm zugrunde liegt, hat mit den Südstaaten zu tun, ergänzt durch eine 'swampy' Gitarre, ein Adjektiv, das ich übrigens erfunden habe, weil meine Musik von den Swamps, den Sümpfen handelt. 'Born On The Bayou' hat ähnlich wie 'Porterville' eine mythische Kindheit zum Inhalt, die flirrende Sommerhitze, der Feiertag am 4. Juli. Ich habe das Ganze in die Sümpfe verlegt, obwohl ich da nie gelebt hatte. Es wurde sehr spät, ich versuchte, den Text aufzuschreiben — ohne Gitarre. Ich wollte ein echter Schreiber sein und malte mir Bilder in der Phantasie aus. Kleine Wohnungen haben so nackte Wände, besonders wenn man kein Geld hat, um ein Bild daran zu hängen." Teile des Textes bezog er aus seiner eigenen Kindheit: „Ich hatte einen Hund, ich erlebte Picknicks am 4. Juli, ich lief zwar nicht nackt durch den Wald, sondern mit Badehose." Das Bild, das er dank seiner Vorstellungskraft an die Wand projizierte, um eine besondere Welt zu schaffen, war „chasing down a hoodoo". „Born On The Bayou" wurde der Schlüssel zu seinen späteren Erfolgen. „Während ich daran schrieb, erkannte ich, daß in mir noch viel mehr steckte als dieser eine Song. Meine Idee war, alles auf ein Album zu bringen, Stücke, die sich gegenseitig befruchteten, die eine Beziehung zueinander haben würden. Das würde eine viel interessantere und kraftvollere Bilderwelt ergeben. Und so kam es auch. 'Born On The

Bayou' hat mit 'Proud Mary' zu tun, und es hat eine Beziehung zu 'Keep On Chooglin' und 'Graveyard Train'."

Mit Anfang zwanzig nahm sich John Fogerty, der nie Literatur studiert hatte, künstlerische Freiheiten, die direkt aus einem Lyrik-Seminar stammen könnten. Gab es nicht das richtige Wort für seine Empfindungen, erfand er es eben. Das berühmteste Beispiel: „Choogling". Auf die Frage, was es heiße, konnte er nur „weiß ich auch nicht" antworten. Tina Turner fand keine Erklärung, was „pumped a lot of pain in New Orleans" bedeuten könnte. Sie sang statt dessen „pumped a lot of 'tane", weil es ihr plausibel vorkam, daß die „Proud Mary" Oktan tankte! Auch ein schnell dahingeworfenes Rockabilly-Stück wie „Cross-Tie Walker" birgt eine Tiefe, die einmal mehr belegt, welche kreativen Höhen John Fogerty Ende der sechziger Jahre erklommen hatte. Zeilen wie „There were no tears of regret from my runaway train" oder „'cause there's more miles between us than the Santa Fe Line" geben dem alten amerikanischen Thema des Train-Songs eine neue lyrische Qualität.

Die ständige Frage, warum er am — altmodischen — Rock'n'Roll festhalte, beirrte ihn zwar nicht, sie ließ jedoch vorhersehen, daß er Probleme mit seinen Songs bekommen würde. Er bezog seine Inspiration aus den Quellen der fünfziger Jahre. Rock-Musik aber verändert etwa alle zehn Jahre ihr Gesicht, so wie der Rock'n'Roll in den sechziger Jahren von einem moderneren Rock abgelöst wurde. Es würde schwer werden, noch in den Siebzigern mit dem Blick zurück nach New Orleans, Memphis oder Nashville in der Popwelt bestehen zu können. Fogertys Haltung ist da vergleichbar mit dem Wunsch des englischen Thronfolgers Prinz Charles, zum Ende des Jahrtausends für Londons City nur noch klassizistische Neubauten zuzulassen. So wie die englische Metropole mittlerweile von Stahl und Glas beherrscht wird, haben neue Trends den ursprünglichen Rock'n'Roll längst ins Museum geschickt. Zwar behält jede Phase der Pop-Musik ihre treue Gemeinde, doch gewinnt sie selten neue Freunde hinzu. Die Fans werden mit ihrer Musik alt. Wissenschaftliche Untersuchungen unter amerikanischen Musikliebhabern in den neunziger Jahren ergaben, daß die meisten jünger als zwanzig waren, als sie zum ersten Mal die Musik hörten, der sie ihr Leben lang treu blieben. Ein leuchtendes Beispiel dafür ist John Fogerty selbst, für einen Singer-Songwriter wie ihn bedeutet es allerdings das Ende der Innovation, wenn das „Zeit-Fenster", durch das wir kulturelle Einflüsse an uns heranlassen, geschlossen wird.

Die Krise kam von einer anderen, unerwarteten Seite. Der „writer's block", die Blockade seiner Fähigkeit, neue Lieder zu schreiben, fiel zeitlich mit den Auseinandersetzungen mit „Fantasy" zusammen. Deshalb hat John auch immer Saul Zaentz dafür verantwortlich gemacht, daß ihm nichts Geniales mehr einfiel. Das mag im großen und ganzen auch zutreffen. Doch gibt es auch wissenschaftliche Belege dafür, daß höchst kreative Menschen mit der Zeit in der Kreativität nachlassen. John Fogerty erlebte in den drei Jahren von 1968 bis 1971 eine Phase der Genialität, die auf Dauer nicht aufrecht zu erhalten war. Hatte er als 20jähriger an manchen Tagen vier bis fünf Hits geschrieben, brauchte er als 30jähriger Jahre, um ein paar Stücke zusammenzukriegen, die mit Songs anderer Komponisten kombiniert eine LP ergeben konnten. Es war die ungebrochene Beziehung zu seiner Kindheit, die ihn mit Leichtigkeit einen Song wie „Looking Out My Backdoor" aus dem Ärmel schütteln ließ, die Naivität, die ihn Elefanten mit Tamburinen, einen fliegenden Löffel und einen riesigen Victrola-Plattenspieler zur Musik von Buck Owens auf seinem Rasen tanzen läßt. Die Woodstock-Generation entdeckte darin ein kaum getarntes Trip-Erlebnis, doch John hatte nur an seinen Sohn Josh gedacht, dem er mit „Doot doot doo, looking out my backdoor" eine Freude machen wollte. Auch in diesem „fröhlichsten Song", den John je gesungen hat, entdeckt Dave Marsh trotz der Verse „Forward trouble Illinois, lock the front door, oh boy" den ewigen Fogerty-Fatalismus: Denn — „bother me tomorrow" — der nächste Tag wird wieder eine

Katastrophe. Schon der kleine Junge John hatte diesen Fatalismus verinnerlicht, er mußte sich jeden Tag neu erkämpfen. Seine späteren Songs sind daher laut Marsh „immer morbid gewesen, die Rock'n'Roll-Version der Balance des Schreckens. Die besten Creedence-Clearwater-Revival-Hits reduzieren die Welt auf das Wesentliche und bauen dann ihre Komplexität wieder auf... Es war John Fogertys Genie, das solche Songs entstehen ließ."

Die späteren, oft mühsam unter Qual geschriebenen Stücke, haben sich von diesem Aufbau entfernt — und wenn sie noch Unheilvolles verkündeten, gerieten sie selten noch so hervorragend wie „Old Man Down The Road", sondern oft nur klischeehaft wie „Eye Of The Zombie". Die neue Qualität, die er seither gefunden hat, ist eine lebensbejahende, die optimistische Melodien mit positiven Texten verbindet. „Rockin' All Over The World", „Almost Saturday Night", „Telephone", „Centerfield", „Southern Streamline" und „Blueboy" liegen da auf einer Linie. Mit „Premonition" schließt er an die besten Kompositionen des „Shep-Albums" an. Und er hat sich noch in anderer Hinsicht von seinen Anfängen distanziert: „Früher, wenn ich einen Song wie 'Who'll Stop The Rain' schrieb, habe ich versucht, ihn epochal zu machen, so daß er nicht nur über mich war, sondern daß sich auch viele andere darin sehen konnten. Ich legte den Song sehr breit an, und hoffte, viele andere würden alles genauso sehen wie ich. Jetzt gehe ich den anderen Weg wie bei 'Joy Of My Life'. Ich versuche, sehr persönlich zu sein." Er stimmt mittlerweile sogar den Video-Wünschen von „Warner" zu, während er sie früher strikt ablehnte. Sein Argument, daß die Lieder bei dem Hörer eigene Assoziationen hervorrufen sollten, gilt zwar immer noch. Aber er hat einen Kompromiß gefunden: Jedes Clip ist darauf aufgebaut, daß er seinen Song im Bild vorträgt.

Mittlerweile ist er überzeugt, daß der neue John Fogerty der alte John Fogerty ist. „Mit 'Blue Moon Swamp' habe ich eine Frage von dreißig Jahren gelöst. Es war die Frage: Wer bin ich? Was paßt am besten zu mir? Ich habe das jetzt richtig beantwortet. All die verschiedenen Wege, die ich ausprobiert habe, Dinge wieder zu entdecken, das war ein schwieriger Prozeß für mich. Jetzt habe ich den Anschluß. Ich tue Dinge bewußt, die ich als Zwanzigjähriger, als ich 'Creedence' war, unbewußt getan habe." Und er bekennt sich zu der Identität als Songwriter. „Ich denke, daß die Songs auf 'Blue Moon Swamp' genauso gut sind wie mein früheres Werk." Er geht sogar noch einen Schritt weiter und sieht sich in einer Reihe mit den Großen seines Gewerbes: „Ich bin ein Songwriter. Ich bewundere Leute wie Stephen Foster, Irving Berlin, Cole Porter und Leiber und Stoller, Leute, die das Handwerk zur Kunstform machten. Als Songwriter muß man immer ganz hoch zielen. Und ich glaube, daß ich einige der Ziele getroffen habe."

Im „New Grove Dictionary Of American Music" sind Stephen Foster vier Seiten gewidmet, John Fogerty bisher nur vier Zeilen. Das könnte sich bald ändern.

„Ein sturer Individualist"

Der amerikanische Musikjournalist Dave Marsh hat eine Essay-Sammlung, die seine bedeutendsten Kritiken enthält, „Fortunate Son" benannt. Seine Begründung: „'Fortunate Son' ist der Titel von einem der großartigsten 'Creedence-Clearwater-Revival'-Songs. Es ist eigentlich nicht überraschend, daß mir ein John-Fogerty-Stück den Titel dieses Buches gab, denn in so vielfältigerweise hat Fogerty das, was ich manchmal nur ungelenk zu sagen versuchte, während seiner Laufbahn mit 'Creedence Clearwater Revival' in wunderbarer Klarheit und Einfachheit ausgedrückt." Der wahre Grund liegt aber noch tiefer: Marsh, der als Sohn eines Brakemans in dem Detroiter Ortsteil Pontiac aufwuchs, fand sich selbst in diesem Lied wieder. Als Arbeiterkind aus Motown und nicht „mit einem silbernen Löffel in der Hand" zur Welt gekommen, empfand er die amerikanische Realität der sechziger Jahre in „Fortunate Son" so genau getroffen, daß er sich mit diesem Song identifizierte. Das war vor allem deshalb möglich, weil es zu dieser Zeit keinen anderen Rockmusiker gab, der öffentlich bekannt hätte: „Ich sehe die Welt durch Arbeiterklasse-Augen." Und der sich wie Pete Seeger im karierten Baumwollhemd vor das Publikum gestellt hätte. Bandanas und Blumenmuster galten in der veröffentlichten Meinung als fortschrittlich, für Fogerty und seine „Singles-Band" blieb nur das Etikett „aus der Mode". Sie waren wahrhaftig, wie Bruce Springsteen sagte, „not the hippest band".

Das war einer der Zwiespalte, die John Fogerty durchlebte: im Showbusiness zu reüssieren und sich dennoch als Sohn eines Schriftsetzers zu seiner Herkunft zu bekennen. Das „Kellerkind" aus El Cerrito bezog einen Teil seiner kreativen Energie aus dieser Spannung zwischen Glitzerwelt und Arbeitermilieu. Sie erklärt auch zum Teil sein rigides Schwarzweiß-Denken, das den Reiz von „Fortunate Son" ausmacht und das von der Masse der Amerikaner verstanden wurde. Es galt auf jeder Ebene: Nixon verkörperte das Übel, seine Tochter ebenso, Carter dagegen war o. k. Der frühe Elvis war ein Gott, der saturierte Presley, der in Las Vegas im Glitzeranzug auftrat, ein gefallener Engel. Es steckt auch in geringem Maß hinter der gewaltigen Dramatik, mit der er Saul Zaentz zur Rechenschaft zog. Ein Kritiker sah John schon als Karikatur in einem Dickens-Roman: ein alter Tattergreis, der in Lumpen in einem mit Spinnweben überzogenem Raum sitzt und nur noch „böser, böser Mann" vor sich hin murmelt. Der Schlüssel zu dieser Entwicklung liegt in der Kindheit der Scheidungswaise.

Der kleine John wurde in seiner empfindlichsten Entwicklungsphase vom Weggang des Vaters getroffen. Er brauchte eine verständnisvolle Vaterfigur, um sich anzulehnen und um seine Ängste zu bewältigen. Die Mutter hatte genug damit zu tun, dafür zu sorgen, daß „ihre fünf Söhne nicht in San Quentin" landeten. Sie förderte das Talent des Neunjährigen, aber sie konnte ihm nicht den Vater ersetzen. So flüchtete John sich in seine Rock'n'Roll-Welt, in der er keinen Vater brauchte. Und er wählte den bewunderten Bruder Tom zum besten Freund, um einen — wenn auch nur dürftigen — Ersatz zu bekommen. Seine emotionale Zerrissenheit, die ihn die ganze Jugend über quälte, brachte er später in Zusammenhang mit seinem Glauben: „Ich hatte jahrelang einen Super-Schuld-Trip, und erst im Alter von 22 habe ich versucht, mich davon zu lösen. Und ich habe herausgefunden, daß das daher rührte, daß ich katholisch war. Mir wurde klar, daß ich kein schlechter Mensch war und daß es besser wäre, damit aufzuhören." Es blieb die Prägung, sich in biblischen Denkmustern zu bewegen. Es gibt in seiner Welt nur Gut und Böse, Erwählte und Sünder, Freunde und Feinde, seine Rede ist „ja, ja, nein, nein", und es gibt nichts dazwischen. Hinzu kommt ein kaum kontrollierter Jähzorn, der den sonst so Kontrollierten immer wieder ausflippen läßt. In seinen eigenen Worten: „Ich zerreiße Leute in der Luft, meist ungerechterweise." So machte er 1969 bei einer Tournee durch Kanada während einer Probe in Toronto einen Tontechniker fertig — wie sich später herausstellte, war der ein absoluter Fogerty-Fan, der als Ersatzmann eingestellt war und keine Ahnung von dem Job hatte. John schlug damals den Lautsprecher mit dem Mikrofon ein. Der junge Mann brach in Tränen aus — was Johns Zornesausbruch immerhin beendete. Noch 1997 brüllte er in New Orleans die Techniker im „Saenger Theatre" zusammen, weil der Soundcheck nicht so perfekt lief wie erwartet. Seine erste teure Gitarre erwies sich als Flop, was ihn so sehr erzürnte, daß er den Firmennamen aus dem Holz kratzte und „der Gipfel" darüber schrieb. Perfektionismus ist sicherlich einer der Gründe für diese emotionale Unausgeglichenheit, ein anderer ist das in seiner Kindheit entstandene Gefühl, nicht das zu bekommen, was ihm zusteht. „Ich dachte, ich könnte mich beherrschen, aber in leidenschaftlichen Momenten ist man dazu nicht immer in der Lage", erklärte er einen Wutanfall in der Gerichtsverhandlung, als er sich gegen Zaentz' Plagiatsvorwurf zur Wehr setzen mußte. Unbeherrscht hatte Fogerty auf einen Stuhl eingeschlagen — und sich den Handknochen gebrochen.

Das Verhältnis zu Saul Zaentz ist ein schlagendes Beispiel für die großen Emotionen und die dramatischen Entwicklungen in Fogertys Welt. 1970 hatte er sich noch dazu hinreißen lassen, Zaentz über den grünen Klee zu loben. Er war es schließlich, der ihm und den andern drei von „Creedence Clearwater Revival" eine neue Perspektive bei „Fantasy" eröffnete. Er war es, der ihnen Geld in die Hand drückte, damit sie sich einen Verstärker kaufen konnten. Er hatte auch den Vorschlag gemacht, daß die Band eine LP aufnehmen sollte. Da machte es nichts, daß Zaentz auf dem Cover dieser LP als Produzent genannt werden wollte — immerhin hatte er ja das Geld vorgestreckt. „Und Saul sorgt dafür, daß man sich wohl fühlt. Wenn man deprimiert ist, hat er es einfach drauf, die richtigen Dinge zu sagen", betonte John auch die seelische Komponente dieser Beziehung. Zaentz konnte eine Zeitlang sogar eine Vaterrolle bei ihm einnehmen. „Immer wenn ich deprimiert war oder besorgt, bin ich zu ihm ins Zimmer gegangen und habe mit Saul eine Stunde geredet. Das war wie eine Therapie."

Es konnte bei den unterschiedlichen Temperamenten und den unterschiedlichen Interessen nicht ausbleiben, daß ein Vater-Sohn-Konflikt ausbrach. Der ließ die Vergangenheit in einem anderen Licht erscheinen. Jetzt interpretierte John die ganze Geschichte völlig anders: Zaentz hatte sich die Funktion des Produzenten erschlichen, um mehr zu kassieren. Seine Investitionen hatte er millionenfach wieder hereinbekommen. Alle freundlichen Gespräche dienten nur dazu, John hinters Licht zu führen. Alle Versprechungen, an die John glaubte, hatten nur den Zweck, ihn hinzuhalten. Der Vorschlag, die Tantiemen in der „Castle-Bank" anzulegen, war ein abgekartetes Spiel, um auch noch an dieses Geld heranzukommen. Auf einer Skala von null bis zehn, die das Böse in dieser Welt bewertet, hält Saul Zaentz nach Johns Meinung die zehn besetzt. Darüber geht nichts mehr. Darunter ist viel Platz für andere, die es sich mit Fogerty verdorben haben.

Tom ist in dieser Hinsicht ein Sonderfall: der bewunderte große Bruder, dessen Ego mit dem Ego des jüngeren kollidierte. Es wundert wenig, daß sie sich gegenseitig Egoismus vorwarfen: Beide wollten sie ihren Traum vom Leader der Rock'n'Roll-Band verwirklichen, beide sahen sie ihn zum Greifen nah, bis John die Frage für sich entschied – als der bessere Songschreiber, der bessere Gitarrist und, und, und. Daß Tom „Creedence Clearwater Revival" verließ, bedeutete da nicht nur, daß die ewige Streiterei ein Ende hatte, es bedeutete auch, daß er den gemeinsamen Traum aufgegeben hatte. Aus der Enttäuschung wurde Entsetzen, als John erkennen mußte, daß sein Bruder sich auch noch mit seinem „größten Feind" Zaentz verbündete. Das konnte ihm mit Bob nie passieren: Der jüngere Bruder verehrte John und dessen Fähigkeiten genauso, wie Tom es insgeheim tat. Aber Bob sah sich nie in Konkurrenz zu John. Im Gegenteil: Der geniale Bruder bot ihm die Gelegenheit, sein Hobby der Fotografie zu perfektionieren, indem er ihn die Band und ihre Konzerte mit der Kamera für Plattencover und Dokumentationen aufnehmen ließ. Außerdem gab er ihm den ständigen Job eines Sekretärs.

Bei Doug und Stu dagegen baute sich der Haß allmählich auf. Die beiden Schulfreunde hatten ihm nie so nah gestanden. Deshalb gab es auch weniger Anlaß zu Reibungen. Doug zeigte sich immer als ein angenehmer, unkomplizierter Kumpel, der mit seinem Umwelt-Engagement ernstzunehmen war. Bei Stu sah das schon etwas anders aus. Der Juristen-Sohn, der das College besuchte und, wenn es nach den Eltern gegangen wäre, Anwalt geworden wäre, teilte nicht die gesellschaftlichen Ansichten, die John bewegten. Das ging sogar so weit, daß sie in zentralen Fragen unterschiedlich dachten. „Ich war für den (Vietnam-)Krieg", gestand Stu Cook dem „Rolling Stone" in einer Zeit, in der die amerikanische Jugend gegen diesen Wahnsinn Sturm lief. Vor allem aber betraf es die Bewertung musikalischer Ambitionen. John mußte mit seiner Band diskutieren, weil nach deren Ansicht „Down On The Corner" und „Looking Out My Back Door" kein Rock'n'Roll waren. Sie wollten die Songs nicht veröffentlichen! Der Konflikt brach aus, als

„Creedence Clearwater Revival" längst aufgelöst waren und John sein Vermächtnis gegen den kommerziellen Würgegriff von „Fantasy" verteidigen mußte. Stu hatte zu dieser Zeit keine Ambitionen mehr als Musiker. Doug Clifford über seinen Freund: „Er hat mir erzählt, er ist das Musikgeschäft leid, ihm gefällt das Börsengeschäft besser." Zwar hatte sich John sogar 1988 noch einmal bereit erklärt, mit Doug und Stu für seine Highschool zu spielen — was dann nur mit Doug realisiert wurde, weil Stu verreist war, aber danach lief nichts mehr.

Doug Clifford und Stu Cook hatten aus Johns Sicht eine Todsünde begangen: Sie hatten sich am Ausverkauf seiner Songs beteiligt. Um ihre Tantiemen zu verbessern, hatten die beiden „Fantasy" das Recht eingeräumt, die Aufnahmen für alle möglichen Sampler-Platten zu verwenden. Das ging John schon grundsätzlich gegen den Strich, hatte er sich doch immer über die Compilation-Alben und die Verwendung seiner Kompositionen für Film-Soundtracks beschwert. Der absolute Tiefpunkt kam aber, als er 1989 feststellte, daß „Fantasy" mit Zustimmung seiner ehemaligen Bandmitglieder sein „Proud Mary" für eine Sampler-Kassette verhökert hatte, die Shell an Tankstellen anbot. Den Multis Pop-Songs für die Werbung zur Verfügung zu stellen war für ihn der Sündenfall schlechthin. Sein Stück „Soda Pop" von dem Album „Eye Of The Zombie" nahm 1986 den amerikanischen „Commercials"-Kommerz satirisch aufs Korn. Und 1987 hatte er dem „Rolling Stone" zum Thema Verflechtung von Rock'n'Roll und Konzernen gesagt: „Ich habe Wert darauf gelegt, all diese Sachen nicht zu machen — ich brauche das Geld wirklich nicht. Wer ein Künstler ist, wer ein Schreiber ist, sollte es auch bleiben. Ich weiß, das ist Sechziger-Jahre-Ethik. Aber ich glaube, wenn man einen Song schreibt oder etwas sagt, lohnt sich für andere nur, es anzuhören, wenn man ethische Vorstellungen hat. Wenn man aber gekauft werden kann — mit anderen Worten, wenn man einen Haufen Dollars dafür bekommt, daß jemand sein Firmenzeichen hinter einem auf der Bühne aufhängen kann –, warum sollte jemand noch darauf hören, was man geschrieben hat? Jedermann weiß dann, daß man käuflich ist."

Diesen Makel hatten ihm jetzt Tom, Doug und Stu angehängt, ohne daß er auch nur irgendetwas dagegen tun konnte. Und dann auch noch Shell: Ölverschmierte Seevögel, verschmutzte Strände, belastetes Wasser, verdreckte Luft — die ganze Palette der Umweltbelastungen kam John in den Sinn, als er erfuhr, daß „Proud Mary" jetzt von einem Öl-Multi angeboten wurde. Alle, die dafür verantwortlich waren, die das getan hatten, ohne ihn überhaupt zu fragen, wurden auf seiner Feind-Skala nach oben katapultiert. Zwar dementierte er, zu Doug und Stu „Ich hasse euch" gesagt zu haben. Aber anläßlich des Leserbrief-Krieges, den sich die drei nach der „Hall Of Fame"-Aufnahme lieferten, schrieb John an die „L. A. Times": „Warum wir keine Freunde sind". Darin beklagte er sich, daß sie ihn nicht nur nicht in seinem Kampf gegen Saul Zaentz unterstützt hätten, sondern diesem noch beigestanden hätten. Doug Clifford hätte — so John — vor Gericht aussagen müssen, wenn er tatsächlich Zaentz nicht auf eine Ähnlichkeit von „Run Through The Jungle" und „Old Man Down The Road" aufmerksam gemacht hatte. Das tat er aber nicht. „Alles, worum sich diese Leute kümmern, ist Geld!" Um Musik gehe es Doug und Stu nicht. Ihr Verhalten sei „gierig, verschlagen und feige". Sie hätten seine Musik an Bier- und Farbverdünner-Werbung sowie für Ölfirmen-PR verkauft. Und das hatte ihn zutiefst getroffen: „Ich glaube, einer der Gründe, warum wir (für die Hall Of Fame) ausgewählt wurden, ist der, daß unsere Platten solch einen hohen Wert auf musikalische Integrität und moralische Überzeugung legten. Besonders deshalb habe ich es abgelehnt, mit Leuten aufzutreten, die so wenig Respekt für mich und meine Musik gezeigt haben."

John Fogerty ist auch als Musiker immer Moralist gewesen. Und es hat unglaublich lange gedauert, bis er herausfand, daß er mit dieser Haltung in seiner Band allein stand. Geld spielte bei ihm nie die große Rolle. In den Anfängen verkündete er sogar, er sei bereit, für 40 Dollar im Monat zu leben, wenn alle in Amerika sich dazu bereit erklärten — auch Rockefeller. Das war seine naive Sicht von Gleichheit. Auch seine Haltung zur Drogenszene von San Francisco war immer eindeutig: Schon 1970 betonte er, daß seine Band nicht herumläuft und „Legalisiert Drogen!" fordert. Im nachhinein erläuterte er 1987, warum „Creedence Clearwater Revival" nicht zu den Gruppen zählte, die „Tune in, turn on, drop out" propagierten: „Ich war persönlich nicht an Drogen interessiert, habe kaum Haschisch geraucht, nie LSD genommen. Ich war nicht prüde, wenn es um Drogen ging, aber ich habe es nie gemocht, wenn ich nicht die Kontrolle hatte oder nicht wußte, wo ich war." Außerdem glaubte er, daß Drogen nicht nur selbstzerstörerisch wirkten, sondern auch nicht mit guter Musik in Einklang zu bringen waren. Die Szene war ihm auch verdächtig, weil sie ihm nicht politisch entschieden genug war. Dafür liefert ihm später Drogen-Guru Timothy Leary den besten Beweis, der zusammen mit dem Watergate-Einbrecher Gordon Liddy auf Vortragsreise ging.

Tom war schon eher für die Verlockungen von Haight-Ashbury empfänglich. Da wirkten Johns rigide Vorschriften, nach denen die Band sich auf Tournee zu richten hatte, lächerlich bis lästig. Seine Devise „No drinking, no doping" kam bei den andern Band-Mitgliedern nicht an. „Wenn ich so zurückblicke", gesteht John sein Scheitern ein, „und jetzt spricht der alte Herr Fogerty: Das erste Mal, als ich merkte, daß ich naiv war, war ich ganz schön enttäuscht. Ich sah sie morgens immer verstohlen grinsen, aber ich habe ein Jahr gebraucht, bis ich herausfand, warum. Sie ließen sich nach der Show im Hotelzimmer volllaufen." Der brave John saß währenddessen in seinem Raum, spielte Gitarre, brachte sich Pedalsteel bei und übte Banjo. Er war schon zu diesen Zeiten so von der Musik besessen, daß er die Welt um sich herum nur noch verschwommen wahrnahm. Als Vorbild galt ihm in dieser Hinsicht Carl Perkins, von dem er in einem Interview gelesen hatte, daß es sein Ziel sei, zu tanzen, zu singen und Gitarre zu spielen. John: „Das ist es auch für mich, worum es geht, wenn man ein Rock'n'Roller ist." Ums Tanzen allerdings weniger. Er zieht auf der Bühne keine Show ab, er wäre der letzte, der eine seiner wertvollen Gitarren zerschlagen würde. Trotzdem war er überzeugt, „daß wir mit Creedence eine phantastische Stageshow machten". Dave Marsh nennt es den „Creedence Approach": „Sag dein Ding und halt danach verdammt nochmal die Schnauze; hau mit voller Kraft drauf; respektier die Tradition, aber keine Autorität." Das ließ sich aber nicht mit den anderen Bands dieser Zeit vergleichen. Ellen Willis über das Image-Problem Fogertys: „Ein ernsthafter Rock-Star strebte nicht nur danach, das Publikum zu unterhalten, sondern auch sein Bewußtsein zu verändern. Creedence überschritt nie die Grenze zwischen erfolgreicher Rock-Band und kultureller Ikone. Und dieses Versagen war augenscheinlich direkt Fogertys besonderen Tugenden zuzuschreiben. Die großen Superstars der sechziger Jahre gelangten nicht durch ihre Musik allein in den Götterhimmel; sie selbst, oder vielmehr ihr öffentliches Image, waren auch ästhetische Objekte."

Für einen Rockmusiker sah John ziemlich unauffällig aus. In einer Selbstauskunft beschrieb er sich im Jahr 1970 für „Bravo": „1,75 Meter groß, braunes Haar, braune Augen." Was er wegließ, waren sein Silberblick und seine Zahnlücke. Ansonsten lieferte er die holzschnittartigen Beschreibungen, wie sie in Fragebögen üblich sind. Was haßt er? Krieg! Was hält er für das größte Glück seines Lebens? Viele Freunde. Lieblingssänger? Little Richard. Wo möchte er am liebsten wohnen? Memphis (Tennessee). Was sind seine Schwächen? Zu großer Ehrgeiz. Auf den Fotos der Band sieht man ihn selten lachen, meist zeigt er einen ernsten bis aggressiven Gesichtsausdruck. Sein Charme hat eher etwas von Burt Reynolds' Bärbeißigkeit als von Elvis Presleys Humor. Immer scheint der Wille zum Erfolg deutlich durch. Für die auf Fun orientierten Bandmitglieder muß er schwer zu ertragen gewesen sein. Die einzigen Konzessionen, die er je an die Extrovertiertheiten des Showbusineß machte, waren seine vorsichtigen Versuche mit Cowboy-Outfits: verschnörkelte Verzierungen auf den Hemden, hochhackige Stiefel, ein Stetson. Jetzt, wo er die 50 überschritten hat, macht er einen geläuterten Eindruck. Das ergibt sich nicht nur aus dem gestylten Äußeren (getöntes Haar, gerichtete Zähne), es wird auch deutlich, daß er an Selbstbewußtsein gewonnen hat. Für ein Promotion-Foto ließ er sich sogar als Crooner im roten Seidenhemd vor einem 50er-Jahre-Mikrophon ablichten. Der Münchner Fotograf

Dieter Zill, der ihn vor zwei Jahren noch einmal in der Abflughalle des Las-Vegas-Airports traf, spürte die Dynamik, die nach wie vor von Fogerty ausgeht: „Er machte da überhaupt kein Aufheben von seiner Person. Aber er hat sich sehr gut gehalten, hat die ganze Zeit an sich gearbeitet, sehr diszipliniert. Er glaubt so sehr an sich. Für mich spielt er in der obersten Klasse."

Das waren die Eigenschaften, die John an die Spitze der Hitparaden brachten, sie verhalfen ihm aber nicht zu dem Glamour, mit dem etwa Mick Jagger faszinierte. Für Ellen Willis hatte er „keine Beziehung zu den offensichtlichen Attributen für ein Image: auffallende Freakigkeit, Messiastum, Sex, Gewalt. In gewisser Hinsicht ähnelte er dem soliden Ehemann, der die Familie ernährt und ständig mit dem schneidigen, charakterschwachen Liebhaber betrogen wird." Ursächlich damit zusammen hing auch seine Entscheidung für die wenig trendige Südstaatenmusik, seine „Loyalität gegenüber den plebejischen Wurzeln des Rock" (Willis), die ihn auch in der Popszene zum Kellerkind abstempelte. Selbst kleine Konzessionen an den Zeitgeschmack wie das ausgedehnte Gitarrensolo auf „I Heard It Through The Grapevine" — heute fragt er sich immer selbstkritisch, wann der Typ mit dem Solo aufhört, wenn er das Stück hört — konnten nicht darüber hinwegtäuschen, daß die Zwei-Minuten-Stücke wie „Travelin' Band" seine Domäne waren. Wenn er auf die Bühne ging, konzentrierte er seine ganze Kraft und seinen Siegeswillen, der einem Hundertmeter-Sprinter entsprach, blickte „der Herausforderung ins Auge und lachte. Das ist für mich die einzige Möglichkeit, an dieser Karriere Spaß zu haben. Sonst beginnt man, an die Dinge zu glauben, die über einen geschrieben werden, lutscht Daumen und umgibt sich mit Menschen, die einem das Ego aufblasen". Was für ihn zählte, war die Erfolgsformel, die er und nur er gefunden hatte. „Nach ein paar Hits war ich sicher, daß mein ganzes Leben richtig lief. Ich war felsenfest überzeugt. Wenn andere etwas anzweifelten, sagte ich entschieden: 'Nein, das ist richtig!' Und ich bekam immer mehr Selbstvertrauen."

Und wenn John Fogerty einmal etwas als richtig erkannt hat, bleibt er auch dabei — selbst wenn das bedeuten sollte, daß er zehn Jahre lang Tag für Tag in sein Studio geht, um sein Ideal der Rock'n'Roll-Platte im Alleingang zu verwirklichen. Er unterwirft sich extrem rigiden Regeln. Wäre er glücklich, wenn er kein Perfektionist wäre? „Manchmal wünschte ich, ich wäre damit zufrieden, bei McDonald's zu arbeiten: Alles egal! Ich arbeite und nehme meine Arbeit nicht mit nach Hause. Das klingt großartig. Ja, ja die Van-Gogh-Tradition, meine hohen Standards und all diese Dinge, ich weiß gar nicht, ob das stimmt. Für mich gibt es nur diesen einen Weg, und ich weiß nicht, ob meine Ansprüche hoch sind. Es gibt eben nur zwei Kategorien: gut und nicht gut!" Anders kann er nicht denken: gut und schlecht, schwarz und weiß, bedeutend und unbedeutend. Als er nach dem „Hoodoo"-Desaster ins selbstgewählte Exil ging, haben Freunde immer wieder versucht, ihn aufzumuntern und zu trösten. Aber er empfand das gleichzeitig auch immer als Aufforderung zuzugeben, daß er sich verrannt habe, daß er aufgeben sollte. „Ich glaube, niemand weiß, wie man mit jemand umgehen soll, der besessen ist. Und so etwas muß es mit mir gewesen sein. Der Gedanke, daß jemand in einen Raum geht und in diesem Raum tagtäglich neuneinhalb Jahre lang ohne offensichtliches Ergebnis zubringt! Wenn ich sähe, wie jemand so etwas tut, wäre das erste, was mir dazu einfällt: 'Der Mann ist verrückt!'"

Bei anderen Musikern hat er sich mit dieser Haltung viel Achtung erworben. Bruce Hornsby, der 1986 mit seiner Band „The Range" bei einigen Fogerty-Konzerten im Vorprogramm auftrat: „Er ist sehr freundlich. Er hat sich nie um die große Pose bemüht, ist nie den Versuchungen des Ruhms erlegen. Ich mochte seine Musik, deshalb sagte ich sofort ja, als er mich bat, mit ihm zu spielen. Ich war immer der Meinung, daß er großartige, urtümliche Songs geschrieben hat, er sang um sein Leben, machte phantastische Platten. Es gibt im Musikbusineß eine Reihe von parasitären Bastarden. Ich habe immer versucht, mich von denen fernzuhalten." Mit Bruce Springsteen ist Fogerty befreundet, seit sie sich bei der „Hall Of Fame" kennenlernten. Sie feiern ihre Geburtstage zusammen, jammen zusammen, besuchen gegenseitig ihre Konzerte.

Selbst mit der Politik scheint John Fogerty heute nicht mehr über Kreuz zu liegen. Seine radikalen Parolen der siebziger Jahre („Ich wünschte, daß die herrschende Klasse in Amerika ausgelöscht und zerstört wird") sind überwunden. In Wirklichkeit dachte und handelte er auch nie subversiv. Er hat sich für keine Partei entschieden, hat mal die Republikaner gewählt, mal die Demokraten. Seine Grundhaltung blieb: Distanz zu den Mächtigen. Auch wenn er für Bill Clinton im Weißen Haus spielte, zu dessen Amtseinführung ging er trotz Einladung nicht. Seine Haltung hat er auch nie selbst als politisch bezeichnet, sondern als „sozial bewußt". Sein Haß traf Richard Nixon wegen des Vietnam-Krieges und wegen Watergate, Ronald Reagan wegen der sozialen Kälte und der Aufrüstung, George Bush wegen der Iran-Contra-Affäre. Seine Einstellung entspricht der vieler Amerikaner, die auf Distanz zur Regierung gehen: „Mein Land sind Grand Canyon, die Niagara Fälle, Montana, Elvis, der Chicago Blues und (der Patriot) Patrick Henry."

Erst Julie Kramer ermöglichte ihm, in seiner in Freund und Feind aufgeteilten Welt nicht nur die Feinde zu sehen, sondern auch wieder die Freunde. Und sie ermöglichte ihm, aus seinem starren Panzer herauszukommen, in dem es keine Gefühle mehr gab. John Fogerty hat gelernt, wieder zu lieben. Und er hat gelernt, es wieder auszudrücken. Auch in seinen Liedern. Das ist der wesentliche Unterschied zwischen dem eher sterilen „Centerfield" und „Blue Moon Swamp". Und das ist es, was man spürt, wenn man ihm begegnet. Er kann sogar zulassen, daß Menschen auch Schwächen haben. Auch wenn auf seinem Grabstein sicherlich stehen wird, wie er selbst einmal vorgeschlagen hat: „Ein sturer Individualist".

„I'M A HAPPY MAN"

Diesmal vergingen nur sieben Jahre, bis John Fogerty sich mit einem neuen Studioalbum an die Öffentlichkeit wagte. Und der Zufall kam ihm dabei zu Hilfe (oder war es ein Fall von „premonition"?), daß er mit „Deja Vu. All Over Again" im richtigen Moment die Gefühle der geistigen und politischen Opposition in den USA aussprach. Wie er hatten viele an der Westküste, in New York oder in den Neuengland-Staaten ein Déjà-vu-Erlebnis: Amerika in einen aussichtslosen Krieg verwickelt, ein Präsident, der sein Amt zur Verwirklichung seiner Karriereziele mißbrauchte, der – selbst ein „fortunate son" – die Macht und den Reichtum der herrschenden Klasse ausbaute. Hatte man das nicht alles schon einmal gesehen, damals als Richard Nixon die Amerikaner in zwei Lager spaltete? Damals, als „Creedence Clearwater Revival" auf dem Höhepunkt ihres Schaffens waren, als die Vietnam-Generation „Fortunate Son" und „Who'll Stop The Rain" zu ihren Hymnen erklärte.

Sieben Jahre seit der Veröffentlichung von „Blue Moon Swamp", sieben Jahre, in denen, wie auf Johns Website zu lesen stand, „seine Familie den Focus seines Lebens" bildete. Die Fogertys zogen von Kalifornien nach Tennessee, von Tennessee nach Georgia und wieder zurück nach Kalifornien. Am 5. Oktober 2001 kam dort ihre Tochter Kelsy Cameron zur Welt, nach Lindsay, Shane und Tyler das vierte Kind von Julie und John. Die Zahl der veröffentlichten künstlerischen Produkte des Altrockers kam nach „Premonition" nicht über drei hinaus: Gastauftritte auf Compilation-CDs, die seine derzeitige musikalische Ausrichtung klarstellten. Im Jahr 2000 „Blue Moon Of Kentucky" auf Ricky Skaggs' Tribute-Album „Big Mon" für Bill Monroe, 2001 „Blue Ridge Mountain Blues" mit Earl Scruggs and Friends und 2002 „Diggy Liggy Lo" auf „Evangeline Made", einer Cajun-Music-Anthologie.

Er war seiner Devise treu geblieben, daß ein Rock'n'Roll-Musiker seine Musik dem Publikum live präsentieren muß. Nach der im Herbst 1997 geplatzten Deutschland-Tournee fand er im Jahr 2000 einen Weg, bei den enttäuschten Fans Wiedergutmachung zu leisten. Der Superstar, der einst mit „Creedence Clearwater Revival" Ike und Tina Turner das Vorprogramm bestreiten ließ, schloß sich jetzt Tina Turner an, als sie auf Abschieds-Tournee durch Europa zog. In Sheffield und London teilte er sich mit Lionel Richie die Aufgabe, das Publikum anzuheizen. In Hannover und Hamburg kamen die Kritiker zum Urteil, daß man seinen Auftritt nicht als simples Vorprogramm ansehen konnte. Die „Frankfurter Allgemeine Zeitung", die am 4. Juli in Hannover vor Ort war, schrieb: „Schon bei seinem Vorspiel geriet das Publikum außer Rand und Band... Der Fogerty-Auftritt war, wie sich zeigte, geschickte Antizipation, sogar Variation dessen, was kommen würde." Und die „Süddeutsche Zeitung" über dasselbe Konzert: „Nach viel zu kurzen 45 Minuten tuckert schließlich ‚Proud Mary' als Zugabe durch das Stadionrund. Das weckt Hoffnung auf ein Duett Fogerty/Turner bei ihrer Version des Klassikers. Doch Fogerty taucht für den Rest des Abends ab, kein Duett, schade." Auch Berlin, München, Frankfurt, Köln und Leipzig standen auf dem Programm. Und schon im August tauchte „the great Creedence Clearwater Revival vocalist John Fogerty" („The New Yorker") zusammen mit Aaron Neville und Dr. John für einen „New-Orleans-Abend" wieder in New York auf.

Obwohl ihm das Album „Premonition" eine Goldene Schallplatte einbrachte (bei der Grammy-Verleihung kam er mit den in verschiedenen Kategorien nominierten „Almost Saturday Night" und „Premonition" nicht zum Zug), lief der Vertrag mit „Warner Brothers" aus. Und wieder war es David Geffen, der auch 2002 zur rechten Zeit zur Stelle war. Sein Label „DreamWorks Records" (inzwischen an „Universal Music" verkauft) wurde John Fogertys neue Heimat. Geffen hatte zuvor Mo Ostin und Lenny Waronker für die Leitung seiner Plattenfirma gewonnen, die bei „Warner" für „Centerfield" verantwortlich gewesen waren. „Sei dir treu, John", forderte Lenny Waronker seinen neuen alten Schützling auf, „nimm deine Traumplatte auf. Mach es jetzt!" Fogerty ließ keinen Zweifel darüber, wovon er träumte: „Selbst in dieser Zeit mit maschinengetriebenem synthetischen Zeug geht nichts über den human touch. Was war in diesem Jahr bei den Grammys Album des Jahres? Es war eine Bluegrass-Platte ('O Brother, Where Art Thou?'), das war eine Würdigung der Leute, die vom ganzen Herzen fühlen und unglaubliche Musiker sind. Es gibt noch Millionen von Menschen, die großartige Musik hören wollen." Noch weniger als früher interessierte ihn, welche Trends und Moden zu Beginn des neuen Jahrtausends das Musikbusineß dominierten.

Der Titel „Deja Vu" für sein im September 2004 veröffentlichtes Album konnte nicht besser gewählt sein: Er steht für den erklärten Willen, sich mit „seiner" Musik zu beschäftigen: Bluegrass, Country, Rock. Damit nahm er schon einmal allen Kritikern den Wind aus den Segeln, die ihn als ewig Gestrigen belächeln oder ihm die Neigung zu Selbstzitaten vorhalten könnten. Das Titelstück selbst hätte Platz auf jeder „Creedence Clearwater Revival"-LP gefunden. John Fogerty wollte eigentlich nicht zum Irak-Krieg des George W. Bush Stellung nehmen, aber eine innere Stimme ließ ihm keine Ruhe, wie er „USA Today" erzählte. „Sie flüsterte die Anfangszeile in mein Ohr, ich konnte die akustische Gitarre hören und den klagenden Klang des Liedes." Ein Grund, warum er eigentlich kein politisches Statement abgeben wollte, war „Eye Of The Zombie": „Ein schlechtes Album mit dem Hang zum Predigen, sehr dumm!" Dieser Gefahr wich er gekonnt aus, und schon im September griffen die Radiosender in Kalifornien das Stück auf.

Ein anderes Thema setzte dem anerkannten Gitarristen viel stärker zu: die immer wiederkehrende Sorge, als Musiker nicht zu genügen. „Ich wollte mal einer der wirklich guten Gitarrespieler werden, so wie Chet Atkins." Doch die Phase der Unsicherheit scheint überwunden. Statt Vorbildern nachzueifern, lud er sie für „Deja Vu" ins Aufnahmestudio ein. Auch hier gilt nomen est omen: Bassist Viktor Krauss, Alisons Bruder, Dobro-Virtuose Jerry

Douglas, der mit Krauss in einer Band spielt, Memphis-Countryrocker Billy Burnette, Sohn des Rockabilly-Stars Dorsey Burnette, und Mark Knopfler. „Der einstige Fährmann der ‚Proud Mary' hat sich dabei wieder einmal selbst gefunden und nebenbei neu erfunden", bestätigte Peter Kemper in der „Frankfurter Allgemeinen Zeitung", wie gelungen dieser Schachzug Fogertys war: „Dann wieder ist der Mann ganz abgeklärte Sehnsucht und Sinnlichkeit, am deutlichsten spürbar in dem Stück ‚I Will Walk With You', das durch die Slide-Zugaben von Jerry Douglas, dem wohl größten lebenden Dobro-Spieler, eine besänftigende Magie entfaltet. Doch zum raffiniertesten Täuschungsmanöver des ganzen Albums gerät der Titel ‚Nobody's Here Anymore'. Mark Knopfler gießt uns als Gastgitarrist schon im Intro gleichsam Tonic Water ein, so perlt das, und die drahtigen Gitarrenläufe lassen unmittelbar die ‚Sultans Of Swing' wieder auferstehen. Doch man traut seinen Ohren nicht: Die jubilierende Lead-Gitarre im Stil der ‚Dire Straits' wird von Fogerty bedient. Knopfler hält sich im Hintergrund des Stücks und streut lediglich ein paar entspannte Licks und Akkordwechsel ein."

Die Feuertaufe bestand Fogerty im Juli in Las Vegas, wo er im Hard Rock Hotel die Mischung aus Zeit- und Konsumkritik sowie Bayou- und Liebesliedern von seinem neuen Album vorstellte. Der „Rolling Stone", der das Konzert beobachtete, gab ihm dafür vier Sterne. Las Vegas stellte nur eine der Stationen dar, die er vor Erscheinen der „Deja Vu"-CD zum Warmspielen gebucht hatte. Das ging nicht ohne Reibungsverluste ab. Republikaner unter seinen Fans hatten die Regierungskritik in seinen Interviews nicht gern gelesen. Einige der angekündigten Termine auf dem platten Land mußten ausfallen. Dafür nahmen ihn die Bush-Gegner, die vor der Präsidentenwahl zu den „Vote for Change"-Konzerten strömten, mit offenen Armen auf. Bruce Springsteen führte die Tournee als Headliner an, die zur Abwahl von Bush, Cheney und Rumsfeld führen sollte. Begleitet von der E-Street-Band stellte John sich mit „Deja Vu" und „Fortunate Son" u. a. in Philadelphia, Cleveland und Detroit nach Jahren wieder einem Massenpublikum. Beim Schlußkonzert

Anfang Oktober stand er in Washington neben John Kerry auf der Bühne, dem er seine Gibson-Gitarre in die Hand drückte: Auch ohne ein explizites politisches Statement des Künstlers („Ich mag auch nicht, wenn man mir sagt, wen ich wählen soll!") konnte die ganze Nation sehen, für welche Seite er sich entschieden hat. Das Kellerkind aus El Cerrito wurde in der Berichterstattung der überregionalen Blätter und Sender in einem Atemzug mit Robert Redford und Tom Hanks, mit Michael Moore und Susan Sonntag, mit Bruce Springsteen und Bonnie Raitt genannt. Seine treuen Fans hatten da schon – Politik hin, Politik her – „Deja Vu" auf Platz 23 der Billboard-Charts gebracht.

Auch wenn er die zweite Amtszeit von George W. Bush nicht verhindern konnte – genauso wenig wie 1972 Nixons Wiederwahl –, empfindet er keine Bitterkeit. Die Zeit von John Cameron Fogerty, dem gnadenlosen Rächer, liegt unwiderruflich hinter ihm. Er sieht sich sogar mit seinen Kindern „Herr der Ringe"-Filme an, obwohl die Rechte dafür bei Saul Zaentz liegen. „Deja Vu" gilt auch nicht als Überschrift für seine Gefühle. „Ich habe Frieden geschlossen. Mein Herz ist fröhlich, ich bin ein glücklicher Mann", ließ er die Presse wissen, als er seine neueste CD vorstellte. Und dann bereitete er sich auf das vor, was ihm am meisten Spaß macht: als Rock'n'Roller mit seiner Gitarre vor seinen Fans stehen. Diesmal führte ihn seine Tournee durch die Großstädte. Im November 2004 startete er in Nashville und ließ sich zum Abschluß in Los Angeles und Seattle feiern. Für den Baseball-Fan Fogerty ein Homerun. Er war wieder Centerfield.

Diskographie

Die Diskographie beinhaltet nur die Musik, die John Fogerty nach „Creedence Clearwater Revival" gemacht hat. Die Angaben beziehen sich überwiegend auf die deutschen Veröffentlichungen, sonst wird das Herkunftsland angegeben. Ein Anspruch auf Vollständigkeit besteht nicht.

Singles

„The Blue Ridge Rangers":

„Blue Ridge Mountain Blues"/ „Have Thine Own Way, Lord" – Bellaphon BF 18129

„Jambalaya"/ „Workin' On A Building" – Bellaphon BF 18147

„Hearts Of Stone"/ „Somewhere Listening" – Bellaphon BF 18170

„You Don't Owe Me"/ „Back In The Hills" – Bellaphon BF 18206

John Fogerty

„Comin' Down The Road"/ „Ricochet" – Bellaphon BF 18220

„Rockin' All Over The World"/ „The Wall" – Bellaphon BF 18362

„Almost Saturday Night"/ „Sea Cruise" – Bellaphon BF 18384

„You Got The Magic"/ „Evil Thing" – Bellaphon BF 18429

„The Old Man Down The Road"/ „Big Train (From Memphis)" – Bellaphon 100-07-320, Maxi 120-07-140

„Rock And Roll Girls"/ „Centerfield" – Bellaphon 100-07-330, Maxi 120-07-145

„Eye Of The Zombie"/ „I Confess" — Bellaphon 100-07-410, Maxi 120-07-210

„Change In The Weather"/ „My Toot Toot" — Bellaphon 100-07-412
Special-4-Track Maxi „Change In The Weather" (long version), „My Toot Toot"/ „Change In The Weather" (radio version), „Eye Of The Zombie" (special edit) — Bellaphon 120-07-218

„Sail Away"/ „I Found A Love" — Bellaphon 100-07-430

Promo Maxi „Knockin' On Your Door" — Warner USA Pro-A-2637

„Walking In A Hurricane", „Endless Sleep"*, „Just Pickin'"* —
Warner CD-Single Australien 9362438892
(*als Bonusstücke auf der „Blue Moon Swamp"-CD von Geffen, 2004)

„Walking In A Hurricane" — Promo CD-Single WEA Deutschland PRCD 625, Warner USA Pro-CD-8766

„Blueboy", „Bad Bad Boy", „Searchlight" — CD-Single Warner Australien 9362439422

„Blueboy", „Bad Bad Boy" — CD-Single WEA Deutschland WE 739 WO 423 CD, Warner USA CD-Single 9-17283-2, Vinyl-Single 7-17283

„Southern Streamline" Promo CD-Single WEA Deutschland PRCD 775

„Hot Rod Heart" Promo CD-Single Warner USA Pro-CD-9057

„Rambunctious Boy" Promo CD-Single Warner USA Pro-CD-9065

„Premonition"/ „Born On The Bayou" (live version) — Reprise USA, Vinyl-Single 7 17191

„Almost Saturday Night" Promo CD-Single Warner USA Pro-CD-9376, „Almost Saturday Night"/ „Who'll Stop The Rain" (live version) — Reprise USA Vinyl-Single 7-17192

„Proud Mary" Promo CD-Single WEA Deutschland PRCD 1200

ALBEN

„The Blue Ridge Rangers" — Bellaphon BLPS 19148, Fantasy USA-CD FCD-4502-2

„John Fogerty" — Bellaphon BLPS 19221, Asylum USA 7E-1046, Fantasy USA-CD CDFA 507

„Centerfield" —.Bellaphon LP 260-07-085 CD 290-07-085

„Eye Of The Zombie" — Bellaphon LP 260-07-090 CD 290-07-090

„Blue Moon Swamp" — WEA Deutschland Promo-CD Pro 9362-45426-2, CD 9362-45426-2, Geffen Universal Music Group EU 060249863493

„Premonition" — Reprise USA Promo-CD 2-46908-AB; Reprise Deutschland 9362-46908-2

„Deja Vu. All Over Again" — Geffen, Universal Music Group EU, Deutschland 0602498634684

John Fogerty hat auf den folgenden Alben als Musiker oder Produzent mitgewirkt:

„Class Of '55 — Memphis Rock & Roll Homecoming" — Mercury LP 830 002-1Q

„Duane Eddy, His Twangy Guitar And The Rebels" — Capitol-LP St-12567

„Duke Tumatoe And The Power Trio – I Like My Job" — Warner USA-LP 9 25836-1, Warner USA-CD 9 25836-2

„Carl Perkins — Go Cat Go!" — Dinosaur Entertainment Corp. BMG-CD 76401-84508-2

„Ricky Scaggs And Friends — Big Mon. The Songs Of Bill Monroe" — Skaggs Family Records USA CD 1002

„Earl Scruggs And Friends" — MCA Nashville USA CD 170189-2

„Evangeline Made. A Tribute To Cajun Music" — Vanguard Records USA — CD 79585-2

Kassette

„John Fogerty - 'Blue Moon Swamp Words & Music'" — Warner USA- Pro-CD-8784

Video

„Premonition" (mit vier zusätzlichen Titeln) — Warner Reprise USA Video 38496-3

DVD

„Premonition" – Warner Reprise USA 38496-2

Bibliographie

Bücher

„A History Of Atlantic Records - 25 Years", New York, 1973

Hank Bordowitz: „Bad Moon Rising", Schirmer, New York, 1998

Dick Clark's „The First 25 Years Of Rock'n'Roll", Dell, New York, 1981

Colin Escot: „Good Rockin' Tonight", St. Martin's Press, New York, 1991

William Ferris: „Blues From The Delta", Da Capo, New York, 1984

„Festival", Collier-Macmillan, London, 1970

Walter Fuchs: „Das Buch der Country Musik", Heel Verlag, 2. Auflage, 1990

Charlie Gillett: „Making Tracks", E. P. Dutton & Co, New York, 1974

Charlie Gillett: „The Sound Of The City", Pantheon, New York, 1983

Mikal Gilmore: „The Sixties", „Rolling Stone" 585, Los Angeles, 23. 8. 1990

John Hallowell: „Inside Creedence", Bantam, New York, 1971

Peter Handke: „Die drei Versuche", Bibliothek Suhrkamp, Frankfurt, 1998

Peter Koers: „Rocking All Over The World", Sonnentanz, Augsburg, 1994

Dave Marsh: „Fortunate Son", „No Tears Of Regret", Random House, New York, 1985

Dave Marsh: „The Heart Of Rock & Soul", Plume, New York 1989

Guy Peellaert, Nik Cohn, Ingeborg Schober: „Rock Dreams", Schünemann, München, 1973

Rock And Roll Hall Of Fame And Museum Program, Marvel Family, New York, 1995

Joe Smith: „Off The Record. An Oral History of Popular Music",
Warner Books, New York, 1988

Paul Williams: „Dieses großartige Rock and Roll Gefühl", „Von hier aus können wir überall hingehen", Der grüne Zweig 191, Werner Piepers MedienXperimente

Ellen Willis: Rolling Stone „Bildgeschichte der Rockmusik" Teil 2, „Creedence", Rowohlt Taschenbuch, Reinbek, 1979

Nachschlagewerke

Billboard Top Pop Singles 1955 - 1990, Herausgeber Joel Whitburn, Record Research, Menomonee Falls, 1991

The New Grove Dictionary of American Music, MacMillan, London, Grove's Dictionaries, New York, 1986

The NME Book Of Rock, Star, London, 1977

The Penguin Encyclopedia Of Popular Music, Penguin Books, London, 1990

Song- und Tourbooks

Blue Moon Swamp, Hal Leonard, Milwaukee, 1997

Centerfield, Columbia Pictures, 1985

Creedence Clearwater Revival, Charles H. Hansen, 1969

Creedence Clearwater Revival, Wise, London

Creedence Clearwater Revival, Burlington, Rimsting/Chiemsee

Creedence Clearwater Revival Complete, Columbia Pictures, Hialeah, '82

Eye Of The Zombie, Columbia Pictures, Miami, 1987

Premonition, Reprise Records, 1998

Rockin' All Over The World Tour

The Story of John Fogerty and Creedence Clearwater Revival, Bellaphon

Zeitungen und Zeitschriften

(Deutschland)

Bravo, Creedence Clearwater Revival Fanclub-Zeitschrift, Frankfurter Allgemeine Zeitung, Frankfurter Rundschau, Hamburger Abendblatt, Hamburger Morgenpost, Musikwoche, Oldie-Markt, Der Spiegel, Stern, Süddeutsche Zeitung, Twen, Die Welt, Westdeutsche Allgemeine, Die Zeit

(England)

Disc And Music Echo, New Musical Express, Melody Maker, Record Collector, Who'll Stop The Rain, Sunday Times

(USA)

BAM, Billboard, Commercial Appeal, Cream, Daily News, Goldmine, Grammy Magazine, Guitar Player, Herald Tribune, Los Angeles Times, Musician, The New Yorker, New York Times, Newsweek, off Beat, People, Record, Rolling Stone, San Francisco Chronicle, Time Magazine, The Times-Picayune, USA Today

FILM

„Anthem To Beauty - The Grateful Dead", Arte, 1998

„Farm Aid" Live 1985

„John Fogerty's Allstars" Los Angeles, Showtime, 1985

„Mandarin der Moderne - I.M. Pei", ZDF, 1998

„Musikszene", WDR, 1985

„The Concert" Oakland Colisseum 1970

„Radio Star - die AFN-Story", doc-Film 1994, Bayerischer Rundfunk, 1997

Rock And Roll Hall Of Fame (verschiedene)

Royal Albert Hall Concert

„Söndags öppet" Schweden 1997

Talkshows: Leno, Letterman

TV „Z", Schweden

VH-1 „Legends", 1998

VH-1 „Storyteller", 1998

„Welcome Home" Washington D.C., Vietnam Vets, MTV, USA, 1987

INTERNET

ourworld.compuserve.com/homepages/peter_koers

www.creedence-revisited.com

www.fantasyjazz.com

www.JohnFogerty.com

www.jyu.fi/˜petkasi/ccr-jcf

www.river-rising.cl

www.rockhall.com

www.wbr.com/johnfogerty

www.xs4all.nl/˜wdw/swamp.htm

Sonstiges

Briefwechsel mit Bruce Hornsby

Opinion of The Supreme Court Of the United States

Archiv

„Rockin' Robin"-Archiv

Fotos

Heiner Klaffs, Oliver Soulas, Universal, Warner Bros., Didi Zill, privat

DANKSAGUNG

Jörg Baumöel, Petra Carr, Liane Dirschus und Doug Swannie, Wera Hundsdörfer-Eck, Jens Krebs („Winterhuder Recordshop"), Paul Löffler und Herbert Sembritzki („Plattenrille"), Bernd Matheja, Jürgen Rothmeier, Christiane Schaffer-Grunwald (US-Information-Service), Christian Ulrichs, Marina van Wormer und Kollegen („Warner", Los Angeles)

DIE AUTOREN

Mark Bloemeke, Jahrgang 1968, ist Journalist.
Rüdiger Bloemeke, Jahrgang 1945, ist Journalist und Autor des Buches „Roll Over Beethoven — Wie der Rock'n'Roll nach Deutschland kam".
Beide leben in Hamburg.

PRESSESTIMMEN

„... verzichtet das Buch auf eine lineare Erzählung des Lebens zugunsten einer schärferen Sicht auf konstitutive Momente dieser an Schicksalswirren reichen Vita. Dankenswert deutlich tritt dabei hervor, daß es keineswegs nur objektive Produktionsbedingungen waren oder ominöse Mächte, die Fogertys Karriere behinderten und den ingeniösen Swamp-Rocker kaltstellten, sondern daß der Künstler selbst lange Jahre so gedankenlos wie glücklos agierte."   Rolling Stone, April 1999

„... sind aber Journalisten genug, um durch das Bemühen um eine angenehme Distanz ihre Kladde nicht zum Poesiealbum verkommen zu lassen, wobei vor allem auf die Hintergründe der CCR-Musik kenntnisreich eingegangen wird."

Süddeutsche Zeitung, 28. April 1999

„... was da alles ablief, ist eigentlich alleine schon der Stoff für einen Roman... Deswegen ist das die Biographie von CCR und John Fogerty, die man sich zulegen sollte."

Oldie-Markt, Mai 1999

„Mark und Rüdiger Bloemeke haben auf rund 300 Seiten die Geschichte von John Fogerty und seiner Band sehr kenntnisreich und detailliert zusammengetragen ... spannend zu lesen, man wird sofort verleitet, wieder die alten Platten während der Lektüre laufen zu lassen."

Rock'n'Roll Musikmagazin, Nr. 124, 1999

„Zwar manchmal recht kritisch, doch letztendlich immer irgendwie wohlwollend, lassen die beiden Journalisten die Geschichte dieser legendären Band Revue passieren."

Western Mail, August 1999

„Das liest sich alles höchst profund, spannend auch, und kann deshalb als Standardwerk über Mechanismen des Pop-Business gelten – und als Parabel, daß mitunter doch das Gute siegt."

Musikexpress, Oktober 1999

„Eine Fundgrube für Fans" Hamburger Abendblatt, 15. Juli 2000